수메르 문명과 역사

# 수메르 문명과 역사

주동주 지음

범우

# 《차 례》

## 개정판 머리말

2018년 3월에 처음 출판된 이 책을 상당 부분 손봐서 이번에 개정판을 내게 되었다. 초판에 이어 이번 개정판의 출판까지 흔쾌히 수락해주신 범우사 윤재민 사장님께 진심으로 감사드린다. 윤 사장님은 나의 오랜 친구이자 후배인 강원구 선생의 대학 동기이시다. 강 선생의 소개로 윤 사장님과 인연이 닿게 되었는데, 늦었으나마 그에 대한 감사 인사를 함께 전한다. 예쁜 책을 만들어주신 범우사의 김 실장님과 윤실 선생 등 여러 사람들께도 모두 감사드린다.

초판의 머리말에서 잠시 언급했지만, 필자는 이 책의 초고를 1998년에 마쳐서 출판사에 넘겼으나 당시 IMF 사태라는 전대미문의 국가적 위기 사태 속에서 출판이 무산되었다. 그 후 필자의 원고가 유출되어 여기저기 허락없이 이용되는 세태를 보면서 가슴앓이를 해온 긴 세월의 아픈 역사가 이 책에 배어있다. 그 긴 세월 동안 필자의 삶에도 풍파가 많았는데, 그래도 이 원고는 끝내 사라지지 않고 남아 책으로 나온 것이 어쩌면 나에게 숙명처럼 느껴지기도 한다.

한국에서 수메르 역사를 전체로 정리한 책은 이 책이 처음인 것으로 알고 있다. 수메르를 가르치는 사람도 없고 자료도 귀한 시절에 필자는 아랍어를 전공하고 중동 전문가로 사회생활을 해온 인연으로 긴 세월 이 주제를 탐구해서 여기까지 오게 되었다. 다행스럽게도 이 책은 그럭저럭 독자들의 호응을 받아 초판이 현재 6쇄까지 인쇄되었다. 책을 내고 보니 미흡한 부분들이 있어 개정판을 내겠다는 생각을 해왔는데, 그 희망도 늘 가슴에 담고 있다가 이제서야 실현하게 되었다.

이번 개정판에서는 초판의 틀을 바꾸지는 않고 미처 다루지 못했던 내용들을 좀더 추가하는 작업에 역점을 두었다. 간단하게 다루었던 많은 내용들을 좀더 상세히 서술했고, 여러 신화들을 추가하였다. 수메르의 과학기술, 군사, 경제 등 좀더 다양한 분야에 대한 서술을 하고 싶은 희망이 있었으나, 이 부분은 필자의 시간과 체력의 한계상 거의 손을 대지 못한 점이 아쉽다.

필자가 수메르를 알면서 관심을 가져온 주제가 성경과의 관련이었기 때문에 이 책은 처음부터 그 주제에 집중하게 되었다. 생각해보면 신과 종교에 대해 긴 세월 가슴 속에 풀리지 않는 의문을 품고 살았는데, 그런 의문이 수메르에 대한 관심을 놓지 않게 만든 원동력이었던 듯하다. 세계적으로도 수메르 연구가 본격화된 이유 역시 성경의 무대에 대한 관심 때문이었다.

사실 필자가 구상한 이 책의 당초 제목은 〈수메르 문명과 성경〉이었으나, 출판 과정에서 불필요한 종교적 논란을 야기하고 싶지 않다는 생각으로 〈수메르 문명과 역사〉라고 바꾸었다. 이는 "수메르 문명과 그 역사"일 뿐만 아니라 "수메르 문명과 인류 역사"라는 의미도 지닌다. 종교적 주제에 집중하면서 수메르에서 더 나아가 후대의 메소포타미아 제국들까지 다루느라 필자는 나름대로 방대한 자료들을 찾아 읽고 연구하였으며, 그 모든 문헌의 출처를 각주로 언급하였다.

지금은 인터넷의 발달로 수메르 설형문자 기록들이 대중에게 쉽게 공개되고 있다. 옥스퍼드대학에서 운영하는 "설형문자 디지털 도서관"(Cuneiform Digital Library Institute: CDLI)에서는 전세계 박물관과 도서관 등에서 보관하고 있는 설형문자 기록들을 집대성해서 원문 사진들과 지금까지 해독된 내용들을 함께 제공하고 있다.

필자가 대학시절부터 수메르에 대한 관심을 가지고 자료를 수집해온 긴 세월 동안에는 이런 일이 가능하리라고 상상조차 하지 못했었다. 한국에서는 자료를 구할 수도 없던 시절에 필자는 외국에 나갈 때마다 도서관과 서점들에 들르고 박물관을 구경하면서 자료들을 모아왔다. 미국에 있는 후배에게 국제전화를 해서 비싼 자료를 구한 적도 있다. 그렇게 해서 모은 자료들을 직장생활하는 와중에도 밤을 새워가면서 읽고 연구해서 단편적인 일화들로만 알려진 많은 이야기들을 수천 년 역사의 맥락을 잡아 정리한 책이 이 책이다.

최근 한국에서도 수메르 이야기를 소개하는 글이나 영상물들이 부쩍 늘어난 배경에는 길고 복잡한 이야기를 쉽게 정리해준 필자의 노력이 나름대로 기여한 바 있으리라 생각한다. 앞서간 사람들이 놓아준 징검다리 하나라도 감사하는 마음으로 밟아나가면서 부족한 부분들을 채워 자신 역시 뒷사람에게 남겨준다는 자세로 학문을 연구해야 할 것이라고 생각한다.

이번 개정판에서 반영한 몇 가지 기술적인 문제들을 언급해두고자 한다.

○ 초판을 출판한 이후에도 수메르어나 아카드어의 표기에 대한 고민이 이어져 몇몇 단어는 이번 개정판에서 표기를 수정하였다. 예를 들면 바빌론의 신 "말둑"(Marduk)은 "마르둑"으로, 수메르의 "닌후르삭" 여신은 "닌후르상"으로 고치고, "미디아"는 "메디아"로 표기하였다.

○ 최근에 수메르 설형문자를 컴퓨터로 입력하는 유니코드(unicode)가 개발되어 이번 개정판에서는 쉽지 않으나마 일부 중요한 단어들에는 설형문자를 같이 표기하였다. 설형문자는 수천 년 세월에 걸쳐 수메르와 그 후의 여러 민족들이 조금씩 변형해서 사용했기 때문에 어느 시기의 언어인가에 따라 모양이 다르다. 또 비슷한 설형문자라도 각 민족의 언어 자체가 달라서 발음과 의미가 달라진다. 필자가 유니코드 해설판을 찾아본 결과 초기왕정 시대 문자를 기본으로 하고 시대에 따라 변형된 부분을 일부 추가했다는 내용을 봤다.

이번 개정판을 마치면서 필자는 아마도 이제 더 이상의 작업을 하기는 어려울 것이라고 생각하고 이 책이 앞으로 이 분야를 더 공부하려는 사람들에게 도움이 되는 수준으로 만들고자 고심하였다.

맨 땅에 첫 씨앗을 뿌린 작품으로 이 책을 기억해주는 사람들이 있다면 감사하게 생각하겠다. 우리 세대는 가난한 나라에서 태어나 한국을 한 세대만에 선진국으로 끌어올리는 노력을 했다. 이제는 선진국이 된 한국에서 총명하고 성실한 많은 후배들이 모든 분야에서 더욱 훌륭한 성취를 이루어나갈 것이라 기대한다.

2022년 11월 세종시에서

주동주

## 머리말

이 책은 인류 최초로 문자를 만들고 도시를 만들어 인간에게 문명사회를 가져다 준 중동의 고대 민족, 수메르 민족의 역사와 문화를 다룬 책이다. 그들은 지금으로부터 무려 7천여 년 전인 기원전 5천년 경부터 티그리스와 유프라테스 강이 흐르는 메소포타미아 지역에 나타나 화려한 문명사회를 건설하고 살다가 우리의 단군 할아버지가 고조선을 건설했다고 하는 기원전 2천년쯤에 사라진 민족이다. 5천년 문화민족이라고 자랑하는 우리 한민족의 역사를 무색하게 만드는 머나먼 역사 속의 민족인 것이다.

이 책은 그들이 어떤 민족이고 어떤 문화를 건설했으며, 어떻게 살다가 어떻게 사라졌는지를 소개한다. 특히 이 과정에서 그들이 남긴 문화가 오늘날 현대인의 정신세계에 커다란 영향을 주고 있는 기독교의 성서에 흔적을 남기고 있다는 논의에 주목하여 이 문제를 따로 조명해본다.

지금으로부터 거의 4천 년쯤 전에 사라져 영영 잊혀져버렸던 수메르인들이 오늘날 다시 인류의 기억 속에 되살아나고 관심을 끌게 된 것은 무엇보다도 그들의 문화유산이 성경과 관련 있다는 논의 때문이다. 19세기 후반에 노아의 홍수를 고고학적으로 입증하려던 기독교 단체들의 시도가 수메르인들의 존재를 밝혀내게 되었는데, 오히려 그로 인해 성경의 권위에 의문을 제기하는 주장들이 나오면서 기독교세계 안팎의 관심을 끌게 된 것이다.

성경에서 믿음의 조상으로 간주되는 아브라함은 칼데아 우르에서 출발하여 가나안 땅으로 들어왔다고 되어 있는데, 여기에서 언급된 우르는 바로 수메르인들의 위대한 도시국가 이름이다. 수메르 민족은 유태인이 역사 속에 등장할 무렵에 사라져버렸기 때문에 유태인과 수메르 민족의 직접적인 접촉은 없었다. 그러나 긴 세월을 통해 수메르인들이 남긴 문화유산이 메소포타미아 지역에서 생활하던 다른 민족들에게 많은 영향을 주었고, 그 흔적이 성서의 여러 곳에 기록되어 있다는 논의가 있다. 이 책은 이런 논의들에 관심을 가지고 추적하면서 정리해보았다.

이 책이 우리가 잘 몰랐던, 먼 옛날 까마득한 시절에 살았던 인류의 선조들에 대한 기억을 되살려 오늘날 우리가 물질적, 정신적으로 누리고 있는 문명의 혜택들이 그 뿌리가 어디까지 닿아있는가 하는 문제를 인식하는데 도움이 되기를 희망해본다.

한편으로 우리나라에서는 수메르인에 대해 조금 색다른 관점에서 관심을 가지는 사람들도 많다. 오늘날의 중동 이라크 땅이 수메르인들의 무대였지만, 그들이 지금의 아랍 사람들과 같은 혈연이 아니고 오히려 우리와 같은 동아시아계 사람들이었다는 논의가 있는 것이다. 이 부분에 대한 주장들은 거의 상상에 가까운 수준이지만, 어쨌든 인류 최초의 문명을 만든 수메르인들이 우리 민족과 관련 있을지도 모른다는 점에서 흥미로운 이야기들이 나오고 있다.

그러나 이런 관심들에 비해 정작 한국에서는 수메르인의 역사를 제대로 다룬 책이 아직 없다고 할 만한 사정이다. 그 점에서 이 책이 한국 사회의 지적 공백의 한 군데를 메워주는데 기여할 수 있으리라 생각해본다.

이 책을 읽는 독자들을 위해 편집상의 몇 가지 기술적 문제들을 언급해두고자 한다.

1. 수메르와 앗시리아, 바빌론 등의 고대 인명, 지명 등의 표기는 서양 학자들도 통일하기가 어려워 영문 표기도 사실상 제 각각이다. 여기서는 보다 일반적으로 사용되는 영문 표기에 기초하여 한글로는 1자 1음의 독일식 발음으로 표기했다. 예를 들면 'Sumer'는 영어권에서 발음하는 '슈우머르'로 하지 않고 '수메르'로 표기한다는 것이다.

2. 성경에 언급된 이름들은 1989년에 출판된《톰슨 대역 한영성경》에 나오는 영어 표기와 국문 표기를 기준으로 하였다. 아브라함, 모세 등과 같이 대중들에게 익숙한 이름은 성경상의 국문 표기를 그대로 채택했으나, 성경의 국문 표기가 현재 보편적으로 통용되는 외국어 표기와 현저한 차이가 있는 경우에는 일반적인 방식으로 표기하였다. 몇 가지 예를 들면 다음과 같다.

| 영문 표기 | 이 책의 표기 | 성경 표기 |
|---|---|---|
| Assyria | 앗시리아 | 앗수르 |
| Egypt | 이집트 | 애굽 |
| Paraoh | 파라오 | 바로 |
| Persia | 페르시아 | 바사 |
| Cyrus | 키루스 | 고레스 |
| Darius | 다리우스 | 다리오 |
| Nebuchadnezzar | 네부카드네자르 | 느부갓네살 |
| Chaldea | 칼데아 | 갈대아 |

단, 성경에서 직접 인용하는 경우는 성경의 표기를 그대로 인용
부호 안에 사용했다. 그러나 다른 표기가 번갈아 사용됨으로써 독
자들에게 혼선을 줄 수 있는 경우는 성경의 국문 표기로 단일화했
다. 예를 들면 Nineveh, Medea 등은 니느웨, 미디아로 통일하였다.

3. 이 책에서 성경을 언급할 때는 특별하게 신약이라고 명시하지
않는 한 전적으로 구약성경을 언급한다. 성경은 예수 이전과 이후를
기준으로 구약(舊約)과 신약(新約)으로 나뉘는데, 수메르 민족의 역사
는 예수보다 거의 2천년 이전에 끝나므로 이 책에서 신약 시대까지
언급되는 상황은 거의 없다.

4. 수메르 역사의 연대를 정확히 표기하는 일도 매우 어렵다. 기
록이 많지 않은 수천 년 전의 일을 과학적 방법으로 추정하고 있으
나, 학자들 간에 아직 통일되지 않고 있다. 여기서는 보다 일반적으
로 받아들여지는 중간연대(middle chronology)를 따라 표기하였다.

마지막으로 이 책이 나오게 된 데 대한 필자의 각별한 소회를 한 줄 적고자 한다. 이 책 원고의 상당 부분은 원래 20년 전에 써서 출판을 하기로 했다가 IMF 사태의 와중에 무산되었던 것이다. 그 후 오랫동안 묵혀두었던 원고를 이번에 범우사 윤재민 사장님의 도움으로 출간하게 되니 필자로서는 정말 힘들게 책을 내는 기쁨을 얻게 되었다. 이번에 책을 내면서 20년 전에 썼던 원고는 그 동안 새롭게 알려진 사실들을 반영해 대폭 수정하고 추가하였다.

2018년 3월 세종시에서

# I

수메르 사람들과
그 문화

수메르 사람들은 대략 기원전 5천 년경에 지금의 이라크 땅인 메소포타미아 지역에 나타나 2천 년 이상 이 지역을 지배하다가 사라진 민족이다. 현존하는 세계의 민족 가운데 이들의 공식적인 후예는 없어졌지만, 이들은 인류 전체의 뿌리에 대한 비밀을 간직한 민족이라 할 수 있다.

인류가 동물을 사냥하고 과일을 따먹으며 살던 원시시대에서 지금과 같이 도시를 건설하고 농사를 지으면서 문명생활을 하게 된 것은 바로 이 수메르 민족의 덕택이다. 인류가 이렇게 자기의 생각을 글로 써서 남에게 전달하고 후대에까지 남길 수 있게 된 것도 역시 이 수메르 민족의 덕택이다.

러시아 태생의 저명한 미국인 수메르학자 사무엘 크레이머(Samuel Kramer)는《역사는 수메르에서 시작된다》(History begins at

그림 1 수메르의 설형문자 점토판

Sumer)라는 책에서 인류 최초의 학교, 최초의 민주적 대의제도, 최초의 문학 등 인류의 문명사, 문화사에서 최초의 중요한 것 39가지가 수메르인들의 발명품이라고 썼다.[1] 그밖에도 물론 대단히 많은 최초의 것들이 이 수메르 민족의 창작품이었다.

　　오늘날의 우리는 수메르인들을 알지 못하면서 자랐지만, 그들이 남긴 문명의 유산은 다른 민족들을 통해 후대에게 전수되고 발전되어 왔다. 그리고 지금부터 보게 되겠지만, 그 유산은 오늘날 전세계의 인류에게도 알게 모르게 상당한 영향력을 남기고 있다. 수메르 민족은 인류에게 최초로 빛을 가져다 준 위대한 선조들이었으며, 우리는 그들이 만들어 남긴 문명사회의 혜택을 입으면서 살고 있는 것이다.

　　이 책은 위대한 인류의 선조들이었던 수메르 사람들에 대한 이야기이다. 그들의 역사와 문화를 전반적으로 소개하면서, 필자는 특히 수메르인들이 남긴 문화 유산이 현대의 인류와 어떻게 연관되어 있는가에 대한 관심을 가지고 추적해보았다. 그 가운데에서도 그들이 남긴 정신적, 물질적 유산들이 오늘날 현대 서구인들의 정신적 기반인 기독교에 상당한 흔적을 남기고 있다는 논의에 주목하여 관련 내용들을 정리해보았다.

　　뒤에서 보겠지만, 수메르에 대한 현대의 연구는 처음부터 성경과의 관련성을 추적하려는 노력에 의해 큰 영향을 받았다. 오랜 세월 인류의 역사에서 완전히 잊혀졌던 수메르인들에 대한 기록이 재발견된 것은 지금으로부터 대략 150년 전쯤부터이다. 서구인들이 중동을 침략하여 식민지를 구축하던 제국주의 시절에 고대 유적지들

---

1　Samuel Noah Kramer(1956), *History Begins at Sumer*, Doubleday Anchor Books. 초판에서는 27가지를 소개했으나, 후에 개정판에서 12가지 사례를 추가하였다.

을 발굴하는 과정에서 수메르인들의 기록을 찾아내게 되었다. 그리고 그들이 남긴 기록들에 놀랍게도 성경 속의 이야기와 비슷한 내용들이 많다는 사실이 알려지면서 서구 학자들이 비상한 관심을 가지고 집중적인 발굴과 연구에 나섰던 것이다.

　성서에는 수메르 도시들의 이름이 몇 군데 언급되기는 하나, 수메르인들에 대한 기록은 전혀 없다. 수메르인들은 유태인들보다 최소한 2천년 이상 앞서서 활동했던 민족이고 유태인들이 활동하던 무렵에는 그 존재가 소멸되어버렸기 때문에 후대의 민족들이 제대로 알기 어려웠을 것이다. 그러나 수메르인들이 남긴 문화유산들이 그 지역에서 살아온 후대의 여러 민족들에게 영향을 주었다는 사실은 많은 자료를 통해 확인되고 있으며, 유태인들이 수메르 민족의 흔적에 접했을 개연성도 충분히 높다. 이런 흔적들을 찾아 성서와 연관시켜보려는 시도가 많은 학자들에 의해 부단히 이루어지고 있다.

　이 책은 그런 학자들의 노고에 기초하여 수메르인들이 어떤 사람들이며, 그들이 어떻게 살았고, 왜 그토록 오랜 세월 인류의 기억에서 지워졌으며, 지금에 와서 다시 살아나고 있는가를 살펴본다. 그리고 수메르인들이 남긴 문화유산들이 성서의 많은 부분에 영감을 주었다는 논의를 검토한다.


# 1. 인류 최초의 문명을 건설한 수메르 사람들

　수메르 사람들이 인류의 문명사에 남긴 족적은 모든 분야에서 뚜렷하지만, 그 중에 가장 중요하고 큰 의미를 지닌 것으로는 문자의 발명과 도시건설을 들 수 있다. 지금까지 알려진 바로 인류가 사용한 최초의 문자는 기원전 3500년경 메소포타미아 남부 지방의 수메르 도시였던 우루크(Uruk)에서 사용된 것이다. 성서의 창세기(10:10)에 이름만 나오는 '바벨과 에렉'에서 에렉이 이 곳일 것으로 추정되며, 현재의 이라크(Iraq)라는 나라 이름도 우루크와 관련이 있다.[1]

문자의 발명은 인류사를 선사(先史)시대와 역사(歷史)시대로 구분짓게 하는 획기적인 사건이다. 이 사건과 더불어 인류는 역사시대로 들어서게 되는 것이며, 이 점에서 본다면 수메르인들은 인간에게 처음으로 역사라는 것을 가져다 준 민족이라 할 수 있다. 이집트와 중앙아메리카에서도 일찍 상형문자가 나왔으나 수메르보다 약 500년 정도 늦은 기원전 3,000년경의 것으로 추정된다. 중국의 갑골문자는 이것보다 훨씬 늦은 기원전 1500~1200년 사이에 사용된 것으로 추정되고 있다.

수메르인들은 축축한 진흙을 빚어서 만든 점토판을 나무조각이나 굵은 갈대펜(stylus)으로 긁어서 문자를 기록한 다음 이것을 말려서 보관했다. 초기의 문자는 사물의 모양을 본뜬 상형문자(pictography)로서 사제계급이 가축이나 공물의 숫자를 기록하기 위해 사용한 단순한 부호였다. 그 후 이것이 점차 간결화되고 개량되어서 쐐기 모양의 설형(楔形, cuneiform)문자로 발전하였으며, 문자가 전달하는 의미도 발전하여 일상적인 언어까지 표현하게 되었다.

수메르 문자는 한자처럼 글자 하나가 그 자체로 의미를 지니

---

1 수메르어 발음으로는 우누그(UNUG.ki, ⬚⬚)인데, 훗날 수메르를 정복한 아카드인들이 우루 우누그(⬚⬚ or ⬚⬚)라고 표기했고, 이 발음을 현대 학자들이 우루크로 표기함.

는 표의(表意)문자와 한글처럼 발음만 표시하는 표음(表音)문자가 같이 사용되었다. 이러한 표기방법은 우리나라의 고대 표기법인 이두(吏讀)와 비슷하다고 할 수 있으며, 현대의 일본어에서도 사용되고 있다.[1] 초기에는 위에서 아래로 내려쓰다가 대략 기원전 2800년경부터는 좌에서 우로 쓰는 방식으로 변화하였다. 이러한 문자는 서기관 학교의 엄격한 교육을 통해 보급되고, 후대에 전수되었다. 수메르의 서기관 학교는 에둡바(e-dubba)라고 불렸으며, 그 뜻은 '서판의 집'(tablet house)이다. 두브사르(dub-sar)라고 불린 서기관이 되는 것은 어린 시절부터 훈련받아 사회의 엘리트에 속하게 되는 대단한 권위를 인정받는 일이었다. 서기관들을 관장하는 신은 니사바(Nisaba)였으며, 그의 상징은 갈대펜(stylus)이었다.[2]

도시의 발명이 지닌 의의 역시 매우 크다. 인간들이 모여서 집결된 주거지를 건설하고 조직이라는 것을 만들어 서로간의 삶을 규율하게 된 사건은 오늘날까지 인간 삶의 기본 패턴을 형성하는데 결정적인 영향을 끼치고 있다. 바로 이러한 의의를 지닌 도시 건설이 기원전 4천 년경부터 역시 수메르 사람들에 의해 최초로 시작되었다.

---

1  이두(吏讀)는 한글이 대중적으로 사용되기 이전에 한자를 빌려 우리말을 표기하던 선조들의 문자표기법이다. 한자의 뜻과 발음을 혼합해서 우리말을 적은 것으로 어떤 글자는 뜻으로 해석하고 어떤 글자는 발음만 표기한 순수한 우리말로 해석해야 한다. 영어에 익숙한 요즘 세대를 위해 유사한 예를 든다면 "Naneun School e ganda"(나는 학교에 간다)는 식으로 표기한 것이라 할 수 있다. 이 때 Naneun이나 ganda라는 단어를 영어사전에서 찾아 뜻으로 해석한다면 해석이 되지 않는다.

2  C. B. F. Walker(1987), *Cuneiform: Reading the Past*, University of California Press/British Museum, p.33

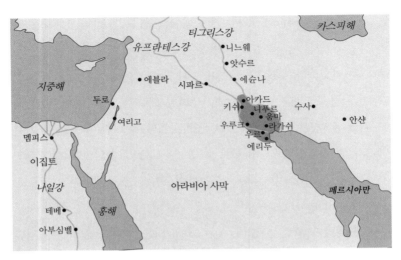

그림 2 수메르의 도시들, 기원전 3천년경

　수메르인들은 대략 30여개 도시를 건설했다.[1] 최초의 도시는 지금의 이라크 남부 바스라(Basra) 근처에 있었던 에리두(Eridu)로 간주되나, 이 도시는 비교적 일찍 쇠퇴한 것으로 추정된다. 수천 년 동안 이어진 수메르 민족의 역사에서 가장 화려한 기록을 남긴 도시들은 우루크와 우르(Ur), 라가쉬(Lagash), 키쉬(Kish), 니푸르(Nippur), 이신(Isin), 라르사(Larsa) 등이었다. 그 밖에도 여러 도시들의 역사가 이 책의 제2장에서 집중적으로 다루어진다.

### (1) 기원이 밝혀지지 않은 신비의 민족

　수메르 사람들은 분명하지는 않으나 대략 기원전 5천년 경부터

---

1　고대 도시의 흔적으로 간주되는 유적지들 가운데 당대의 지명이 아직 확인되지 않은 곳들과 발견조차 되지 않은 곳들을 포함해서 정확한 숫자를 말하기 어렵다.

티그리스와 유프라테스 강이 흐르는 메소포타미아의 평야에 나타나 살기 시작하였다. 인간이 사용한 도구로 시대를 구분하는 통상적인 시대구분법에 따른다면 이때는 목축과 농경생활이 막 시작된 신석기시대(Neolithic Age)와 초기 청동기시대(Early Bronze Age)였다. 메소포타미아 평야지대에는 수메르인들이 나타난 시기에 여러 계통의 원주민들이 살고 있었다. 그런데 수메르인들은 이들보다 우월한 문화로 이내 이들을 압도하고 이 지역을 지배하게 되었다.

수메르인들이 어디에서 기원한 민족인지, 그리고 이들의 초기 역사가 어떠했는지에 대해서는 지금까지 분명한 정설이 없다. 이들이 남긴 문화유산이 너무도 두드러진데 반해 이들의 기원이 매우 불명확하기 때문에 수메르의 기원을 밝히는 문제는 메소포타미아 고대사의 수수께끼로 간주되어 왔다. 이 점에 관해 캠브리지대학의 고고학자이며 중동역사 전문가인 조안 오아테스(Joan Oates)는 다음과 같이 표현하였다.[1]

"수메르인들이 어떤 사람들이었는가 하는 문제는 고대 메소포타미아 역사에서 가장 도전적이고 지속적인 의문의 하나이며, 그 여러 가지 양상이 오늘날 수메르 문제(Sumerian Problem)라는 단어 속에 복합적으로 포함되어 있다."

이러한 수수께끼로 인해 세간에서는 수메르인들과 관련하여 여러 가지 신비한 이야기를 만들어내는 사람들도 있다. 내가 오래 전에

---

1  Joan Oates (1986), *Babylon: Revised Edition*, Thames and Hudson, p.19

그림 3 기도하는 수메르 사람들의 모습

읽은 책 가운데 한 권에는 이런 이 야기가 실려 있는 것도 있었다.[1]

"수메르 문헌의 제시된 증거에 기초해 볼 때, 기자의 피라미드는 시나이 사막에 위치한 우주 기지에서 끝나는, 우주관제센터의 착륙복도의 일부로서 외계인들에 의해 유도 장치로 쓰일 목적으로 건설된 듯하다"

이 글의 저자에 따르면 고대 수메르인들은 태양계의 일곱 번째 행성인 지구를 일종의 행성간 버스 정거장으로 사용했던 우주 여행자들의 자손으로서 이들이 바로 이집트의 기자에 있는 대피라밋을 건설했다는 것이다.[2] 수메르인의 기원에 관한 이 저자의 추리는 바로 다음과 같은 의문에서부터 시작된 것으로 보인다.

"어떻게 '모든 것의 이전'이었던 문화가 갑자기 등장하여 복잡한 문자, 경제체제, 그리고 잘 구성된 사회구조를 완벽하게 갖출 수 있었을까?"

이 저자에 따르면 수메르인들의 문화적 유산은 너무나 엄청난 것

---

1 Charles E. Sellier, *Mysteries of the Ancient World*, 안정희역 (1997), 《충격의 고대문명》, 한뜻, pp. 164-165에서 인용한 제카리아 시친(Zecharia Sitchin)의 주장

2 "수금지화목토천해명"으로 불리는 태양계의 행성 순서를 지구에서 먼 곳으로부터 거꾸로 세어 외계인이 찾아올 때 지나는 순서로 일곱 번째 별이라는 의미임.

이어서 당시 겨우 석기를 사용하던 원시시대 인간들의 것이라고 생각하기에는 무리가 있고, 고도의 첨단문명을 가지고 외계에서 이주해온 우주인들의 것이라고 생각해야만 합리적으로 이해가 된다는 것이다.

수메르인들의 업적이 매우 뛰어난 것은 분명하지만, 그러나 그것은 이 글의 필자가 생각한 것처럼 어느 날 갑자기 완성된 형태로 나타난 것이 아니다. 수메르인들의 역사를 살펴보는 과정에서 알게 되겠지만, 그것들은 오랜 시간에 걸쳐서 부단한 실험과 개량을 통해 단계적으로 발전되어 온 것이다.


### (2) 교착어를 사용한 검은 머리의 사람들

수메르라는 이름은 훗날 대제국을 건설했던 앗시리아인들의 문헌에서 나온 이름이다. 아카드어 발음으로 "수메루"(𒋗𒈨𒊒, Sumeru)라고 부른 것이 오늘날 수메르로 알려지고 있다. 수메르인들은 자신들을 "웅상기가"(𒊕𒈪𒅅𒂵, uĝ-saĝ-gíg-ga)라고 불렀으며, 그 뜻은 "검은 머리의 사람들"(black-headed people)로 해석된다. 예를 들면 수메르 역사의 최성기인 우르 제3왕조 시대의 슐기(Shulgi) 왕은 자신이 "천지 사방의 왕이며, 검은 머리 사람의 양치기, 목자"라고 하였다.[1]

그들은 자신들의 땅을 '키엔기(르)"(𒆠𒂗𒄀, ki-en-gi)'라고 불렀는데, 이것은 '고귀한 사람들의 땅'(place of the noble lords)이라는 뜻이

---

1   "I am the king of the four quarters, I am a shepherd, the pastor of the "black-headed people"" in Liverani, Mario (2013). *The Ancient Near East: History, Society and Economy*, Routledge, p. 167, ISBN 978-1-134-75084-9, https://en.wikipedia.org/wiki/Sumer#Name

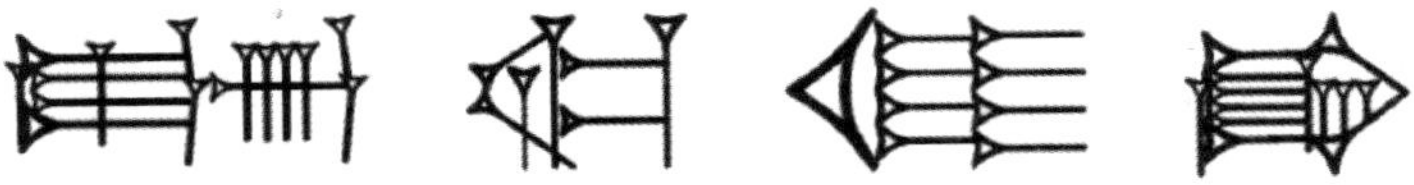

그림4 웅상기가 : 검은머리를 지닌 사람들, 웅(사람), 상(머리), 긱(검은), 가(지니다). 줄여서 상
기가 또는 상기라고도 표현했다.

다.[1] 이 말들의 뜻으로 볼 때 수메르인들은 후대의 그리스인들처럼 여러 도시를 건설해서 정착하고 서로 경쟁했지만 같은 민족끼리는 강한 동질감을 느꼈고, 다른 민족들에 대해서는 우월감을 느끼고 있었다는 사실을 알 수 있다. 자신들의 말은 "에메기(르)"(𒅴, eme-gi)라고 표현했다.

그들이 남긴 기록 중에 "수메르어를 모르는 서기(書記)라니, 도대체 그는 어떠한 서기인가?"라는 말이 있는데, 이로 미루어보면 수메르인들은 여러 민족이 섞여 살던 시절에도 압도적인 문화적 우위를 누리고 있었음을 짐작할 수 있다. 신전이나 관청에서 서기로 일하려면 다른 민족이라 할지라도 수메르어를 필수로 알아야 한다는 사정이 이 말 속에 표현되어 있는 것이다. 수메르인들은 외부인들이 자신들을 부르던 "수메르"라는 용어를 알고 있었고 함께 사용했다. 이것은 오늘날 "한국"에 대해 "코리아"라는 용어가 같이 사용되는 것과 비슷하다.

그런데 오늘날 '웅상기가'라는 말보다 수메르라는 말이 더 많이 사용되고 있는 것은 현대에 수메르 역사를 복원한 서양학자들이 먼저 앗시리아를 연구하는 과정에서 수메르를 알게 되었기 때문이다. 수메르인들이 소멸된 후 건설된 앗시리아 제국의 도서관에서 사라

---

1   설형문자로 끝 글자가 다른 '키엔기'(𒆠𒂗𒄀) 또는 '키엔기르'(𒆠𒂗𒄈)라는 표현
    이 함께 사용됐다.

진 민족에 대한 대량의 기록이 쏟아져 나왔고, 여기서부터 수메르 연구가 시작되었던 것이다. 셈족(Semites)인 앗시리아인들의 언어는 같은 시기에 경쟁했던 바빌론인들의 언어와 유사성이 많아 지금의 학자들은 이들의 언어를 광의의 '아카드어'(Akkadian)로 분류한다. 그들보다 먼저 대제국을 건설했던 셈족의 아카드어에서 파생되어 나온 방언으로 간주하는 것이다.

아카드어에서 수메르라는 말은 원래 어떤 의미에서 나온 것인지 정확히 해석되지 않고 있다. 아마도 그 지역을 가리키는 방언이었을 것으로 추측된다.[1] 성경의 창세기에 여러 번 나오는 시날(Shinar)도 같은 의미가 아닌가 생각되고 있다. 분명한 것은 수메르인들의 생김새 등 인류학적 특징이 주위에 있던 셈어족이나 인도유럽어족의 여러 민족들하고는 달랐으며, 수메르인들 자신은 이러한 생김새를 강조하는 표현으로 자기 민족을 주위 민족들과 구분해 불렀다는 것이다.

이들의 언어 역시 주위의 민족들이 사용하던 것하고는 달랐다. 그들의 언어는 명사에다 토씨를 바꿔서 주어나 목적어로 표현하는 교착어(agglutinative)적 성격을 지니고 있었으며, 이것은 지금 우리말이 속해있는 우랄 알타이언어의 특징이라 할 수 있다. 주어 다음에 목적어가 나오고 서술어로 이어지는 문장의 구조도 우리말과 비슷한 점이 있으나, 세부적으로 들어가면 차이도 많아서 같은 어족(語族)으로 단정하기는 어렵다.[2]

---

1  수메르가 번영하고 있을 때 그 이름은 주위의 야만 부족들에게 동경의 대상이었을 테지만, 아카드인들이 수메르를 정복한 이후로는 대략 '시골' 같은 경멸적인 의미로 바뀌었으리라 추정된다.

2  단적인 예로 형용사나 소유격이 우리말처럼 명사의 앞에 놓이지 않고 뒤에 온다. "큰 집"이 아니라 "집 큰"이고 "나의 책"이 아니고 "책 나의"처럼 쓴다. 이런 특징

수메르인들이 검은 머리칼을 지니고 있었고, 교착어를 사용했다는 점에서 오늘날 동양의 일부 사학자들은 이들을 동아시아의 민족들과 연관시키는 여러 가지 재미있는 학설들을 제시하고 있다. 흥미로운 것은 우리나라에서도 이른바 '재야사학자'들 중에 수메르인을 우리 한민족과 연관시키는 주장을 하는 사람들이 많이 있다는 것이다. 환단고기(桓檀古記)라는 우리나라의 고대 역사서에 따르면 단군 이전에 한민족이 세운 12개의 나라가 있었는데, 그 중의 하나로 수밀이(須密爾)국이라는 나라가 있었다고 한다. 재야 사학자들은 바로 이 수밀이국이 메소포타미아에 있었던 그 수메르국이라고 단정한다.[1]

그러나 수메르 역사를 정통으로 연구해 온 서양학자들은 수메르 민족의 기원을 오늘날의 동아시아 민족들과 연계시키는데 거부감을 보이고 있다. 사무엘 크레이머는 수메르인들의 서사시 등을 근거로 해서 수메르인들은 카스피해 연안의 산악지대를 자신들의 고향으로 간주한 것 같다고 주장한다.[2] 저명한 아랍사학자인 히티(Philip Hitti)는 수메르어가 터키어, 헝가리어, 핀란드어 등에서 발견되는 교착어적 성격을 지니고 있지만, 이러한 점을 제외한 다른 어떤 특성도 이들 언어 또는 기타의 우랄 알타이어나 몽고어와 비슷하지 않다고 주장한다. 그는 각종 부조물에 나타난 수메르인들의 생김새를 보아서는 그들이 긴 머리의 지중해 인종과 넓은 이마의 북동부 산악

---

은 아랍어 같은 셈어족에 가깝다. 수메르어의 문법에 대해 설명하는 국내문헌으로는 한국외대 변광수(2003) 교수가 편찬한 《세계 주요언어》 (도서출판 역락) 가운데 조철수 교수가 쓴 "수메르어" (pp.1263-1280)가 있다.

1  임승국 번역, 주해, 《한단고기》, 정신세계사, 1986, pp. 26-28

2  Samuel Noah Kramer (1963), *The Sumerians: Their History, Culture, and Character*, The University of Chicago Press, pp.44-45

지대인인 아르메니아족과의 혼혈로 보여진다고 말하고 있다.[1]

　수메르 유적 발굴에 지대한 공을 세운 영국인 고고학자 레오나드 울리(Leonard Woolley)와 역시 고고학자인 독일인 세람(C. W. Ceram) 등은 수메르인들이 계단 모양의 신전을 만들어 그 곳에 신을 모신 것을 본다면 산악지대가 그들의 고향으로서 신들은 높은 언덕 위에 산다고 생각한 것 같으며, 수메르 축조물중 가장 오래된 건물이 목조건물 양식에 따라 지어져 있는 점으로 보아 나무가 무성한 고지대가 그들의 발원지였을 것이라고 주장한다. 반면 인류학자인 영국인 아더 케이트(Arthur Kate)는 인더스강 계곡이 수메르인들의 발원지라고 주장했다.[2] 과학사를 연구하는 덴마크의 회이럽(Jens Høyrup)은 수메르인이 기원전 4천년대 말에 우루크를 중심으로 형성된 여러 인종의 혼혈(creole)로부터 발전해나왔다고 주장하였다.[3]

　이러한 주장들은 아직까지 어느 것이 맞다고 분명히 말할 수 없는 상태에 있다. 어쨌거나 인류 최고(最古)의 문명을 이룩한 수메르 민족이 지금의 중동 민족들과 같은 뿌리를 가진 민족이 아니고 어찌 보면 우리 민족과 관련이 깊을 수도 있다고 하는 점은 우리에게 대단히 흥미로운 일이다.

---

1　Philip K. Hitti (1961), *The Near East in History: A 5000 Year History*, Princeton, NJ: D. Van Nostrand Company, Inc., p.32

2　C. W. Ceram, *Gods, Graves and Scholars*, 안경숙역(1984), 《낭만적인 고고학 산책》, 평단문화사, p. 351

3　Jens Høyrup (1993), *Sumerian: The descendant of proto-historical creole? An Alternative Approach to the "Sumerian Problem"*, ROLIG-Papir 51, Roskilde Universitetscenter

### (3) 수메르인들과 현대 민족 관련설

수메르인들의 기원이 지금까지 명확히 밝혀지지 않고 있는 상황에서 현대에는 여러 민족들이 수메르인과 자신들과의 연고를 주장하고 있기도 하다. 한국의 재야사학자들이 수메르인들과 우리 민족의 연고를 주장한다는 말을 앞에서 언급했지만, 세계의 여러 다른 민족들도 이런 주장을 하고 있다는 사실을 알면 한국인 연고설은 무색해진다. 여기에서는 학술적 논의를 떠나 독자들의 흥미를 위해 이러한 주장들을 잠시 검토해보기로 한다.

우선 현대에 수메르에 대한 연고를 내세우는 사람들은 누구보다도 그 지역에 살고 있는 아랍인들이다. 특히 수메르의 본거지였던 지금의 이라크(Iraq)는 그 나라 이름부터 수메르 연고를 내세운 것이다. 수메르인들의 위대한 도시국가였던 길가메시의 나라 우루크(Uruk)가 그 나라 이름으로 사용되고 있다. 아랍어는 수메르어와 같은 교착어가 아니고 셈어족에 속하지만, 지금의 아랍인은 혈연적으로 단일한 민족이 아니고 그 지역에 살던 여러 민족이 이슬람교를 받아들이면서 동화되어 형성된 민족이다.

아라비아사막에서 유목 생활을 하던 원래의 아랍인들이 서기 7세기 이후 이슬람교의 기치 아래 인근의 민족들을 정복하면서 광대한 제국을 건설했고, 그 제국에 흡수된 여러 민족들이 지배자에 동화되면서 스스로를 아랍인으로 인식하게 된 것이다. 여기에는 수메르 이래 메소포타미아에서 살아온 여러 민족들과 피라밋을 만들었던 이집트 사람들, 알렉산더 이후 동방으로 이주해온 그리스와 로마 사람들, 페르시아를 건설했던 인도-유럽어계 사람들의 후손들이 다

포함되어 있다. 마치 오늘날 미국에서 여러 인종들이 모여 살면서 스스로 미국인이라고 간주하는 현상과 같다.

수메르인들은 이 지역에서 여러 도시국가들을 건설해서 수천 년간 살아왔고, 기원전 2천년 무렵에는 우르 제3왕조의 기치 아래 제국의 단계로 발전하기도 했으나 결국 이민족들의 침략을 받고 멸망하면서 사라졌다. 그들 중 상당수가 고향을 떠나 세계 각처로 뿔뿔이 흩어졌을 것으로 추정되나, 다수는 그 지역에 계속 살면서 지배자들에 동화되었다. 그러니 오늘날 이라크에 살고 있는 사람들의 상당수는 혈연적으로 원래 수메르인들의 후예일 가능성도 크다.

아랍인과 같은 셈어족에 속하나 그들과는 종교 문제로 오랜 갈등을 빚어오고 있는 유태인들과 수메르인의 연고를 주장하는 사람들도 있다. 이들은 우선 수메르라는 이름 자체가 구약성경에 나오는 노아의 아들 셈(Shem)에서 유래했다고 주장한다. 유태인의 조상 아브라함이 칼데아 우르에서 출발해 가나안으로 들어왔다는 성경의 기록을 언급하면서 수메르인들의 도시 우르와 유태인의 연고를 주장하기도 한다.

수메르인들이 검은 머리의 사람들이었다는 사실에서 한국, 일본, 중국의 동양인들이 특히 근친 관계를 내세우기도 하나, 아프리카의 흑인들도 연고를 주장하는 사람들이 있다. 한국에서는 수메르어에서 한국어와 발음 및 의미가 비슷한 단어를 지적하는 사람들이 있다. 수메르라는 단어가 한국어의 숯머리라는 해석은 일견 그럴듯하게 들리기도 한다. 수메르에서 신을 의미하는 단어 "딘기르"가 우리의 "단군"과 비슷하다고도 한다. 이 단어는 터키어에서 신을 의미하는 "텡그리"(Tengri)와 사실 더 비슷하다. 단군을 섬기는 일부 종교단체에서 수메르와 우리 민족의 연고를 강조하고 있기도 하다.

일본에서도 한국인과 비슷하게 검은 머리의 사람들, 그리고 교착어 등의 특징에 주목해 수메르 연고를 내세우는 사람들이 있다. 중국인들도 수메르 연고를 내세우는데, 특히 설형문자가 중국의 한자와 비슷하다는 점을 강조한다. 사실 글자를 만드는 원리가 비슷하며 상당수 글자는 모양도 비슷하다. 물을 뜻하는 수메르어 '아'(𒀀)와 한자어 '수'(水)를 간단한 예로 들 수 있다.

인도에서도 수메르와 고대로부터 교류가 있었다는 사실 등을 내세우면서 연관설을 주장하는 사람들이 있다. 멕시코의 마야나 안데스산맥의 잉카문명과 수메르인 연관설을 주장하는 사람들도 있다.

인터넷에서 찾아보면 이러한 주장들이 상당히 많고, 여러 게시판에서 논의가 지속되고 있는 것을 볼 수 있다.[1] 이러한 주장들은 거의 공통적으로 일부 단어나 유물이 유사하다는 등의 근거를 내세운다. 그러나 우연이나 교류에 의해 발생한 유사성을 근거로 고대 민족과 언어의 기원을 설명하는 주장들은 학술적으로 받아들여지지 않는다.

수메르인들 자신이 수천 년 역사 속에서 여러 민족들과 교류하면서 살았고, 아카드, 바빌론 등의 대제국시대를 거치면서 인종과 문화의 광범위한 융합이 일어났기 때문에 후대에는 초기의 수메르적인 특징도 많이 사라지고 다문화적인 특징을 띠게 되었다. 이들이 잦은 전란을 피해 세계 각처로 흩어지면서 문명이 확산되어 나왔을 가능성도 크다.

---

1  이 책에서 이런 주장들을 일일이 검증할 필요를 느끼지 않아 출처는 따로 언급하지 않는다. 필자의 개인 블로그에 "수메르인들은 누구의 조상일까?"라는 글을 쓴 적이 있는데, 관심있는 분들은 아래 주소에서 읽을 수 있다. https://blog.naver.com/dev777/221720907703

《참고 1》

## 수메르어의 호칭들

● 외국 책을 읽기에 힘든 부분은 인명이나 지명 등을 기억하기 어렵고, 단어의 의미가 쉽게 연상되지 않아 가독성이 떨어진다는 것이다. 이 점에서 독자들의 이해를 돕기 위해 이 책에 자주 나오는 약간의 수메르어를 간단히 소개하고자 한다. 수메르어 단어사전을 부록에 첨부하면 좋겠으나, 이것은 추가적인 작업을 요구하는 일이어서 필자가 이 글을 쓰는 시점에서는 힘든 상황이다.

● 우선 인명에 자주 나오는 호칭으로 엔(𒂗, En)과 루갈(𒈗, Lugal)은 왕을 의미한다. 루갈작기시는 "작기시왕", 루갈반다는 "반다왕"이라는 뜻이다. 엔-테메나, 엔-메바락게시 등의 이름도 그런 뜻이다. 그러나 왕의 이름들은 항상 호칭과 같이 쓰기 때문에 루갈작기시가 그냥 하나의 고유명사처럼 쓰인다. 대체로 엔은 도시국가 상태에서 왕들의 호칭으로 쓰였고, "주"(lord, 主) 정도의 의미로 해석할 수 있다. 루갈은 왕권이 보다 강력해지고 도시들의 패권세력이 되는 단계에서 주로 사용되었으며, 오늘날 생각하는 "왕"(王)에 가까운 의미이다.

● 지도자의 의미로 엔시(Ensi), 파테시(patesi), 이샤쿠(ishaku) 등의 용어도 나오는데, 이것은 사제를 겸한 초기 도시들의 지도자들을 일컫는 용어로 엔이나 루갈보다 권위가 약한 총독 또는 지방장관 정도의 의미로 사용되었다. 비슷한 의미로 샤루(Sharru)는 셈족

이 사용한 용어이다.[1] 정치적 상황에 따라 다른 호칭들이 사용되었으나, 그 용법을 정확히 파악하기는 힘들다.

● 신들의 이름 앞에 붙은 "엔"(En)도 위의 뜻과 마찬가지로 주인 또는 왕을 의미한다. 엔릴(En-lil)은 바람의 주인, 엔키(En-ki)는 땅의 주인이라는 뜻이다. 닌(Nin)은 여신(goddess)을 의미한다. 닌릴(Nin-ril)은 바람의 여신, 닌키(Nin-ki)는 땅의 여신이라는 뜻이다. 릴은 바람, 키는 땅을 의미한다.


## 2. 고대 중동세계의 보편문화가 된 수메르 문화

수메르인들은 메소포타미아 지역의 여러 곳에 정착하여 제각각 도시를 건설하면서 인류에게 문명사회를 가져다주었다. 그들이 남긴 문화 유산은 그후 인류사의 발전에 지대한 영향을 끼쳤다. 수메르인들의 기술과 생활양식, 종교, 문학 등은 그들 주변의 많은 민족들에게 하나의 전형이 되었고, 수메르의 뒤를 이은 아카드, 바빌론, 히타이트, 앗시리아 등 후대 여러 민족들의 제국에 큰 영향을 남겼다. 마치 오늘날 청바지와 햄버거, 코카콜라로 상징되는 미국문화가 세계를 지배하듯이 인류 역사의 초기 단계에서 수메르 문화는 고대 중동세계의 보편 문화로서의 역할을 했다.

---

1 Harriet Crawford (1991), *Sumer and the Sumerians*, Cambridge University Press, p.21

## (1) 고대 메소포타미아인들의 삶을 기록한 설형문자

수메르인들의 업적 중에 첫번째로 꼽을 수 있는 것은 인간의 언어를 기록으로 적어 남길 수 있는 문자를 발명한 것이다. 앞에서 언급했지만, 지금까지 알려진 바로 인류 역사에 최초로 문자를 만들어 남긴 사람들은 수메르인들이다. 설형문자(楔形文字, 쐐기문자) 보다 대략 200~500년 정도 늦게 나온 이집트의 상형문자는 수메르어의 영향을 받아 만들어진 것으로 추정된다. 그러나 수메르 설형문자가 한자처럼 뜻을 표시하는 문자로 발전한데 반해 이집트 상형문자는 그림으로 뜻이 아니라 발음을 표시하는 문자로 발전하였다. 예를 들면 수메르에서 물을 의미하는 글자 '아'(⑪)는 실제 물이 흐르는 모양을 본뜬 것이고 "물"이라는 뜻을 가지지만, 이집트 상형문자에서 물이 흐르는 모양을 그린 '엔'(ᨅ)이라는 글자는 단지 자음 N의 발음만을 표기한다.[1]

수천 년 전 먼 나라 사람들이 사용하다가 잊혀져버린 문자가 무엇이 그리 대단한 의미가 있는가라고 생각한다면 잘못 생각하는 것이다. 수메르인들이 만든 문자는 그 자체로 인류 최초의 기록들을 담아냈을 뿐만 아니라 그 후대에 이웃 민족들에게 광범위하게 보급되어 널리 사용되었다. 수메르인들의 뒤를 이어 대제국을 건설한 아카드, 신구 바빌로니아, 앗시리아, 페르시아 등의 대제국들이 수메르 설형문자를 변형하여 자신들의 언어를 표기하였으며, 그 밖에도 히타이트, 엘람, 후리, 우라르투 등의 부족들도 설형문자로 기록을 남

---

1   Bill Manley (2012), *Egyptian Hieroglyphs for Complete Beginners*, Tames & Hudson

졌다.

그 기록들은 모두 오랜 세월 잊혀졌으나 19세기부터 해독되어 오늘날 다시 알려지고 있다. 그리고 그 기록들이 잊혀졌던 긴 세월 동안에도 우리가 알지 못했던 수메르의 많은 문화적 유산들이 면면히 이어져 오늘날의 우리들에게도 영향을 주어왔다는 사실이 새삼 밝혀지고 있다.

수메르인들이 최초의 전차(戰車)를 만들었고, 온갖 금속 공예품을 만들었으며, 오늘날 우리가 사용하는 10진법과 60진법을 사용했다고 하지 않는가! 원의 각도를 360도로 정하고 한 시간을 60분으로 정한 사람들이 수천 년 전의 수메르인들이었다니 놀랍지 않은가? 그들이 사용했던 화폐 세켈이 오늘날에도 같은 이름으로 사용되고 있지 않은가! 수메르인들의 신화가 그리스 신화로 이어지고, 오늘날 성경에도 흔적을 남기고 있다 하지 않는가! 영어에서 심연(深淵)을 의미하는 단어 아비스(abyss)는 수메르어에서 나왔다는 설도 있지 않은가![1] 인류의 역사는 수많은 선조들이 한조각씩을 더하면서 여기까지 흘러온 것이고, 그 가운데 많은 부분을 수메르인들이 처음 시작한 것이다.

앞서 말한대로 수메르인들의 문자는 기원전 3500년경 우루크의 사제들이 처음 사용한 것으로 알려지고 있다. 처음에는 문자라기보다는 신전에 바친 공물들의 양을 표시하기 위한 단순한 부호였다. 그 후 이것이 다양한 사물들을 표시하는 그림문자(pictogram)로 발전

---

1  수메르의 도시 에리두에 있던 깊은 호수 또는 늪을 아브주(Abzu)라고 했고, 이 곳에 지어진 엔키의 신전을 에아브주라고 했는데, 이 말이 그리스를 거쳐 영어의 abyss가 되었다는 설이 있음.

하고 직선으로 단순화되면서 인간의 다양한 언어를 표기하는 음절문자(syllabogram)로 더욱 발전하였다. 오늘날의 학자들은 많은 점토판들의 기록을 해독하여 수메르에서 시작된 설형문자가 〈표2〉과 같은 단계로 발전해나왔다고 간주한다.

　기원전 2,800년경에는 세로로 그려졌던 그림이 가로로 눕혀졌고, 기원전 2,400년경부터는 직선화된 설형문자가 사용되어 아카드 제국에서 일련의 표준화 작업이 이루어졌으며, 그 후 1,800년경 고바빌로니아 시절에 오늘날 표준으로 알려지고 있는 설형문자가 사용된 것으로 추측한다.

〈표 1〉 설형문자의 발전

| 발음<br>(뜻) | 3200 BC<br>상형문자 | 2800 BC<br>90도 회전 | 2400 BC<br>아카드 | 1800 BC<br>고바빌로니아 | 650 BC<br>신앗시리아 |
|---|---|---|---|---|---|
| SAnG<br>(머리) | | | | | |
| LU<br>(사람) | | | | | |

자료 : 필자가 정리

주: SAnG의 nG는 영어의 ng 발음과 근접하고 약한 비음이 들어간 것으로 추정하며, 설형문자 교재에서 SAĜ로 표기되고 있다. 초기 연구에 기여한 프랑스나 독일 학자들의 영향으로 생각된다. 필자는 표기의 어려움을 반영해 nG라는 표기를 사용하였다. 신(神)을 나타내는 단어 ＊도 DINGIR 또는 DIĜIR 등의 표기가 함께 사용되고 있다.

　수메르어 설형문자의 기본적인 제자(制字) 원리는 〈표 3〉을 보면 알 수 있다. 한자에서 부수에다 획을 더해 새로운 글자를 만들어 나가는 원리와도 비슷하다. 사람의 머리를 뜻하는 'SAnG'라는 글자에 획을 더해 입을 뜻하는 'KA'라는 글자를 만들고 여기에 물을 뜻하는 'A'를 더하면 'NAnG'라는 글자로 "마신다"는 뜻이 된다.

〈표 2〉 설형문자의 발전

| 설형문자 |  |  |  |  |
|---|---|---|---|---|
| 발음 | SAnG | KA | A | NAnG |
| 뜻 | 머리 | 입 | 물 | 마시다 |
| 해설 | 사람의 머리 모양 | 머리에 입을 그림 | 물이 흐르는 모양 | 입에 물을 그림 |

자료 : 필자가 정리

아카드는 수메르와 혈연이 다른 셈족의 국가여서 언어가 다르기 때문에 수메르인들의 문자를 받아 썼지만 자신들의 언어를 표기하는 데 적합하게 바꾸었다. 글자 모양도 다소 바뀌면서 같은 글자라도 발음이 달라졌다. 예를 들면 수메르어에서 양(羊)을 의미하던 "우두"(囗, udu)라는 글자를 아카드인들은 이메루(immeru)로 읽었다.

우리에게 더 친숙한 동아시아의 예를 들어 중국, 한국, 일본이 같은 한자를 쓰지만 발음은 다르게 한다는 사실을 상기할 수 있다. 東京이라는 글자를 한국인들은 동경이라고 읽고, 중국인들은 둥징, 일본인들은 도쿄라고 읽는다. 오늘날 같은 라틴 문자를 사용하는 영국, 프랑스, 스페인, 독일 사람들의 경우나 아랍 문자를 사용하는 아랍국가들과 이란의 경우도 비슷하다.

페르시아인들은 설형문자를 더욱 간결하게 만들어서 획수를 줄이고 뜻 대신 발음을 표시하는 표음문자로 사용했다. 오늘날 설형문자가 해독된 것은 19세기에 서양인들이 페르시아의 다리우스왕이 남긴 비문을 해독한 데에서부터 시작되었다. 거기서부터 바빌론, 앗시리아, 엘람의 설형문자가 차례로 해독되고, 마침내 수메르 문자도 해독되기에 이르렀다. 이 해독의 과정도 한편의 역사를 이룰만치 흥미진진한 이야기이며, 많은 사람들이 그 공로자로 거론된다.[1] 하나의 단어를 추적하여 그 의미를 알아내고 당대의 발음을 유추해내기까지 많은 학자들의 피땀어린 노력이 있어서 오늘날 필자가 이런 책을 쓸 수 있게 된 것이고, 독자들은 흥미로운 고대사를 알게 된 것이다.

오늘날에는 50만개 이상의 설형문자 점토판이 발견되어서 대영박물관과 루브르 박물관, 이스탄불 고고학박물관, 베를린 박물관 등에 보관되어 있다. 그 점토판들 중 가장 나중에 만들어진 것은 서기 70년대의 것으로 추정된다고 한다. 그때까지도 설형문자가 사용되었던 것이다. 그 중에 현재까지 제대로 해독된 것은 10만 개도 채 되지 않는다고 한다. 이마저도 발굴조차 되지 않은 기록들에 비한다면 한 조각조차도 안 된다고 할 수 있다. 우리가 알 수 있는 역사는 아직 최소 수준밖에 되지 않는 것이다.

설형문자가 사라진 것은 기원전 4세기 알렉산더의 동방 정복 이후 그리스문자가 메소포타미아 전역과 이집트에서 공식 문자로 사용되었기 때문이다. 그 무렵부터 잉크를 이용해 기록하는 파피루스와 양피지가 점토판을 대체하면서 진흙 공책도 사라지게 되었다. 이

---

1 관심있는 독자들은 독일인 그로테펜트의 니부르(Niebuhr) 비문 해독, 영국인 헨리 롤린슨의 베히스툰 비문 해독, 아일랜드인 에드워드 힝크스(Edward Hincks)의 설형문자 교재 출판 관련 이야기들을 읽어보시기 바란다.

후 로마 제국 시절에는 기독교의 공인화 이후 이단인 다신교의 유적들이 파괴되었고, 그 후의 이슬람제국들에서도 같은 현상이 벌어지면서 수메르에서부터 이집트, 바빌론, 앗시리아, 히타이트, 페르시아까지 유구한 역사 속의 제국들은 현대에 재발굴될 때까지 오랜 세월 흔적을 감추게 되었다.

현대에 설형문자 발굴과 해독작업이 이루어지는 과정을 간단히 설명하면 다음과 같다. 우선 중동 현지에서 발굴한 점토판들은 거의 파손되거나 조각난 상태로 있고, 수천 년 세월의 먼지를 뒤집어쓴 상태이다. 이것들을 큐레이터(curator)들의 정밀한 작업을 통해 짝을 맞추고 먼지를 제거한 후 전문가들의 일차 판독을 거쳐 세계에 공개된다. 세계의 주요 박물관과 학술단체들이 보유하고 있는 점토판들은 일련번호를 붙이고 디지털화 작업을 거친 후 옥스퍼드 대학에서 운영하는 설형문자 온라인 도서관(Cumeiform Digital Library Initiative: CDLI)을 통해 공유되고 있으며, 전세계의 많은 전문가들이 이를 통해 원문을 접하고 해독 작업을 해나가고 있다. 뒤에서 설명하는 수메르 왕조목록의 설형문자 원문과 해석된 내용은 아래 CDLI 홈페이지에서 볼 수 있다. 유명한 길가메시 서사시의 원문과 해독된 내용도 이 사이트에서 찾을 수 있다.[1]

## (2) 농경기술과 도시 및 제도 발전

수메르인들은 유프라테스 강가에 정착하여 도시를 건설하고 농

---

1  https://cdli.ucla.edu/search/search_results.php?CompositeNumber=Q000371

사를 짓기 시작했다. 홍수를 막기 위해 강변을 따라 둑을 쌓고 운하와 도랑을 파서 물길을 만들어 이용했다. 이러한 대규모 치수, 관개사업을 통해 자연을 인간의 뜻에 맞게 조정하고 이용하는 방법을 인류에게 최초로 가르쳐준 사람들이 수메르인이다. 수메르인들이 발전시킨 농경기술은 점차 유목과 수렵생활을 대체해 나가면서 원시 상태에 있던 인류의 생활을 풍족하게 해주었다. 아래 글 하나를 인용해보자.[1]

그림 5 이스탄불 고고학 박물관
에 있는 우르남무 법전.

"즐거운 건 맥주이고, 괴로운 건 나그넷길. 이것
은 현대 맥주회사의 선전문구가 아니다. 지금부터 오천년 전쯤 티그리스
·유프라테스 두 강의 하류지방에 도시를 건설했던 수메르인(人)이 써서
남긴 속담인 것이다."

최초로 맥주를 빚어서 마신 민족이 수메르 민족이라는 사실이 흥미롭게 표현되어 있다. 수메르인은 보리를 주곡으로 해서 맥주를 만들고, 빵을 만들었으며, 보수도 거의 보리로 지급했다. 농경기술이 발달하여 주곡의 잉여생산이 가능해지게 되었다는 사실을 시사하며, 이것이야말로 도시와 문명생활이 본격화되는 기반이 되었다. 그들은 진흙을 햇볕에 말리거나 불에 구워서 말린 벽돌로 집을 짓고 건축물을 쌓아올렸다. 도시의 중앙에는 신을 모시는 커다란 신전을

---

1  삼성출판사(1982),《대세계의 역사 1: 인류의 탄생 고대 오리엔트》, p.203

지었는데, 그들의 이런 건축 기술은 후대에도 큰 영향을 주었다. '지구라트'(Ziggurat)라고 불린 신전들이 수메르 도시 곳곳에 지금도 남아 있으며, 이것은 그 후 중동 각지에 세워진 신전 양식의 전형이 되었고, 성서에 나오는 바벨탑의 모델이 된 것으로 생각되고 있다.

도시생활이 시작되면서 사회제도와 관료제도, 법률 등이 발전하였으며, 이러한 제도와 법률들은 문자 기록을 통해 후대에 전수되면서 여러 민족들에게 차용되었다. 인류 역사상 최초의 왕정(王政)을 이룩한 민족이 수메르 민족인데, 이것이 주위의 민족들에게 어떠한 영향을 끼쳤는지는 훨씬 후대에 이르러 유태인들이 사울(Saul)을 최초의 왕으로 추대하는 성서 속의 이야기로 미루어 짐작할 수 있다. 왕이 있어야 강력한 민족이 될 수 있다는 인식을 유태인들이 갖게 된 것은 수메르인들이 이미 소멸하고 난 이후에도 천년 이상이나 지난 시기였던 것이다.

인간이 도시생활을 하면서 사회를 만들어 함께 살아가기 위해서는 질서를 규율하는 법이 필요한데, 지금까지 알려진 바로 기록된 인류 최초의 법률 역시 수메르인들이 만든 것이다. 기원전 2100년경 우르남무(Ur-Nammu)라는 수메르왕이 반포한 이 법률은 1900년 지금의 이라크 중부 니푸르(Nippur)라는 도시에서 발견되었다.[1] 그러나 그 실체가 이해된 것은 1952년에 사무엘 크레이머가 단편적인 조각을 처음으로 해독하면서부터이다.[2] 그 후 여러 조각들이 추가로 발견되어 지금은 상당 부분 해독되어 있다. 그 중 특징적인 몇 구절만 인용

---

1  우르남무 법전 사진 출처: https://en.wikipedia.org/wiki/Code_of_Ur-Nammu
2  Samuel Noah Kramer (1956), *History Begins at Sumer*, Doubleday Anchor Books. p.50

해보면 다음과 같은 내용이 있다.[1]

- 살인을 한 사람은 죽임을 당한다.
- 강도 짓을 한 자는 죽임을 당한다.
- 유괴를 한 자는 감옥에 가두고 15 세켈의 은을 내야 한다.
- 다른 이의 눈을 상해하면 은 1/2 미나를 물어야 한다.
- 다른 이의 다리를 상해하면 10 세켈을 지불해야 한다.
- 다른 이의 이빨을 부러뜨리면 은 2 세켈을 지불해야 한다.

이와 같은 법률은 구약성경의 모세 법률을 특징짓는 "눈에는 눈, 이에는 이"(Eye for an eye, tooth for a tooth)라는 유명한 구절을 연상시킨다. 그런데 인류 최초의 법전인 이 법전은 신체 상해에 대해 금전 배상을 규정하고 있어 오히려 후대의 법전들보다 진일보한 느낌을 준다. 실제로 우르남무의 법전은 대략 350년 후인 기원전 1750년경 바빌론의 함무라비(Hammurabi)왕이 만든 법전에 큰 영향을 주었는데, 함무라비 법전에는 "눈에는 눈, 이에는 이"라는 유명한 표현이 그대로 들어있다. 이 구절이 들어있는 구약성경의 레위기(Levictus)는 함무라비 법전보다 최소한 400년 내지 1천년 이후에 나온 것으로 추정되니, 수메르인들의 법전이 오랫동안 중동 일대의 여러 민족들에게

---

1  크레이머는 5개 조문을 부분적으로 해독했고, 1969년에 출판된 프리차드(Pritchard)의 책은 29개 조문을 수록했으나, 최근에는 40개 조문이 해독되고 기존에 알려진 조문들도 일부 수정되었다. 본저는 최근 연구를 반영하여 전작에 수록된 내용을 일부 수정했다. 이 원문은 Oxford 대학의 설형문자 온라인 도서관(CDLI)에서 찾을 수 있다.

지대한 영향을 주었다는 사실을 짐작할 수 있다.[1]

이밖에 수메르인들의 종교적 관념과 의식 등도 주위 민족들에게 큰 영향을 남겼다. 마치 로마가 그리스의 신들을 수입해 자신들의 것으로 만들었듯이 바빌론과 앗시리아 제국의 신들은 수메르 신들이 그대로 들어와 이름만 바꾼 것들이 많았다. 수메르인들의 종교의식이나 기도문, 찬송 등도 후대의 제국들에 차용되었고 먼 훗날 유태인들의 종교에도 반영되었다.

한편 수메르인들의 언어와 문자는 후대의 아카드, 바빌론, 앗시리아, 페르시아 등의 제국에서도 사용되었다. 마치 고대 로마가 망한 이후에도 로마인들의 언어였던 라틴어가 중세까지 유럽에서 사제들과 귀족들의 교육언어로 사용되었던 것처럼, 수메르 민족이 소멸된 이후에도 수메르어는 후대의 민족들에게 종교와 행정의 언어로 오랫동안 계속 사용되었던 것이다.

설형문자는 사제와 관료계급의 엄격한 교육을 통해 보급되었으며, 훗날의 제국들은 이 문자를 이어받아 자신들의 언어에 좀더 적합한 문자로 개량하였다. 이들은 수메르어를 배우기 위해 까마득한 그 옛날에도 사전(辭典)을 만들어 사용했다는 사실이 확인되었다. 앗시리아의 도서관 유적지에서 대량으로 발굴된 점토판에서는 수메르어와 아카드어로 함께 기록된 문서들이 나왔는데, 그 중에 현대인들

---

1  구약성경 레위기 24장 19~20절에는 모세가 이스라엘민족에게 다음과 같은 율법을 가르쳤다고 나와 있다. "사람이 만일 그의 이웃에게 상해를 입혔으면 그가 행한 대로 그에게 행할 것이니 상처에는 상처로, 눈에는 눈으로, 이에는 이로 갚을지라."

이 "우라=후불루"(Ura=Hubulla)라고 이름붙인 아카드-수메르어 사전이 발견되었다. 현재까지 알려진 인류 최초의 단어사전인데, 이것이 수메르어 해독에 결정적인 도움을 주었다.

### (3) 수메르인들의 사회 생활

뒤에서 수메르의 역사를 통해 보겠지만, 수메르인들은 대략 2천 년 정도의 긴 세월 동안 메소포타미아에서 많은 도시를 건설했고, 셈족과 인도유럽어족의 많은 유목민 부족들과 교류하며 생활했다. 그들은 진흙을 말린 벽돌과 유프라테스 강변의 억센 갈대들을 이용해 집을 지었다. 부자들은 불에 구운 튼튼한 벽돌과 석재를 사용해 집을 지었고, 가난한 사람들은 햇볕에 말린 싼 벽돌과 갈대를 이용해 집을 지었다. 도시의 중심에는 호화로운 신전과 왕궁이 있었고, 권력자들과 부자들은 이런 중심에 살았다.[1] 기원전 2300년경에 우루크의 인구는 5만명, 그 북쪽의 마리는 1만명, 아카드의 인구는 3만 6천명 정도였던 것으로 추정하는 자료가 있다.[2]

도시에는 현대의 도시들과 마찬가지로 다양한 직업을 가진 사람들이 살았다. 왕족과 관료, 사제와 서기관, 군인, 학자, 건축가, 의사, 요리사, 상인 등 많은 직업의 사람들이 도시 생활에 필요했다. 이들은 지금과 마찬가지로 농업과 어업에 종사하는 도시 외곽의 사람들

---

1  초기의 도시국가들은 제사장이 세속적인 권력까지 지닌 공동체의 리더였으므로 신전과 왕궁이 따로 구분되지 않았다. 후대에 왕권이 강력해진 시대가 되면서 거대한 왕궁 안에 신전이 위치한 도시들이 건설되었다.

2  Joshua J. Mark (2014), *Daily Life in Ancient Mesopotamia*, http://www.ancient. eu/article/680/

그림 6 우르 왕릉에서 발굴된 푸아비
왕비의 관과 목걸이, 대영박물
관 소장

을 통해 식품을 조달했다. 전쟁 포로로 끌려왔거나 빚에 의해 노예로 떨어진 사람들이 노동력을 공급했다. 도시에서 떨어져 초원을 유랑하는 유목민들은 고기와 우유, 치즈를 공급하고, 필요한 물자를 교환해갔다. 교환 방식은 물물교환이거나 보리를 지금의 돈과 같은 교환수단으로 사용하는 것이었다.

후대에는 세켈(shekel)이라는 화폐를 사용했다. 세켈은 아카드 시절에 처음 사용되어 그 후 오랜 세월 수메르와 메소포타미아 각지역의 화폐 명칭으로 사용되었다. 그러나 화폐 경제의 보급은 제한적이었던 것으로 추정된다. 세켈은 오늘날 이스라엘의 화폐 단위로서도 사용되고 있다.[1]

1920년대 레오나드 울리가 우르 유적지에서 발굴한 왕들의 무덤에서는 금으로 만든 왕관 등 다량의 화려한 금속 세공품들이 발견되었다. 이러한 세공품은 기원전 2600년대 우르 제1왕조 시대에 만들어진 것으로 추정되어 놀라움을 안겨준다. 우리의 단군 할아버지가 나라를 세웠다고 하는 시대보다 무려 수백 년 앞선 사람들이 현대의 보물상들이 팔아도 손색이 없는 귀금속 제품들을 만들어 사용했던 것이다. 푸아비(Puabi) 왕비의 관과 목걸이라고 알려진 유물

---

1  필자의 어린 시절에는 한국의 농촌에서도 닭이나 채소류, 목재를 시장에 가져가서 필요한 물품으로 바꿔오는 물물교환이 성행했다. 경제중심지에서 멀리 떨어진 가난한 사람들이 화폐를 취득하기는 어려웠던 것이다.

들은 물론 다수의 세공품들은 지금도 우리의 눈길을 끈다. 우르의 왕릉에 대해서는 뒤의 우르 제1왕조에서 좀더 언급하기로 한다.[1]

긴 세월에 걸쳐 많은 민족과 교류한 수메르인들의 생활이 획일적으로 똑 같았을 수는 없고, 도시와 시대에 따라 다양한 변화가 발생했다. 수메르라는 이름 하나로 우리 역사로 치면 삼국시대의 한국과 지금의 한국을 동일하게 취급하면 안 된다는 사실을 잊지 말아야 한다. 그만큼의 시대적 간격과 차이가 있는 것이다. 그러나 지금으로부터 무려 4~5천년 이상의 시간이 지났는데도 그들이 남긴 기록을 보면 "사회적 동물"로서 인간들의 삶은 현대와도 크게 다르지 않다는 사실을 발견하고 경이로움을 느낀다.

## □ 수메르인들의 속담

사무엘 크레이머는 수메르인들이 만든 인류 최초의 격언과 속담들을 소개하였다.[2] 지금은 더 많은 속담들이 해독되어 알려지고 있다. 이런 속담과 격언들이 만들어진 시기를 정확히 알 수는 없지만, 모두가 무려 수천 년 전에 만들어진 것은 분명하다. 그 시절에 사회생활이 어떠했는지, 이런 기록들을 통해 부분적이나마 짐작할 수 있다.

"많은 은(銀)을 가진 사람은 행복할지 모른다. 많은 보리를 가진 사람은 행복할지 모른다. 그러나 아무 것도 가지지 않은 사람은 잠을 잘 수 있다."

---

1 푸아비 왕관 사진 출처: https://en.wikipedia.org/wiki/Puabi
2 Samuel Noah Kramer (1956), *History Begins at Sumer*, Chapter 16, Doubleday Anchor Books

오늘날에도 부의 척도로 여겨지는 금과 은은 먼 옛날에도 그러했으며, 부자와 가난한 사람이 생기는 현실은 그 때에도 다를 것이 없었다는 사실을 알게 된다. 그리고 가난한 사람에게 삶은 그 때나 지금이나 항상 고역이었음을 아래 속담이 알게 해준다.

"가난한 사람은 사는 것보다 죽는 게 낫다. 그에게 빵이 있을 때는 소금이 없다. 소금이 있을 때는 빵이 없다. 그에게 고기가 있을 때는 양(羊)이 없다. 양이 있을 때는 고기가 없다."

"가난한 사람은 폭풍우 속에 앉아 있는 것과 같다."

남자와 여자가 만나 결혼을 하고 가정을 이루어 사는 일이 그 때부터 이미 잘 제도화되어 있었으며, 가족을 부양하는 일은 가장의 코를 꿰는 힘든 일이었음을 아래 속담들이 보여준다.

"아내나 자식을 부양해보지 않은 사람은 코에 가죽끈이 꿰어지지 않은 사람이다."

"쾌락을 위해 결혼. 한번 더 생각해보면 이혼."

결혼이 이처럼 간단한 일이 아니었기 때문에 돈 많고 좋은 배우자를 만나고 싶다는 소망은 먼 옛날 그 시절의 수메르 사람들이 남긴 글에도 드러나고 있다. 아마도 오늘날의 결혼정보회사나 중매장이 같은 업종들이 그 시절에도 있지 않았을까 생각된다.

"조건이 잘 갖추어진 사람, 부유한 사람은 누구인가? 그를 위해 내 사랑을 간직할 사람은?"

도시들이 발전하면서 점점 많은 사람들이 몰려들기 시작하니 그 시절에도 주택문제가 심각한 상황이었음을 아래 속담이 보여준다.

"빚내서 집을 지었더니 씨 뿌려 놓은 밭을 경작할 돈이 없다."

이밖에도 "우정은 한 날 가지만 혈연은 영원하다"는 말이나 "정의가 무너지면 불의가 득세한다"는 말 등은 인간이 사회를 만들어 사는 세상에서 인간관계의 본질적 양상이 수천 년 동안 별로 달라진 것이 없다는 사실을 말해준다. 아래 속담은 우리 말의 "모난 돌이 정(釘) 맞는다"와 같은 의미를 지녔는데 사용하는 도구가 달라 흥미롭다. 시간적 거리만이 아니라 공간적 거리를 불문하고 인간이 사회 속에서 부딪히며 사는 현실은 비슷할 수밖에 없음을 깨닫게 해준다.

"언제든 과(過)하면 도끼를 맞는다."

수메르인들은 이처럼 잘 짜여진 사회와 제도를 인류 최초로 만든 사람들이다. 수메르의 격언과 속담들이 지니는 역사적 의의에 관해 크레이머는 다음과 같은 말로 표현했다.[1]

---

1    Samuel Noah Kramer (1981), p.95

그림 7 우르의 깃발, 〈평화〉

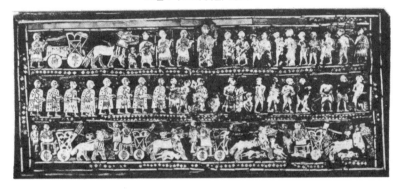

그림 8 우르의 깃발, 〈전쟁〉

"히브리의 잠언(Book of Proverbs)은 오랫동안 인간의 기록된 역사에서 가장 오래된 격언과 교훈의 모음집이라고 생각되어 왔다. 그런데 지난 한 세기 반 동안에 고대 이집트 문명의 발견과 해석이 진행되면서 성서의 잠언을 몇 년 이상씩 앞서는 이집트의 속담과 격언 모음집들이 밝혀졌다. 그러나 이것들 역시 기록된 것들 중 가장 오래된 격언이나 명구들은 아니다. 수메르의 속담 모음집들은 전부는 아닐지라도 알려진 대부분의 문서들을 수 세기 이상 앞서는 것들이다."

## □ 우르의 깃발

수메르인들의 사회생활 모습을 알 수 있게 해주는 "우르의 깃발
(Standard of Ur)"이라는 그림이 앞에서 언급한 우르의 왕릉에서 발견되
어 오늘날 대영박물관에 전시되어 있다. 이것은 6각형의 조그만 나
무상자 위에 그려진 그림인데, 상자의 넓은 쪽 양면에 각각 "전쟁"과
"평화"를 보여주는 그림이 모자이크되어 있다. 1927년 이 그림을 발
굴한 레오나드 울리는 많은 조각으로 부숴진 그림들을 보고 이것이
군대의 깃대 위에 걸어 특정부대를 상징하는 '깃발'(standard)이라고
추정해서 그 표현이 그대로 사용되고 있으나, 지금은 이것을 깃발이
라고 생각하는 사람은 없다. 그림 조각들을 모아서 복구하고 보니
깃발이 아니라 나무로 만든 상자에 장식된 그림들이었던 것이다. 그
림의 크기는 대략 가로, 세로 50×22 센티미터이다.[1]

이 상자는 PG 779로 번호 붙여진 우르의 왕릉에서 발견됐으며,
이 무덤의 주인은 기원전 2550년경 우르 제1왕조의 우르 파빌상(Ur-
Pabilsaĝ) 왕이라고 추정되고 있다.[2] 이 왕은 뒤에 언급하는 수메르 왕
조목록에 나오지 않고 행적을 알 수 없지만, 우르에서 발견된 비문
조각에 이름이 언급되어 있다. 상자의 용도가 무엇이었는지는 정확
히 알 수 없지만, 왕릉에서 발견된 점으로 미루어 주인이 아끼던 실
내장식품이었을 것으로 추정된다. 전쟁의 승리와 귀족들의 파티를
묘사한 그림들을 넣어 원소유자 본인 또는 그와 관계된 사람이 영광
의 순간을 기억하기 위해 만든 것이 아닐까 생각한다. 우르의 왕릉
에 대해서는 뒤의 우르 왕조 부분에서 좀더 자세히 설명한다.

---

1  우르의 깃발 사진 출처: https://en.wikipedia.org/wiki/Standard_of_Ur
2  https://en.wikipedia.org/wiki/Standard_of_Ur

두 개의 그림은 3단으로 나누어진 평면 위에 그려져 있다. 전쟁 장면에서는 수메르인들이 네 마리의 야생 당나귀(onager, wild asses)가 끄는 전차(戰車)로 적을 짓밟는 장면, 칼로 적을 내리치는 장면, 벌거 벗은 포로들을 묶어서 끌고오는 장면 등이 그려져 있다. 이 그림은 인류 역사 최초의 전차가 등장한 전쟁 그림으로 알려지고 있다.[1] 제 일 상단의 중앙에는 지휘봉을 든 지도자의 모습이 가장 크게 그려 져 있다. 칼을 든 수메르 군인들은 길다란 갑옷을 입고 머리 위에는 투구를 쓰고 있다. 우르에서는 동(銅)으로 만든 투구가 발견되어 이 그림의 묘사가 정확하다는 것을 알려주었다.

평화 장면에서는 가장 상단에 파티를 즐기는 귀족들의 모습이 있고, 가운데는 파티에 이용될 가축과 음식을 가져오는 평민들의 모 습, 그리고 하단에는 무거운 짐을 지거나 가축을 끌고오는 시종 또 는 노예들의 모습이 그려져 있다. 귀족들은 의자에 앉아 술잔을 들 고 있으며, 그 옆에는 악기를 연주하고 노래를 부르는 사람들이 있 다.

이 그림을 통해 계급제도가 엄격했던 수메르 사회의 모습과 그 들의 생활상, 전투 모습 등을 알 수 있다. 그런데 이 그림들과 다른 조각 및 그림들에 나타나는 수메르인들의 모습은 대부분 대머리로 표현되고 있어 "검은 머리의 사람들"이라는 수메르인들의 모습으로 는 맞지 않아 의문을 낳고 있다. 검은 머리나 턱수염은 사회적 계급 의 표현이었다는 추정도 있다. 앞의 〈그림 3〉에 나온 기도하는 수메

---

1  전차를 이끄는 동물을 말(horse)이라고 표현한 글들이 있으나 여러 자료에서 확 인한 결과 당나귀(onagers)로 보는 것이 정확한 것 같아 전작의 표현을 수정했다. Richard Holmes (1988), p.10

르 사람들의 모습을 보면 긴 머리와 턱수염을 가진 사람들이 중요한 사람들이었으리라고 추정할 수 있다. 그러나 뒤의 〈그림 7〉에는 중앙에 앉은 가장 높은 지위의 사람조차도 대머리여서 이런 해석을 일반화하기도 어렵다. 필자는 아직 이 문제에 대한 정확한 해석을 하는 글을 보지 못했다.

# 3. 수메르인들의 종교

수메르인들은 많은 신(神)을 믿는 사람들이었다. 우주와 인간사의 모든 일을 신의 주관으로 생각하는 종교는 지금도 인간들의 삶에 중요한 요소지만, 인간이 자연에서 일어나는 일들을 신의 뜻으로 밖에는 달리 이해할 수 없던 시대에 신을 섬기는 일은 특히 중요한 일이었다. 그들은 우주의 모든 현상에는 그것을 관장하는 각각의 신들이 있다고 생각했다. 인간 세상에서 발생하는 모든 사회현상도 각각 어떤 일을 관장하는 신의 작업이라고 생각했다. 수메르 문명과 성경의 관련성을 추적하고자 하는 이 책의 주제에서는 종교에 대한 이해가 대단히 중요함으로 이 문제를 조금 자세히 서술하고자 한다.

## (1) 수메르 판테온의 신들

수메르의 신들 중 최고 신은 하늘의 신인 안(An) 또는 아누(Anu)로서 그는 모든 신들을 낳은 아버지로 생각되었다. 다음으로 중요한 신은 공기와 바람의 신인 엔릴(Enlil)이었다. 그리고 물과 지혜의 신인 엔키(Enki), 신들의 어머니인 닌후르상(Ninhursaĝ), 달의 신 난나(Nanna), 태양신 우투(Utu), 사랑과 섹스의 신이며 금성(Venus)의 신인 이난나(Inanna) 등이 중요한 신들이었다. 그 밖에도 많은 신들이 있었고, 그 신들은 각각 특정한 자연 현상이나 인간의 신체 및 사회에서 발생하는 현상을 담당했다.

도시에는 여러 신전이 있었지만, 각 도시마다 자기 도시를 지켜주는 수호신이 있다고 생각했고, 그 신들이 머무는 집은 그 도시에 있다고 생각했다. 아누는 우루크, 엔릴은 니푸르, 엔키는 에리두, 우투는 시파르, 난나는 우르의 주신(主神)이었다. 사랑과 섹스, 그리고 출산과 풍요의 여신으로 여러 민족들에게 중요한 신이었던 이난나는 우루크에 주신전이 있었으나 키쉬, 아카드 등 여러 도시에도 신전이 있었다.[1] 그리고 슈루팍(Shuruppak)이라는

그림 9 수메르어의 신을 나타내는 단어 딘기르

도시에는 중요한 50신들이 함께 모이는 '50신들의 집'(The House of Fifty Gods)이 있었다.

수메르인들은 '신'(god)을 '딘기르'(dingir)라고 표현했고, 이러한 신의 집단을 일컬어 '아눈나키'(Annunaki)라고 표현했다.[2] 아눈나키는 하늘을 뜻하는 '아누'(Anu)와 땅을 뜻하는 '키'(Ki)가 함께 낳은 자식들이라는 뜻이다. 키는 신들의 어머니인 닌후르상과 동일한 존재였다.

이러한 신관은 제우스(Zeus) 또는 주피터(Jupiter)가 최고 신이고, 올림푸스산에 모든 신들이 함께 모이는 만신전(萬神殿), 즉 판테온(pantheon)이 있다고 생각했던 그리스, 또는 로마 사람들의 신관과 비슷했다.[3] 인간세계에 왕이 있듯이 신들의 세계에도 우두머리가 있고, 중요한 일은 아눈나키가 모여서 회의를 하고서 결정되는 일이 빈번했다.

---

1  Henrietta McCall (1990), *Mesopotamian Myths: The Legendary Past*, The British Museum Press, p.25
2  신을 표현하는 단어 딘기르의 설형문자는 하늘에 빛나는 별을 나타낸 상형문자이며, 그 자체가 하늘의 신 안(An)을 표시하기도 했다.
3  Jack Finegan (1974), *Light from The Ancient Past: The Archeological Background of Judaism and Christianity*, Vol. I, Princeton University Press, p.45

수메르의 신들은 마치 그리스 로마의 신들과 마찬가지로 인간과 같은 모습으로 희로애락을 느끼고 결혼을 하여 아이를 낳기도 하며 병이 들기도 했다. 그러나 신들은 죽지 않는 존재였고, 특별한 경우에 신들이 죽음을 당하는 이야기도 있지만, 이러저러해서 부활하는 이야기로 이어진다. 신들이 자식을 낳아 계속 다른 신들이 만들어짐으로 신들에게는 족보가 있었다.

뒤의 제3장에서 살펴보는 수메르의 창조 신화에 따르면 태초의 바다인 남무(Nammu)에게서 하늘의 신 아누와 땅의 신 키가 나왔고, 그 둘의 결합으로 물의 신 엔키와 대기의 신 엔릴이 나왔다. 엔릴은 한 몸으로 붙어있던 하늘과 땅을 분리시켰으며, 그가 처녀신인 닌릴(Ninril)을 겁탈하여 달의 신 난나(Nanna)가 탄생했다.

이러한 족보는 대체로 일관성이 있기는 하나, 항상 하나의 버전으로 일치되지는 않으며, 같은 신에 대해 다른 이름과 속성들이 부여된 경우도 많이 있다. 수메르인들이 남북한을 합친 땅보다도 몇 배 넓은 지역에서 흩어져 여러 개의 도시들을 만들어 생활해왔다고 생각해보면 이러한 혼동을 이해할 수 있다. 지금으로부터 무려 수천 년 전 특별한 교통과 통신 수단도 없고, 문자는 극소수 특별한 사람들의 전유물이었던 시대에 수백 수천 킬로미터씩 떨어져 살던 인간들이 똑 같은 정보를 가지고 있었을 리가 없다. 오히려 지금 알려지고 있는 것 정도의 일관된 종교관과 역사관을 그 시대 사람들이 가지고 있었다는 사실이 감탄스러운 것이다.

이것은 수메르인들이 자신들의 뿌리를 기억하고 마치 그리스의 도시국가들처럼 여러 도시의 사람들을 같은 종족으로 생각하면서 지속적인 교류를 해왔다는 사실을 반영한다. 또한 도시마다 강력한 중앙권력이 들어서서 인근 도시들과의 교류를 통해 사상적 통일을 해왔기 때문으로 이해할 수 있다. 그러나 수많은 전쟁으로 도시가 무너지고 이민족들이 들어와 섞이기도 하면서 신관에 혼선이 발생하는 경우가 계속 이어졌다. 2천여 년의 긴 세월에 걸치는 수메르인들의 문화는 이런 역사적 맥락을 고려하면서 이해해야 한다.

〈표 3〉 수메르의 주요 신들

| 이름 | 관장 영역 | 수호 도시<br>(신전이름) | 다른 이름 |
|---|---|---|---|
| 안(An) | 하늘, 신들의 아버지 | 우루크 | 아누(Anu) |
| 엔릴(Enlil) | 대기(바람) | 니푸르(에쿠르) | |
| 엔키(Enki) | 물(초기에는 땅) | 에리두(에아브주) | 에아(Ea) |
| 닌후르상(Ninhursaĝ) | 땅(산), 신들의 어머니 | 우루크,아답 (에마) | 키, 닌마(Ninmah),<br>닌투(Nintu) |
| 난나(Nanna) | 달 | 우르<br>(에키쉬누갈) | 신(Sin), 슈엔(Suen) |
| 우투(Utu) | 해 | 시파르, 라르사 | 샤마쉬(Shamash) |
| 이난나(Inanna) | 사랑, 섹스, 미 | 우루크(에안나) | 이쉬타르(Ishtar) |
| 닌기르수(Ningirsu) | 법, 서기, 사냥 | 라가쉬 | 니누르타(Ninurta) |
| 남무(Nammu) | 태초의 바다 | 우르 | |

자료 : 여러 자료를 참조하여 필자가 정리

그렇기 때문에 수메르 신들의 이름과 지위, 속성은 시대에 따라 바뀌기도 하였다. 엔키는 당초 땅의 신이었으나 후대의 아카드와 바빌론에서는 에아(Ea)로 바뀌면서 물과 지혜의 신으로 인식되었다. 태양신 우투는 샤마쉬(Shamash), 달의 신 난나는 신(Sin) 또는 난나-슈엔(Nanna-Suen), 사랑과 섹스의 신인 이난나는 이쉬타르(Ishtar)라고도 불렸다. 신들의 어머니인 키는 닌후르상, 닌마(Ninmah), 닌투(Nintu) 등의 이름으로도 불렸다.[1] 대기의 신 엔릴(Enlil)은 엘릴(Ellil)로 불리기도 했으며, 초기에는 그 아버지 아누의 영향력 아래 있었지만, 후대에는 천지를 창조한 수메르인들의 최고신으로 숭배되었다.

이난나, 혹은 이쉬타르는 훗날 그리스인들이 아프로디테(Aphrodite), 로마인들은 비너스(Venus)라고 부른 미의 신과 같은 존재이다. 사랑과 섹스를 관장하는 그녀는 특히 일반 대중에게 인기있는 신이었다. 그녀를 섬기는 주신전은 우루크에 있는 에안나(Eanna)였는데, 그녀는 우루크의 왕 두무지(Dumuzi)와 결혼했고, 지하세계로 내려갔다왔다는 신화가 있다. 그 신화는 여러 가지 내용으로 다양한 버전이 전해지고 있고, 남녀간의 사랑을 노골적으로 묘사하는 표현도 많다. 이 이야기는 뒤에 우루크 제1왕조의 역사와 성경과의 관련 부분에서 조금 더 자세히 언급하고자 한다.

자연 현상뿐만 아니라 역사적인 인물들도 신으로 추앙되었다. 수메르인들은 왕권이 하늘에서 내려왔고, 왕들은 신의 아들이라고 기록했다. 실존했던 역사적 인물들이 신화 속으로 들어가 신들과 함께 어울리는 이야기가 계속 발견된다. 왕이 여신과 결혼하는 의식이 중요한 국가 행사이기도 했다. 우리나라에서도 신의 아들이 하늘에서 내려와 건국했다고 기록하고 있고, 민간에서는 사명대사나 이순신 장군 등 역사적인 영웅들, 심지어는 중국의 영웅인 관우를 신으로 섬기는 사당도 있으니 이런 현상을 미루어 짐작할 수 있다.

그림 10 이난나의 이름 설형문자

---

1    Samuel Noah Kramer (1981), p.95

여러 민족들은 수메르의 신에 대해 자신들의 언어로 이름을 바꾸어 불렀다. 그런데 이런 현상은 사실 남의 신을 가져와 이름을 바꾼 것도 있지만, 다른 경우를 생각해볼 수도 있다. 우선은 어느 민족이든 하늘, 땅, 해와 달, 물의 신이 있다고 생각했으므로 서로 비슷한 신에 대해 제각각 자신들의 말로 이름을 붙였던 것으로 이해할 수 있다.

지중해 연안의 많은 나라들을 방대하게 여행하고 각 민족의 풍속에 대해 상세한 기록을 남긴 기원전 5세기 그리스의 역사가 헤로도토스(Herodotos)는 여러 민족이 그리스의 신들과 같은 신들을 다른 이름으로 부르고 있다는 사실을 꼬박꼬박 적어두었다. 이집트인들은 제우스를 아문이라고 부르고, 아폴로는 오로스, 디오니소스를 오시리스라고 부르며, 앗시리아인은 아프로디테를 밀릿타, 아라비아인은 알릴라트, 페르시아인은 미트라라고 부른다고 기록하였다.[1] 그러나 헤로도토스 자신은 그리스의 많은 신들이 이집트에서 유래하여 이름을 바꾼 것으로 생각한다고 적어놓았다.[2]

이런 다신교적 신관은 사실 고대에 전 세계의 거의 모든 사람들이 보편적으로 가지고 있던 신관이다. 이집트인과 인도인, 중국인들은 물론이고 한국인들도 하늘에는 옥황상제가 있고 물 속에는 용왕이 있으며, 산에는 산신령이 있다는 식으로 생각했다. 자연의 신비에 압도당하고 살던 시대에 인간이 이해할 수 없는 모든 현상은 신이 지배하는 것이라는 생각이 당연한 것이었다. 하나의 신이 우주 전체

1   헤로도토스 (박광순역, 1987),《역사》, 범우사: 페르시아에서 아프로디테에 해당하는 미의 신은 아나히타(Anahita)였는데, 이방인인 헤로도토스는 해의 신 미트라(Mithra)를 착각한 것으로 생각된다.
2   헤로도토스 (박광순역, 1987),《역사》, p.145

를 지배한다고 생각한 유태인들의 신관은 매우 특이하게 예외적인 것이었다.

## (2) 권력에 의해 공인된 이데올로기

여기서 우리는 수많은 신들에 대해 특정한 이름들이 주어지고 체계적인 계보가 만들어지기까지 한 과정에는 강력한 권력이 개입되었다는 것을 유추할 수 있다. 수메르인들이 하늘에 신이 있다고 생각할 수는 있으나 그 신의 이름이 아누이고, 공기의 신은 엔릴이며, 물의 신은 엔키이고, 그 신들간에는 계보가 있으며, 어떤 신은 어떤 도시의 주신이라는 사실을 알게 된 것은 어떤 경로를 통해서였을까?

고대부터 지금까지 모든 종교는 그 신도들이 숭배하는 신이 인간세계에 개입하여 무수한 사건을 만들면서 천사나 사자(使者)를 통하여, 또는 자신이 직접 내려와 인간들에게 가르침을 주었거나 경전을 남겼다고 설교해왔다. 수메르 시대로부터 신들은 여러가지 방법으로 인간에게 자신의 뜻을 전하고 실현해왔다. 고대 바빌론의 함무라비왕은 태양신 샤마쉬로부터 법을 받았다고 했다. 고대 그리스에서 델피 신전의 무녀들은 태양신 아폴로의 계시를 받아 전하는 것으로 유명했다. 오늘날 세계 종교들인 기독교에서는 야훼가 일찌기 모세를 통해 십계명을 전달했고, 수많은 선지자들을 통해 인간들을 깨우쳐왔으며, 나중에는 자신이 직접 인간의 육신으로 내려와 십자가에 못박힘으로써 인간의 죄를 대속(代贖)했다고 가르친다. 이슬람교에서는 알라(Allah)가 천사 가브리엘(Gabriel)을 통해 히라산의 동굴에서 사도 무함마드에게 가르침을 주었다고 전한다. 모르몬교(Mormonism)에서는 하느님이 조셉 스미스(Joseph Smith: 1805-1844)라는 미국인에게 경전을 전해주었다고 가르친다.

그런데 어느 시대든 이런 가르침에 의문을 제기해온 사람들도 끊이지 않았다. 기원전 4세기에 소크라테스(Socrates)가 아테네의 민회에서 사형을 언도받은 이유는 젊은이들에게 신을 모독하는 불경한 가르침을 전한다는 것이었다.[1] 소크라테스보다 한 세대 앞선 사람인 기원전 4세기의 헤로도토스(Herodotus)는 지중해 일대를 광범위하게 여행하며 탐색한 결과 거의 모든 그리스 신들의 이름이 이집트로부터 유래한 것이 분명하다고 말했다. 그는 자신의 세대로부터 4백 년 이내에 헤시오도스(Hesiodos)와 호머(Homer)가 그리스인들에게 신들의 이름과 계보를 지어서 알려준 것으로 생각한다고 적었다.[2]

기원전 7세기경 사람으로 추정되는 헤시오도스는 제우스의 딸인 뮤즈(Muse) 여신들이 헬리콘(Helicon)산에서 자신에게 노래를 가르쳐주었다고 썼다.[3] 문자가 널리 보급되기 전에는 음유시인들이 노래를 통해 지식을 전달했으며, 헤시오도스가 뮤즈들에게서 노래를 배웠다는 것은 그가 전한 신의 계보가 신들로부터 전달받은 것이라는 의미이다. 헤로도토스가 헤시오도스의 이 말을 의심했는지는 알 수 없으나, 그 이전에 그리스 신들의 존재나 이름이 자신의 시대에 알려진 것처럼 알려지지 않았다고 생각한 사실은 분명하다.

---

1  김진경 (2010), 『고대 그리스의 영광과 몰락』, 안티쿠스, 초판 3쇄, p.270
2  Herodotus, *The Histories,* translated by Tom Holland (2013), Penguin Books, Book 2 [53], p.131
3  헤시오도스, 천병희역(2020), 『신들의 계보: THEOGINIA HESIODOS』, 도서출판 숲

오늘날과 같은 유일신교가 나타나기 이전에 수많은 신을 믿던 사람들의 세계에서는 도시마다 사람마다 다른 신을 믿었고, 심지어는 같은 속성의 신을 다른 이름으로 부르면서 상대방의 신은 가짜라고 싸우기도 했다. 같은 신인데 왜 도시마다 나라마다 이름이 다른 것일까? 신들의 계보는 누가 만든 것일까? 헤로도토스가 그리스 신들의 기원이 이집트와 동방 민족들에게 있다고 생각했던 것은 이러한 의문을 추구한 결론이라고 생각된다.

일찍이 메소포타미아 신화를 연구하여 심도있는 저작을 남긴 도널드 매켄지(Donald Mackenzie)는 그런 신화들의 의의와 형성 과정을 다음과 같이 서술했다.[1]

"신화는 우주의 수수께끼를 해결하고, 인간과 신들로 대표되는 다양한 힘들의 관계를 조정하려는 시도의 산물이다. 사제들은 사람들이 가지고 있던 다양한 신앙들을 체계화하여 공식적인 종교를 확립하였다. 국가의 번영을 추구하기 위하여 여러 계절에 그리고 여러 상황에서 정당하게 요구되는 신들에 대한 경배는 반드시 필요한 것으로 간주되었다."

매켄지의 말처럼 오늘날 우리들에게 알려지고 있는 고대국가들의 다신교적 신관은 신전을 중심으로 한 사제들과 왕권을 중심으로 한 국가의 권력이 결합해서 만들고 공식화해서 보급한 국가적 이데올로기라고 볼 수 있다. 그런 신들을 섬기던 도시와 사제들이 사라

---

1 Donald Alexander Mackenzie (1915), *Myth of Babylonia and Assyria with Historical Narrative and Comparative Notes*, London: The Gresham Publishing Company, p.42

지면서 신들도 함께 사라져 다시는 인간 역사에 개입하지 않고 먼 옛날 신화 속의 이야기로만 남게 된 것이다.

고대 세계에서 신과 소통한다는 사제들은 강력한 권위를 지닌 특별한 사람들이었고, 신전은 국가 이데올로기의 산실이자 국민적 정체성을 상징하는 장소였다. 국가에 중요한 일이 있을 때는 왕이 신전에 나가 의식을 치루고 점을 보았다. 이런 세계에서 사람들은 부모나 사회생활을 통해 신들의 이름을 배우고 신에게 예배드리는 법을 배웠다. 우리 도시를 지켜주는 주신은 누구이니 그 신에 대해서는 각별하게 생각하면서 예배를 드렸다.

신전을 침해하는 사람들은 벌을 받는다는 생각이 보편적이었기 때문에 전쟁의 와중에 신전을 약탈한 장수들은 특별히 나쁜 놈으로 간주되어 나중에 신으로부터 벌을 받았다는 이야기가 많은 기록에서 발견된다.[1] 이것은 실제로 신전을 부수고 약탈한 사례들이 많았다는 이야기다. 신은 보이지 않는 존재인데 반해 많은 사람들이 찾아와 제물을 바치고 복을 비는 신전은 재물이 가득한 곳이기 때문이었다. 나중에 신이 벌을 준다고 하더라도 법은 멀고 주먹은 가까운 것이 난세의 현실이었다.

그래서 전쟁으로 도시들이 무너지고 민족들이 뒤섞이면서 신관에도 지속적으로 혼선이 발생하는 과정이 계속 이어졌다. 수천 년

---

1 신전을 약탈해서 벌을 받은 장수들로서 아카드의 사르곤과 나람신의 이야기가 이 책의 뒷부분에 잠시 소개된다. 헤로도토스의 《역사》에는 스키타이인들이 시리아의 아스칼론(Ascalon)에서 아프로디테 우라니아(Aphrodite Urania) 여신의 신전을 약탈했다가 남자들이 모두 여자로 바뀌는 벌을 받았다는 이야기가 소개되어 있다. Herodotus, *The Histories*, translated by Tom Holland (2013), Penguin Books, p.54

그림 11 라가쉬의 우르난쉐왕이 신전을 짓기 위
해 벽돌을 나르는 모습

의 세월에 수많은 전쟁으로 도시와 민족들이 파괴되고 멸망해버렸으며, 포로로 끌려가 동화되기도 했다는 사실을 생각하면 이러한 혼동의 과정을 이해할 수 있다. 더욱이 거의 모든 사람들이 문자를 모르는 시대였기 때문에 신을 똑바로 아는 일은 특별한 훈련을 쌓은 사제들을 통해 가능한 일이었다. 오늘날 점토판의 기록들을 통해 알려지고 있는 고대의 신들은 기본적으로 소수의 사람들이 남겨준 것이다. 매우 정교하고 복잡한 설형문자를 틀리지 않게 기록하는 일은 서기관 학교에서 오랜 교육을 통해 훈련되어야 하는 일이었다.

강력한 중앙집권적 권력이 들어선 경우에는 사상적 통일을 위해 신관을 재정비하고 바로잡는 시도들을 해왔다. 화려한 신전을 새로 짓고, 부쉬진 신전을 재건하는 일은 민족의 지도자들이 우선적으로 한 일이었다. 신전을 재건하는 왕들의 모습을 새긴 조각들이 여러 군데에서 발견되었다.[1] 수메르 민족은 물론 아카드, 바빌론에서도 부쉬진 신전들을 재건할 때는 사제들이 몸을 정갈하게 하고 어떤 제물을 바치고 어떤 식으로 의식을 치뤄야 한다는 기록을 담은 글들이 발견되었다.[2] 자신들의 신에게로 온전하게 되돌아가는 일은 민족이 정체성을 잃지 않고, 신의 가호를 받기 위해 가장 중요한 일이었

---

1　우르난쉐왕 사진 출처: https://en.wikipedia.org/wiki/Ur-Nanshe

2　James B. Pritchard (1978), *Ancient Near Eastern Texts Relating to the Old Testament*, Princeton University Press, pp.330-342

다. 피정복민들 중에서도 특출한 지도자들은 내일의 민족 부흥을 기대하면서 조상 전래의 토착종교들을 유지하는데 각별한 노력을 기울였다.

### (3) 유일신관의 발전

한편으로 이렇게 권력에 의해 만들어진 주신(主神)이라는 이데올로기 속에서 유일신관이 발전해나오는 과정도 유추할 수 있다. 각 민족이나 도시들은 많은 신들 중에서 자신들의 환경에 보다 부합하는 하나의 신을 특별한 수호신으로 섬겼다. 그들 중에 어느 민족이나 도시의 영향력이 강해지면 그들의 신이 최고 신으로 숭배되었다. 매켄지의 다음 글은 이 상황을 좀더 구체적으로 설명한다.[1]

"특정 공동체의 종교적 태도는 그들의 필요나 경험에 크게 의존해왔다. 식품을 공급하는 일은 첫번째 관심사였다. 에리두에서는 에아(Ea)에게 헌신하고 지도자인 그의 지시에 복종하는 일이 중요했다. 그러나 다른 지역에서는 에아가 주는 선물들이 다른 장애를 가져오는 힘, 예를 들면 분노하는 폭풍의 신, 가뭄이나 페스트를 가져오는 태양의 신 등에 의해 제한되거나 유보되었다. 그러므로 사람들의 생각에는 가장 힘있는 신이나 여신의 호의를 얻는 일이 중요했고, 그 신들은 특정 지역에서 가장 위대한 신으로 모셔졌다. 한 공동체에서는 비의 신이 운명을 좌우했

---

1   Donald Alexander Mackenzie (1915), *Myth of Babylonia and Assyria with Historical Narrative and Comparative Notes*, London: The Gresham Publishing Company, p.43

고, 다른 경우는 질병이나 죽음의 신이 그러했다. 또 다른 곳에서는 전쟁의 신이 찬미되었는데, 이는 약탈이 흔한 일이었고, 도시들의 힘과 번영이 전투나 정복의 결과에 의존했으므로 당연한 일이었다. 바빌로니아는 그 신을 숭배하는 자들의 성취와 그 신이 주관하는 문명의 발전에 크게 의존했다."

수메르인들 경우 초기에는 안 또는 아누가 최고신으로 숭배되었으나, 중기부터는 엔릴이 더욱 숭배되는 현상이 발견된다. 안의 존재감이 희미해지면서 그의 배우자이자 신들의 어머니인 닌후르상의 존재감도 거의 사라져 후대에는 잘 언급되지 않는다.[1] 니푸르에 있던 엔릴의 신전은 "에쿠르"(Ekur)라고 불렸는데, 엔릴이 최고신의 지위를 차지하면서 이 단어는 신전을 뜻하는 일반명사가 되었다.

함무라비의 바빌론 제국에서는 바빌론의 주신인 마르둑(Marduk)이 최고신의 지위를 차지하고, 앗시리아제국에서는 그들의 주신인 앗수르(Ashur)가 최고신으로 부상했다. 강력한 군사국가였던 앗시리아에서는 특히 전쟁과 사냥의 신인 니누르타(Ninurta)를 각별히 숭배하기도 했다. 여러 신화에서 니누르타는 과거 농업의 신이었던 닌기르수(Ningirsu)와 동일한 존재로 파악되기도 한다. 전쟁과 도시들의 파괴, 민족의 융합으로 신들의 혼동이 발생하는 현상이 계속 있었던 것이다.

후대에 와서는 달의 신 난나 또는 신(Sin)을 각별히 섬긴 흐름이 발견되기도 한다. 셈족인 아카드의 위대한 왕 나람신의 이름은 "신

---

1 후대의 바빌론에서는 닌후르상의 이름이 닌마, 닌투 등으로 바뀌고 안의 배우자로는 안투(Antu)가 언급된다. 크레이머(Kramer, 1981: p.95)는 닌후르상의 원래 이름이 키(Ki)이며, 그녀가 안의 배우자였다고 주장했다.

(Sin)의 사랑을 받는 자"(Beloved of Sin)라는 뜻이다. 수메르 민족사에서 절정의 영광을 실현했던 우르의 주신은 난나 또는 신이었다. 지금의 중동지방을 다녀보면 무더운 사막기후 속에서 해가 뜨는 낮이면 모든 활동이 중단되고 달이 뜨는 밤이 되면 사람들이 쏟아져나와 활동을 시작하니, 이런 문화 속에서 옛날 이 지역 사람들이 달의 신에 대해 각별한 애정을 가져온 연유를 이해할 수 있다. 긴 세월 인간의 도시생활과 유목생활이 공존했던 메소포타미아 지방은 초기의 비옥했던 땅들이 점차 사막화되면서 후대에 와 달의 신을 섬기는 문화가 강해져온 것이다.

현대인들은 달이 지구의 주위를 도는 조그만 위성이라는 사실을 알고 있으므로 달을 대개 여성적으로 생각하고 고대 영웅들의 이름에 달을 붙인 것을 의아하게 생각할 것이다. 그러나 그러한 사실을 알지 못했던 고대인들에게 달은 밤하늘에 빛나는 별들 중 가장 크고 위대한 별이었다. 수메르인들은 달의 신 난나를 남성으로 생각했고, 그가 최고신 엔릴의 큰 아들로서 태양신 우투와 금성의 신 이난나를 낳았다고 생각했다.[1]

고대에 전세계를 통해 보편적이었던 다신교 신앙이 오늘날에는 거의 유일신 신앙으로 바뀌게 된 과정에 대해 현대 학자들은 중요한 연구 성과들을 내놓고 있다. 뉴욕대학의 마크 스미스(Mark Smith, 2002) 교수는 유태인들의 야훼 신앙(Yahweh cult)이 이웃 부족들의 다신교 영향을 흡수하고 차별화하면서 변화되어 나왔다고 설명한다. 가나안의 여러 부족들이 섬기던 엘(El), 바알(Baal), 아쉐라(Ashera) 등의 신

---

1 Samuel Noah Kramer (1981), *History Begins at Sumer*, Revised Edition, Chapter 13 University of Pennsylvania Press, p.83

들이 지닌 속성을 야훼에게 흡수하는 수렴(convergence) 과정과 한편으로는 이들과 야훼를 차별화(differentiation)하는 과정을 통해 야훼 신앙이 발전해 나왔다는 것이다.[1]

이 과정은 다신교(Polytheism)에서 일신숭배(monolatry) 단계를 거쳐 유일신(monotheism) 신앙으로 발전되어 나온 것으로 분석된다. 우주에 많은 신이 있으나, 그 중에 내가 믿는 한 신이 최고라고 생각하는 단계가 일신숭배이다. 이 단계가 강화되면서 내가 믿는 신만이 진짜 신이고, 나머지 신은 모두 허구적인 우상이라는 단계로 이행해 왔다는 것이다.[2]

수난의 역사를 반복해서 겪은 유태인들의 경우 자신들의 민족 정체성을 유지하기 위해 수호신에 집착한 결과 다른 신들은 모두 허구라는 관념을 발전시킨 것으로 생각된다. 경쟁하던 도시나 민족이 몰락할 때 사람들은 두 가지 방향으로 생각할 수 있다.

우선 그들의 수호신이 허약한 존재이기 때문에 다른 신들에게 졌다고 생각한다. 신들이 인간의 문제를 주관한다고 생각하던 시절

---

1 Mark. S. Smith (2002), *The Early History of God: Yahweh and Other Deities in Ancient Israel*, Second Edition, William B. Eerdmans Company

2 스미스 교수에 따르면 야훼의 수렴과 차별화 과정은 바빌론의 주신 마르둑이 피정복자들의 신들을 흡수하여 50개의 이름과 수십 가지 특징을 지니게 되었고, 앗시리아의 주신 앗수르, 이집트의 주신 아문-레(Amun-re) 등도 비슷한 특징을 지니게 된 점과 유사하다. 이 과정에는 군주제(Monarchy)가 큰 역할을 하였다. 솔로몬과 아합(Ahab) 등의 군주는 이웃 부족들의 종교를 용인하면서 그들의 신들이 지닌 속성을 야훼에게 흡수하는 수렴(convergence) 정책을 폈다. 반면 남유다 왕국의 히스기야(Hezekiah)와 요시야(Josiah)는 이방 신들을 배척하는 차별화(differentiation) 정책을 시행했다. 이 과정에서 가나안 부족들이 섬기던 아쉐라, 아나트(Anat) 등 여신적인 속성이 야훼에게 흡수된 부분에 대해 학자들의 논의가 진행되고 있다. Mark S. Smith (2002), pp.1-14

에 인간들의 전쟁은 바로 신들의 전쟁이었다. 훗날 대제국을 만든 앗시리아인들과 바빌론인들은 각각 그들의 주신 앗수르와 마르둑이 경쟁하는 신들과 괴물들을 물리치고 천지를 창조했다는 신화를 만들어냈다. 앗시리아 신화에는 앗수르가 그의 용사 니누르타 또는 나부(Nabu)를 보내 괴물 안주(Anzu)를 살해했는데, 어떤 기록에는 안주가 수메르 민족의 주신이었던 엔릴로 나와 있다. 바빌론의 주신 마르둑은 괴물 티아맛(Tiamat)을 물리치고 천지를 창조했다고 한다.[1] 수메르족이 멸망하고 셈족이 지배한 세계에서는 천지가 새롭게 창조된 것이다.

사실 대중들에게는 이러한 생각이 더욱 보편적이고, 그래서 몰락한 도시나 민족의 신들은 그들과 함께 인간들의 기억 속에서도 잊혀져 버렸다. 수메르의 많은 신들은 말할 것도 없고, 고대 이집트와 그리이스, 로마, 그리고 세계의 많은 민족들이 섬겼던 그 많은 신들은 오늘날 모두 잊혀졌거나 전설과 신화 속에서 희미한 흔적으로만 남아 이야기되고 있을 뿐이다.

유태인들의 역사 속에서도 사실 이러한 현상이 반복되어왔다. 성경에는 유태인들이 끊임없이 자신들의 신을 무시하고 이방의 신을 섬기는 이야기가 나온다. 모세가 유태인들을 이집트에서 인솔해 나오던 때에도 그들은 곤경에 처할 때마다 모세를 원망하며 황금 송아지 등의 우상을 섬겼다. 가나안에 들어와서는 바알과 아세라 등의

---

1   Thorkild Jacobsen (1975), "Religious Drama in Ancient Mesopotamia", Chapter 4 in Hans Goedicke and J.J.M. Roberts (eds.), *Unity and Diversity: Essays in the History, Literature, and Religion of the Ancient Near East*, The Johns Hopkins University Press

이방신을 섬기는 이야기가 계속 나온다.

기원전 8세기 유다왕국의 아하스(Ahaz) 왕은 자신을 도와주러 온 앗시리아의 티글랏 필레셀 왕을 만나러 다마스커스에 갔다가 그 곳의 신전 모양과 제도를 보고 와서 예루살렘에 그것을 흉내내 단을 쌓고 제사를 지냈다. 요세푸스의 기록에 따르면 그는 북이스라엘에 쳐들어갔다가 대패당하여 자신의 아들과 군사령관을 포함해 12만 명이나 전사하고 다수가 포로로 잡히는 수모를 당했다.[1] 그러니 힘도 없는 야훼를 섬길 필요가 없다고 생각했을 것이다. 시련의 역사를 반복해서 겪은 유태인들은 자신들의 신이 힘이 없어 이런 일을 당하니 더욱 강한 신을 섬겨야 한다는 유혹을 지속적으로 받았다.

두 번째 방향은 민족이 수난을 겪는 이유를 자신들의 신이 약해서가 아니라 바로 그 신이 자신의 민족에 대해 화가 났기 때문이라고 설명하는 것이다. 유태인의 역사에서는 비범한 선지자들이 계속 출현하여 사람들이 자신들의 신 야훼를 배신했기 때문에 야훼가 저주를 내렸다고 해석하며 민족을 설득하는 이야기가 이어진다. 그들은 유태인들이 자신들의 신에게로 진실하게 되돌아가면 신이 만족스러울 때 민족을 다시 부흥시켜줄 것이라는 믿음을 유지시키고자 노력했다. 이런 선지자들은 당대의 유태인들에게는 인기가 없었으나, 야훼 신앙을 지켜나오는 데는 결정적인 역할을 했다.

이런 믿음은 구약성경 전반을 관통하는 주제이며 모세가 전했다는 신명기(11장 26-28절)의 다음과 같은 구절에 '신의 축복과 저주'

---

1   요세푸스 (김지찬역, 2016), 《유대 고대사 1》, 생명의 말씀사, p.611

라는 그 전형적인 표현이 나타나 있다.[1]

> "내가 오늘날 복과 저주를 너희 앞에 두나니/ 너희가 만일 내가 오늘날 너희에게 명하는 너희 하나님 여호와의 명령을 들으면 복이 될 것이요 / 너희가 만일 내가 오늘날 너희에게 명하는 도에서 돌이켜 떠나 너희 하나님 여호와의 명령을 듣지 아니하고 본래 알지 못하던 신들을 좇으면 저주를 받으리라."

그들은 유태인들에게 집단적으로 내린 재앙은 야훼가 힘이 없거나 다른 신들이 강해서 벌어진 일이 아니고 바로 자신들의 신 야훼가 이스라엘 사람들에게 노했기 때문이라고 해석했다. 구약성경의 역대 하편 36장에는 야훼가 세 명의 유다왕들에게 연속적으로 노해서 세 차례나 바벨론의 왕 느부갓네살을 불러 결국 자신의 신전이 있는 예루살렘을 파괴하고 유다왕국을 멸망시켜버렸다는 기록이 있다. 유다왕 여호야김, 여호야긴, 시드기야는 한결같이 여호와가 보시기에 악을 행한 것으로 기록되어 있다. 특히 여호야긴은 8세에 왕이 되어 겨우 석달 열흘을 치리하다 바빌론에 포로로 끌려갔는데, 그럼에도 성경은 그가 여호와 보시기에 악을 행하였다고 기록하고 있다. 여덟 살짜리 어린 왕의 잠깐 잘못으로 신이 민족을 멸망시켜버리는

---

1   야훼와 여호와는 히브리어의 같은 단어를 서양학자들이 다르게 표기함으로써 나타나고 있는 영어의 표기 혼선이다. 히브리어는 모음을 표기하지 않고 자음만 표기한다. 이는 아랍어도 마찬가지다. 히브리어 'יהוה'의 정확한 영어 표기는 "YHWH"이다. 여기에 모음을 붙이는데 따라 야훼 또는 여호와로 표기되는 것이다. 이 책에서는 인용문일 경우 원문의 표기를 그대로 따르지만, 필자 자신의 표기로는 야훼를 쓰기로 한다.

재앙을 내렸다고 하니 당 시대의 보통 사람들은 아마도 이런 해석을 납득하기가 쉽지 않았을 것이다.[1]

신이 인간에게 노해서 화를 내린다는 이런 생각은 사실 어느 민족에게든 보편적인 것이다. 우리는 요즘에도 사람들이 잘못된 짓을 하면 천벌을 받을 것이라고 하고 좋은 일을 하면 축복을 받을 것이라고 말한다. 이런 생각이 거대한 역사적 사건에 부딪히면 민족의 장래에 대한 신의 축복과 저주로 발전하는 것은 당연한 경향성이다.

뒤에서 보겠지만, 수메르인들도 기원전 2000년경 우르 제3왕조가 몰락했을 때 역시 자신들의 신 엔릴이 분노해서 도시를 멸망시킨 것으로 해석했다. 수메르판 노아 홍수에서도 역시 자신들의 신들이 노해서 세상을 멸망시킨 것으로 기록되어 있다. 기원전 2200년대 강력한 제국이었던 아카드가 멸망했을 때는 아카드의 왕 나람신이 니푸르를 약탈하고 엔릴의 신전에서 못된 짓을 했기 때문에 엔릴이 구티인들을 보내 아카드왕국을 멸망시켜버린 것이라고 해석했다. 나람신의 할아버지인 사르곤은 바빌론을 약탈했기 때문에 바빌론의 주신 마르둑이 노해서 벌을 내렸다는 기록이 있다.[2] 엔릴과 마르둑의 신전이 불타고 무너진 상황에서도 당시 사람들은 그 신들이 죽지 않았고, 반드시 가해자에게 복수를 할 것이라고 생각했던 것이다.

어느 민족이든 신을 화나게 하면 벌을 받는다는 사고는 고대인들에게는 당연한 것이었다. 특히 이방의 문화로부터 단절하여 자신

---

1 성경에는 여호야긴(Jehoiachin)의 나이에 대해 두 가지 다른 기록이 나와 학자들도 정확한 해석을 하지 못하고 있다. 열왕기 하편 24장에는 여호야긴이 18세에 왕이 되어 석달간 다스렸다고 되어 있고, 역대 하편 36장에는 8세에 왕이 되어 석달 열흘간 다스렸다고 되어 있다.

2 아카드의 사르곤이 아니고 앗시리아의 사르곤 2세(재위 722-705 BC)라고 해석함.

들의 신을 제대로 섬겨야 복을 받는다는 사고는 민족간의 교류로 신관이 흐트러지기도 하는 다신교의 세계에서 매우 중요한 삶의 지혜이고 사회적으로 요구되는 교훈이었다.

우리 민족도 일제의 침략을 받던 시기에 박은식, 신채호 같은 역사학자들이 민족의 뿌리를 강조하고, 단군을 섬기는 대종교(大倧敎)가 나타났던 것을 보면 이러한 현상이 어느 민족에게만 특유한 경향은 아니라고 이해할 수 있다. 만약 우리 민족의 힘이 특별히 강했거나 로마제국 같은 거대한 제국에서 대종교를 받아들였다면 오늘날 전 세계의 많은 사람들이 단군을 섬기고 있을런지 알 수 없는 일이다. 단군을 섬기는 종교가 모든 종교의 결정체인 대종교라고 이름 붙인 것으로 보면, 다른 신들은 허구라는 관념으로 나가는 것은 거의 자연스러운 경향이 된다.

그러나 유태인들의 경우 오랜 시련 속에서 야훼 신앙을 지켜나온 강인한 선지자들의 이야기가 계속 이어진다는 점에서 특출한 점이 있다. 그리하여 모든 민족의 신들이 민족의 몰락과 함께 인간들의 기억에서 다 사라져버린 지금 유태인들의 신 야훼는 그 민족의 신이 아니라 우주를 창조하고 지배하는 유일한 신으로서 모든 나라 사람들에게 섬김을 받고 있다. 유태인들의 특출한 노력이 그들 민족의 종교를 세계의 종교로 만들었고, 로마제국의 권력이 이 과정을 뒷받침했다. 정치적으로는 세계사에서 별다른 활약을 못했던 유태인들이 종교적으로는 광대한 제국을 건설했던 민족들을 압도하고 세계인의 정신을 지배하는 종교를 낳은 것이다. 이 모든 일이 그 신의 뜻이라고 믿는 사람들은 충분히 그렇게 믿을 수 있는 일이다.

한편, 신들이 우주를 창조한 과정에 대해 수메르인들은 다소 독창적인 철학을 남겼으며, 이러한 사고 역시 후대의 중동 종교에 많은 영향을 주었다. 프린스턴 대학의 고대 중동 역사 전문가인 잭 피네건(Jack Finegan)이 흥미로운 내용을 소개하고 있어 여기 옮겨본다.[1]

　 "창조 능력을 지닌 신들이 우주를 만들고 그 질서를 규정했을 때 그들은 단순히 그렇게 되라고 말하는 것만으로 그 일을 이루었다. 이렇게 해서 수메르의 철학자들은 신의 말(divine word)이 지니는 창조의 힘이라는 원칙을 선언했으며, 그 원칙은 그 후 중동 전체를 통해 널리 받아들여졌다."

　성서의 창세기(1장 3절)에 "하나님이 가라사대 빛이 있으라 하시매 빛이 있었고"하는 표현처럼 수메르인들은 신이 천지를 만들 때 단지 그렇게 되라는 말만으로 만들었다고 생각했다. 한편, 신약성서의 요한복음(1장 1절)에 "태초에 말씀이 계시니라 이 말씀이 하나님과 함께 계셨으니 이 말씀은 곧 하나님이시니라"하는 구절이 있는데, 신 자체가 말씀으로 존재한다는 생각도 그리스를 비롯한 중근동의 문헌들 속에서 낯설지 않다.

　사무엘 크레이머도 신이 소리만으로 천지를 창조했다는 기록들을 소개하면서 이러한 생각은 아마도 인간사회를 관찰한 데서 비롯되었을 것이라고 추정한다. 인간의 왕도 단지 명령만 하면 그가 원하는 거의 모든 것을 성취할 수 있는데, 하물며 우주를 주관하는 신들

---

1　Jack Finegan (1974), *Light from The Ancient Past: The Archeological Background of Judaism and Christianity*, Vol. I, Princeton University Press, p.45

이야 더 한 일인들 못하겠는가 하는 것이 크레이머의 설명이다.[1]

그러나 유독 인간의 창조에 관해서만은 수메르인들과 후대의 바빌론은 물론 성경도 신이 소리만으로 창조하지 않았고, 물질적인 재료를 이용한 것으로 묘사했다. 수메르인들과 성경은 신이 인간을 흙으로 만들었다고 기록했으며, 바빌론인들은 악마인 킹구(Kingu)의 피로 만들었다고 기록했다. 인간이 흙으로 만들어졌다는 생각이나, 악마의 피로 만들어졌다는 생각은 모두 인간과 사회를 관찰한 경험에서 나온 것으로 생각된다. 무엇으로 만들었던 모든 신화는 인간이 신의 형상을 따라 만들어졌다고 이야기하고 있다. 이 부분은 뒤에 제3장의 천지창조 이야기에서 좀더 상세히 언급된다.

---

1  Samuel Noah Kramer (1981), *History Begins at Sumer*, Revised Edition, Chapter 13 University of Pennsylvania Press

《참고 2》

## 셈족과 유태인

● 셈족(Semites)이란 단어는 18세기 후반에 독일 괴팅겐대학의 역사
  학자들이 언어와 생김새 등으로 인종을 구분하면서 만들어진
  용어이다. 성경에 나온 노아의 아들 셈(Shem)의 이름을 따 그 후
  손들이라고 간주되는 중동의 여러 민족들을 셈족이라고 명명하
  였다. 오늘날 이 용어는 인류학적 특성보다는 언어적 특성에 기
  반한 용어로 이해되고 있다. 우랄알타이어(Ural-Altaic)라는 용어도
  언어학적 용어이다.

● 성경은 창세기(10:21)에서 셈이 에벨의 온 자손들의 아버지라고 쓰
  고 있으며, 셈의 자식들로는 엘람, 앗수르, 아르박삿, 룻, 아람 등이
  있다고 기록했다. 이 가운데 아르박삿의 후손으로 한참 후대에 아
  브라함이 나오는데, 그는 오늘날 유태인들과 아랍인들의 공동 조상
  으로 간주되고 있다.

● 수메르 역사에서 가장 자주 부딪히는 이민족인 셈족은 유프라테스
  강 서부에서 유목생활을 위주로 하던 여러 부족들을 함께 일컫는
  다. 오늘날 지중해 연안의 시리아, 이스라엘, 팔레스타인 등이 위치
  한 가나안(Canaan) 지역과 사우디, 예멘 등이 위치한 아라비아반도
  일대에서 유목생활을 하던 부족들로서 아카드족, 아모리족(Amorites),
  앗수르족 등 여러 부족이 광의의 셈족에 속한다. 언어나 인종적 특
  성으로 보아 원래 한 뿌리에서 시작했으나, 유목생활을 하면서 계
  속 무리가 갈라진 것으로 추정된다. 훗날 대제국을 만든 사르곤은
  아카드족, 함무라비는 아모리족이었으며, 앗시리아도 셈족이 건설

한 대제국이었다.

- 이 책 전반을 통해 계속 사용되는 유태인(Jew)이라는 용어는 현대의 이스라엘 국가를 건설한 민족들과 그 선조들을 말한다. 이들은 히브리인(Hebrew)이라고도 불린다. 아브라함은 유태인들이 조상으로 여기는 인물인데, 창세기(14:13)에 "히브리 사람 아브라함"이라는 표현이 있다. 기원전 1세기의 유태인 역사학자 요세푸스(Flavius Josephus)는 노아의 4대손이며 셈의 3대손인 에벨(Heber)로부터 히브리인이라는 명칭이 나왔고, 아브라함은 노아의 10대손이며 홍수 후 292년에 태어났다고 설명하였다.[1] 이것은 창세기 11장에 나오는 셈의 가계(家系)에서 각 사람들의 수명을 합산해 나온 수치이다. 그 가계를 살펴보면 다음과 같다: 노아–셈–아르박삿–셀라–에벨 –벨렉–르루–스룩–나홀–데라–아브라함.

- 아브라함의 아들은 사라에게서 낳은 이삭(Issac)과 하갈에게서 낳은 이쉬마엘(Ishmael)이 있었는데, 이 두 아들로부터 오늘날의 유태인과 아랍인들이 갈라진 것으로 간주되고 있다. 이스라엘(Israel)은 아브라함의 손자이며 이삭의 아들인 야곱(Jacob)이 나중에 개명한 이름이다. 야곱의 12아들이 이스라엘 민족의 12지파를 형성했으며, 이 가운데 넷째아들인 유다(Judah)의 이름에서 한자어로 유태인이라는 명칭이 나왔다.

- 가나안 땅에 살던 야곱의 가족은 극심한 가뭄을 피해 이집트로 피난갔다가 그 곳에서 노예 생활을 하게 되었는데, 400년 후 모세(Moses)라는 민족지도자의 인도하에 이집트를 탈출하여 다시 가나안땅으로 돌아왔다고 한다. 이 과정을 기록한 성경 내용이

---

1  요세푸스 (김지찬역, 2016),《유대 고대사 1》, 생명의 말씀사, p.67

출애굽기(Exodus)이며, 구약성경의 앞부분 5권은 모세가 기록했다고 알려져서 흔히 "모세5경"(Pentateuch)이라고 불린다.

● 가나안 땅에 돌아온 유태인들은 그 곳에 있던 여러 민족들과 싸움을 거쳐 이스라엘 왕국을 건설했다. 이 왕국은 기원전 10세기 다윗(David)왕과 그 아들 솔로몬(Solomon) 왕 때 전성기를 구가했으나, 926년 솔로몬 사후 남북으로 갈라졌다. 솔로몬의 아들인 르호보암이 왕으로 즉위하자 여로보암이라는 인물이 폭정에 항의하여 북부의 10지파를 이끌고 이스라엘 왕국을 세웠으며, 남부의 유다 왕국에는 2 지파가 남게 되었다. 북이스라엘 왕국은 기원전 722년 앗시리아의 침공으로 멸망했고, 남부의 유다 왕국은 기원전 587년 신바빌로니아에 의해 멸망했다.

● 남부는 다윗과 솔로몬으로 이어지는 통일왕조의 혈통과 분열 이전의 수도이며 이스라엘 민족의 성지인 예루살렘을 보유하여 민족 전체의 정통성을 내세우기에 유리한 위치에 있었다. 거기에다 북부의 10지파가 일찍 사라지면서 남부의 유다지파가 전체 이스라엘 민족을 대표하게 됨으로써 오늘날까지 유태인이라는 용어가 그런 의미로 사용되고 있다. 예수는 다윗의 후손으로 기록되어 있다.

● 성경은 노아 시대의 대홍수로 인류가 멸망했으며 살아남은 노아의 세 아들, 야벳(Japheth), 함(Ham), 셈(Shem)으로부터 모든 인류가 갈라져 나왔다고 설명하고 있다. 오늘날 유태인들의 역사와 관련하여 가장 자주 언급되는 지명들인 가나안(Canaan)은 함의 넷째 아들 이름이며, 팔레스타인(Palestein)은 함의 둘째아들 미스라임의 손자 이름으로 언급되어 있다.

● 창세기 9장 기록에 의하면 노아가 어느날 포도주에 취해 알몸으로 잠이 들었는데, 세 아들 중 함이 그 장면을 보고 두 형제에게 알렸고, 두 아들은 노아의 하체를 보지 않고 뒷걸음으로 들어가서 아비에게 옷을 덮어주었다고 되어 있다. 술이 깬 노아가 그 말을 듣고, 함의 아들 가나안을 저주하여 셈의 종이 되리라고 하였으며, 셈이 가나안의 주인이 되고 야벳은 창대하여 셈의 장막에 함께 살 것이라고 하였다.

● 적자생존의 동물적 생활이 아직 지배하던 시대에 자신의 자식과 형제들마저도 한 순간에 가차없이 적이 되던 시대의 윤리가 구약성경에는 곳곳에 묘사되고 있다. 셈-아브라함-이삭-야곱-유다로 이어지는 혈통이 정통이라는 역사관과 종교관이 드러난다

# Ⅱ

## 수메르의 역사

인류의 역사가 시작되는 중동지역에는 피라밋을 세운 이집트의 고대왕조를 비롯하여, 바빌론, 앗시리아, 히타이트, 페르시아 등 위대한 고대 제국들이 있었다. 이 제국들이 멸망하면서 그들의 역사는 완전히 잊혀져 버렸고, 그 이름은 구약성경 속에나 나오는 전설적인 것으로 생각되었다.

중동에서는 4세기에 로마제국의 기독교 국교화 이후 그 이전시기까지 존재했던 고대의 다신교적 유산들을 제거하는 작업이 진행되었다. 이것은 가시적으로 보이는 건축물과 신상(神象), 기록물 등의 문화유산들을 파괴하는 행위와 함께 이교(異敎)에 관련된 종교 행위들을 금지하는 작업이 병행된 것이다. 이로 인해 먼 옛날에 존재했던 위대한 고대민족들과 제국들의 역사는 차츰 망각의 세계 속으로 사라지게 되었다.

여기에다 7세기 이후에는 새로 일어난 이슬람교 세력이 중동 전체를 지배하면서 그 이전의 역사와는 더욱 단절되었다. 이슬람교에서는 마호멧 이전의 시대를 아랍어로 '자힐리야(Jahiliyah)' 즉 "참신을 알지 못했던 무지의 시대"라고 부르며, 이런 믿음으로 인해 이교도의 문화에 대해 거의 관심을 두지 않았다. 그리하여 중동의 고대 문화 유산들은 도시와 제국들이 멸망하면서 파괴된 채로 방치되어 긴 세월 동안 모래먼지에 묻히고 잊혀져버렸던 것이다.

# 1. 고대 중동 역사의 재발견

잊혀졌던 고대 문명들이 다시 모습을 드러내게 된 것은 유럽인들이 동양에 대해 제국주의적 침략을 하기 시작한 근대에 들어와서였다. 그 이전에도 중동지방을 여행하던 유럽인들이 간혹 신기한 고대 유물을 수집해서 가져왔고, 이것이 성경에 나오는 고대제국들과 관련이 있지 않을까 하는 관심에서 연구를 한 학자들이 있었다. 그러나 로마제국이 몰락하고 서기 7세기 이후로는 이슬람교 세력이 중동을 지배하면서 성서의 무대였던 중동지역은 서구 기독교 세력이 접근하기 힘든 땅이 되어 별다른 연구를 할 수 없었다.

중동의 고대문화에 대한 연구가 본격적으로 시작된 것은 1798년 혁명 정부하의 군사령관이었던 프랑스의 나폴레옹이 영국의 세력을 견제하기 위해 이집트를 침공하면서부터이다. 나폴레옹은 5만 명의 군대를 이끌고 이집트를 침공하면서 167명의 학자들을 동반하여 이집트에 대한 각종 연구를 수행하게 했다. 이 때 발견된 로제타 스톤(Rosetta Stone)을 1822년 샹폴리옹(Jean-François Champollion)이 해독하면서 잊혀졌던 고대 중동 역사의 복원이 본격적으로 시작되었다.

## 나폴레옹의 이집트 침공

● 1798년 5월 당시 혁명 이후 5명의 총독이 지휘하던 프랑스 정부는 나폴레옹 장군의 제안에 따라 중동과 인도 지역에서 프랑스의 무역로를 확보한다는 목적으로 4만 명의 육군과 1만 명의 해군으로 구성된 이집트 원정대를 파견하였다. 나폴레옹은 말타를 거쳐 알렉산드리아에 상륙하여 당시 이집트를 지배하고 있던 마믈루크 왕조를 무너뜨렸다.

● 그러나 8월 1일 프랑스 함대가 넬슨 제독이 이끄는 영국 함대에 의해 알렉산드리아의 아부키르만에서 괴멸당하면서 나폴레옹군대는 이집트에서 고립되고 말았다. 나폴레옹은 시리아에 원정을 하였으나 실패한 후, 1799년 8월 부하 장군 클레베에게 지휘권을 맡기고 비밀리에 이집트를 탈출하여 프랑스로 돌아갔다. 남아 있던 프랑스 군대는 1801년 9월 영국과 오토만 터키 연합군의 공격을 받고 항복하였다.

● 나폴레옹은 특이하게 그의 원정대에 167명의 대규모 학자, 엔지니어, 예술가 집단을 포함하여 이집트에 대한 과학적 조사를 수행하도록 하였다. 이들에 의해 1799년 로제타 스톤이 발견되었고, 1822년 샹폴리옹이 그 해석을 완료하여 현대 이집트학의 발전을 가져왔다. 로제타 스톤을 비롯한 유물들은 프랑스 군대가 항복하면서 영국 군대에 건네져 지금 런던의 대영박물관에 보관되어 있다.

그림 12 대영박물관의 로제타 스톤 앞에서 필자. 1994년

이후 중동지역에서 구미 각국에 의해 대대적인 문화유산 탐색 바람이 불었다. 이는 제국주의적 침략을 위한 기초자료 수집 목적과 함께 고대의 보물을 찾으려는 상업적 목적, 성경을 과학적으로 증명하고자 한 종교적 또는 학문적 목적 등이 함께 작용한 것이었다. 이 과정에서 오랫동안 흙먼지 속에 잠자고 있던 고대 제국들의 유물과 유적들이 재발굴되어 그들의 찬란했던 역사가 다시 밝혀졌다.[1] 많은 서양학자들의 노력 끝에 잊혀졌던 언어들이 다시 해석되고 위대한 고대 제국들의 역사가 복구되었다.

19세기에는 잇따른 고고학적 발견으로 유럽 세계가 흥분에 휩싸였다. 1802년 독일인 그로테펜트(Georg Friedrich Grotefend)는 페르세폴리스에서 복사해온 고대 페르시아어 비문을 부분적으로 해독하여 설형문자 해독의 첫단추를 풀었다. 1835년 동인도회사 군대의 장교였던 영국인 롤린슨(Henry Rawlinson)은 이란의 케르만샤 지방에서 베히스툰(Behestun) 산의 바위 위에 새겨진 페르시아 왕 다리우스(Darius)의 비문을 복사하여 해석했다. 고대 페르시아어와 엘람어, 바빌론어의 3개 언어로 기록된 그 비문의 해석은 설형문자 해독의 신기원을 열어주었다.

1840년대에는 프랑스의 에밀 보타(Paul-Émile Botta)가 당시 오토만

---

1  아놀드 C. 브랙만 (안경숙 역, 1990), 《니네베 발굴기》, 대원사

터키의 영토였던 이라크 북부 모술 인근 코르사바드(Khorsabad)에서 대량의 앗시리아 유물을 발굴했다. 이곳은 처음에 성경에 나오는 니느웨(Nineveh)라고 알려졌으나, 훗날 두르 샤루킨(Dur-Sharrukin)이라는 곳으로 밝혀졌다. 비슷한 시기에 영국인 헨리 레이야드(Austen Henry Layard)는 보타와 경쟁적으로 모술 인근의 니므롯(Nimrod), 칼라샤르캇(Qala Sharqat), 쿠윤직(Khuyunjik) 등에서 발굴 작업을 했는데, 이 곳들은 각각 앗시리아의 칼루(Kalhu), 앗수르(Ashur), 그리고 니느웨로 밝혀졌다. 레이야드와 그의 조수였던 터키인 라쌈(Hormuzd Rassam)은 유명한 앗수르바니팔왕의 도서관을 발굴하였다.

이러한 발견들은 유럽 세계에 흥분을 몰고 왔다. 성경에 나오는 도시들과 왕들의 이름이 단순한 신화가 아니라 고고학으로 증명된 역사적 사실이라는 점에서 학자들은 물론 대중들의 관심도 높아졌고, 설형문자를 연구하는 앗시리아학(Assyriology)이 본격적으로 자리를 잡기 시작했다. 또한 성서의 직접 무대인 팔레스타인에 대한 탐사작업도 본격화되면서 성서고고학(Biblical Archeology)이라는 학문이 생겨났다.

미국의 선교사인 에드워드 로빈슨(Edward Robinson)과 엘리 스미스(Eli Smith)는 팔레스타인 지방을 탐사하고 성서에 나오는 고대 지명들이 현재의 어느 지역이라는 것을 연구하여 1852년 출판했다.[1] 1853년부터는 대영박물관이 후원하여 존 테일러(John Taylor)가 이라크 남부에서 아브라함의 고향 우르로 추정되는 유적지를 발굴하였다. 이곳은 1920년대에 영국인 레오나드 울리(Leonard Woolley)가 다시 탐사하여 대규모 유적을 발굴하였다. 1929년 뉴욕 타임스의 머릿 기사

---

1  Eric H. Cline (2009), *Biblical Archaeology: A Very Short Introduction*, Oxford University Press, pp.13-14

는 "우르의 발굴, 새로운 아브라함의 발견"이라는 제목으로 전세계 기독교인들의 관심을 끌었다.[1] 1865년에는 영국에서 팔레스타인 탐사기금(Palestine Exploration Fund: PEF)이 설립되고 이 단체의 후원으로 영국 군인인 찰스 워렌(Charles Warren)이 예루살렘 지역에 대한 광범위한 조사를 실시하였다.

1871년 독일인 슐리만(Heinrich Schliemann)은 터키의 히사를리크 지방에서 고대 트로이(Troy)의 유적을 발견하였다. 그리스의 신화인 《일리어드》와 《오딧세이》의 전설적 무대인 트로이가 실제로 발견되고, 그곳에서 진귀한 골동품들이 대규모로 발견되었다는 소식은 다시 한번 서구인들을 흥분시켰다.

이어서 그 1년 후인 1872년에는 또 한번 세계를 들끓게 한 발견이 이루어졌다. 대영박물관에서 롤린슨의 조수로 일하던 조미 스미스(George Smith)라는 젊은이가 1852년 라쌈이 앗슈르바니팔의 도서관에서 발굴한 점토판들을 정리하던 중 노아의 홍수 기록을 찾아냈다고 보고한 것이다. 이에 당시 영국의 최대 일간지인 데일리 텔레그라프(Daily Telegraphy)가 후원하여 홍수 이야기의 나머지 부분들을 찾기 위한 대규모 탐사단을 파견하였다. 1873년 조지 스미스는 1차 탐사단을 이끌고 성공적인 발견을 한 후 돌아왔지만 후원자들의 무리한 요구로 계속 탐사에 나서다가 1876년 시리아에서 열사병으로 사망하였다.

1890년에는 영국인 페트리(Flinders Petrie)가 이스라엘 남부 네게브 광야에서 텔 엘 헤시의 유적지를 발굴하고 출토된 토기들의 모양으

---

1   김성(2010), 《성서고고학 이야기》, 엘맨, p.38

로 연대를 추정하는 방법을 제시하였다.[1] 그리고 1905년에는 독일의 고고학자인 위고 빙클러(Hugo Winckler)가 터키의 앙카라 근교 보가즈퀘이(Bogazkoy)라는 마을에서 고대 히타이트(성경의 헷족)의 수도인 하튜사(Hattusa)를 발견하였다.[2]

이처럼 전설로만 생각되었던 이야기들이 실제 역사로 존재했다는 사실이 잇따라 드러나기 시작하면서 유럽세계는 거듭 흥분에 휩싸였고, 대규모 발굴단을 중동 각지에 계속 보냈다. 서구 제국주의의 팽창이 계속되던 시기에 영국, 프랑스, 독일, 미국 등이 경쟁적으로 탐사단을 보내어 지도를 작성하고 발굴 작업을 추진하였다. 그런데 이러한 제국들의 역사를 밝히는 과정에서 그들보다 훨씬 앞서 위대한 문명을 건설했던 다른 한 민족의 존재가 밝혀지게 되었으니, 그들이 바로 수메르인들이었다.

초기의 서양학자들은 성경에 나오는 지명과 기록들을 역사적으로 입증하는데 집중했고, 수메르의 존재를 알지 못했다. 성경에 수메르인에 대한 언급이 전혀 없기 때문이었다. 조지 스미스가 발굴한 홍수 기록과 우르의 유적들은 분명하게 성경에 기록된 주인공들과 다른 주인공들을 언급하고 있음에도 불구하고 초기의 서양학자들은 이것이 성경 기록의 정확성을 입증하는 것으로만 해석하였다. 우르의 발견을 보도한 당시 언론들은 아브라함이 유목민이 아니라 도시의 귀족이었다고 보도하기도 했다.[3]

---

1  김성(2010), 《성서고고학 이야기》, 엘맨, p.15
2  A.HJ 군네백, 문희석 역(1984), 《이스라엘 역사》, 한국신학연구소, p.16
3  김성(2010), 《성서고고학 이야기》, 엘맨, p.38 ; 이 책 역시 우르의 발견을 언급하면서 그것이 수메르 민족의 도시라는 사실을 언급하지 않고, 아브라함의 흔적을 발견할 수 있는 유적지인 것처럼 묘사하고 있다.

그런데 앗시리아 유적지에서 발굴된 점토판에는 아카드어(Akkadian)와 다른 형태의 언어가 나란히 기록되어 있는 것이 많았다.[1] 초기의 학자들은 이 언어의 정체를 이해하지 못했으나, 1860년대에 독일인 쥴 오페르트(Jules Oppert)는 아마도 이것이 '수메르인'들의 언어일 것이라고 추측하였다. 뒤에 나오는 아카드의 위대한 왕 사르곤(Sargon)이 자신을 '아카드와 수메르의 왕'이라고 호칭한데서 착상한 것이었다.[2] 그 후 발굴작업이 계속되면서 오페르트가 이름붙인 수메르인들의 유적들이 대량 발굴되었고, 그들의 문자가 해독되기 시작했다. 그리고 마침내 이 수메르인들이야말로 앗시리아나 바빌론 등에 앞서 인류 최초로 문명사회를 건설했던 민족임이 밝혀지게 되었다. 수메르인들은 인류 역사의 모든 것에 앞서 존재했고, 크레이머의 표현대로 "역사는 수메르에서 시작되었던" 것이다.

## 2. 선사시대

기원전 5천년경부터 메소포타미아의 평야 지대에는 여러 민족이 정착하여 농경생활을 시작하였다. 이들은 돌을 갈아만든 도구

---

1　초기의 학자들은 앗시리아어와 바빌론어를 구분했으나, 셈족의 언어인 이 언어들은 유사성이 많아 지금은 광의의 아카드어로 분류하여 그 방언으로 간주하고 있다.

2　C. W. Ceram, *Gods, Graves and Scholars*, 안경숙역(1984), 《낭만적인 고고학 산책》, 평단문화사, p. 339; 이 사람은 우리 역사에서 1868년 흥선대원군 아버지 남연군의 무덤을 도굴한 독일 상인 에른스트 오페르트(Ernst Jakob Oppert)와 형제이다. 에른스트는 이후 독일에 돌아가 〈금단의 나라 조선 여행기〉를 썼다.

를 사용하다가 차츰 구리 등의 금속을 사용할 줄 알게 되었으며, 흙을 빚어서 여러 가지 토기를 만들었다. 이 시대의 유물들이 발견된 지역들은 자르모, 텔 하수나, 사마라, 텔 할라프, 에리두, 텔 알우바이드 등지가 있다.[1] 최근에는 터키의 괴베클리 테페와 차탈후육에서 더욱 오래된 것으로 추정되는 신석기 시대 유적지가 발굴되었으나, 이 곳들에 대한 연구는 이제 초기 단계로 진행 중에 있어 인류 문명사에 대한 의미를 파악하기는 아직 힘들다.[2]

수메르 역사의 연대를 오늘날의 표기 방식으로 정확히 나타내기는 어렵다. 현대인들에게는 일 년이면 매우 큰 차이를 지니는 시간이지만, 까마득한 고대 역사로 들어가면 같은 사건의 연대를 두고 학자들 간에 수백 년 이상씩 차이를 보이는 것이 흔한 일이다. 고고학자들과 역사학자들은 과학자들의 도움을 받아 천문학 기록이나 방사성 동위원소 측정법 등을 이용해 연대를 추정한다. 그러나 아직 통일된 연대표가 만들어지지 못하고 여러 학자들의 주장을 반영해 장기(long), 중간(middle), 단기(short) 연대표를 함께 사용하고 있다. 이 책에서는 기본적으로 중간연대표를 따라 서술하고자 한다.[3]

---

1  고고학에서 자주 나오는 "텔(Tell)"이라는 단어는 건물의 폐허 등에 모래와 흙이 싸여 동산(hill)을 이루고 있는 지역을 말한다. 고유명사 앞에 나오는 "알(Al)"이라는 단어는 영어의 "The"에 해당하는 아랍어 정관사이다. "텔 알 우바이드"라는 단어는 현대 이라크 지방의 현지인들이 사용하던 지명으로 "우바이드 동산"이라는 말이다.

2  괴베클리 테페 유적지는 1964년 처음 발굴되었고, 2000년대에 들어와 본격적인 탐사와 연구가 진행되고 있다. 차탈후육은 1958년 처음 발견되었고 1960년대에 본격 발굴되었다.

3  메소포타미아 고대사의 연대를 어떤 방법으로 추정하는지 아래 글에 보면 이해할 수 있다. 암스테르담대학 Teije De Jong 교수의 논문도 공개되어 있다. 현대에는 컴퓨터 시뮬레이션을 통해 일식이 발생한 날짜를 정확히 계산할 수 있는데 함

| 사건 | 최장기연대 | 장기연대 | 중간연대 | 단기연대 | 최단기연대 |
|------|-----------|---------|---------|---------|-----------|
| 아카드제국 | ? | ? | 2334-2154 | ? | 2200-2018 |
| 우르 제3왕조 | ? | 2161-2054 | 2112-2004 | 2048-1940 | 2018-1911 |
| 이신왕조 | ? | ? | 2017-1793 | ? | 1922-1698 |
| 함무라비왕 | 1933-1890 | 1848-1806 | 1792-1750 | 1728-1686 | 1696-1654 |
| 바빌론함락 | 1736 | 1651 | 1595 | 1531 | 1499 |

자료 : 위키피디아 (https://en.wikipedia.org/wiki/Middle_Chronology)

## (1) 우바이드기(5000~4000 BC)

이라크 남부의 텔 알우바이드(Tell al-Ubaid)에서는 1919년 대영박
물관과 펜실베니아대학박물관의 합동 조사단이 다양한 선사시대 유
물들을 발견하였다. 벽돌로 만든 집들과 신전, 그리고 무덤들이 발견
되었으며, 도자기를 비롯한 여러 가지 부장품들이 나왔다. 이 유물들
은 청동기 시대인 BC 5000~4000년 사이의 것으로 추정된다. 이 곳
은 좀더 후대에 에리두, 우르, 우루크 등의 초기 도시들이 건설된 곳
에서 가까운 곳이다.

이 시대에 중심 민족이 어떤 사람들이었는가에 대해서는 아직
도 많은 논의가 있다. 초기에는 인도유럽어족인 이란계 민족으로 간
주하는 의견이 강했으나, 후대에 발굴이 계속되면서 특정 민족의 흔
적으로 해석하기 어려운 유물들이 나와 이 시대의 주거민들을 그냥
'우바이드 사람들'(Ubaids)로 부르기도 한다. 수메르 민족은 이 시대의

---

무라비 왕때 바빌론에서 일식을 관측한 기록이 있어 이로부터 그의 연대를 추정
한다. 문제는 일식 기록이 여러 개 있어 이것이 어느 해에 발생한 것인지 정확히
끼어맞추기 어렵다는 것이다 (Paul Kriwaczek, 2010, pp.8-10). http://www.livius.
org/articles/misc/mesopotamian-chronology//

후기부터 나타났다.

　이들은 농업과 목축을 병행하였으며, 유프라테스 강과 걸프 만에서 어업에 종사하기도 했다. 강에서 물을 끌어와 농사를 지은 사실을 보여주는 관개시설들이 발견되었다. 신전과 주거지, 무덤들과 그 부장품들을 통해 이 시대에 이미 사회 계층화가 진전되었다는 사실을 알 수 있다. 이 시대의 부장품들 중 뱀의 머리를 가진 사람의 형상으로 만든 조형물들이 다수 발견되었는데, 그 중에는 뱀머리의 여인이 아이의 젖을 먹이는 조각도 있다. 이러한 조형물들의 의미가 무엇인지는 아직도 많은 논의가 있다.

### (2) 우루크기(4000~3200 BC)

　우루크라는 도시는 우누그(Unug), 와르카(Warka), 에렉(Erech) 등의 이름으로도 불렸으며, 수메르 역사 전체를 통해 매우 중요한 도시이다. 성경에서는 창세기 10-11장에서 이 도시가 여러 번 언급되고 있다. 우루크는 텔 알우바이드에서 약간 북쪽에 위치했으며, 오늘날의 지명으로는 이라크 중부에서 남쪽으로 알사마와(Al-Samawah)라는 도시의 근교에 해당하는 지역이다.

　수메르인들의 활약은 이 도시의 건설로부터 본격화된다. 그들은 우바이드기의 후대에 메소포타미아에 나타나 정착하기 시작했으며, 이내 문화적으로 다른 민족들을 압도하고 이 지역의 중심세력이

그림 13 우루크의 하얀 신전 지구라트

되었다. 이 시대에는 농산물의 잉여를 바탕으로 노동의 분업과 교환이 일어나고 사회적 조직이 갖추어지는 등 이른바 '도시 혁명'이 본격적으로 시작되었다. 우루크에서는 긴 세월에 걸쳐 도시가 확장되어 왔는데, 현대의 고고학자들은 발굴된 유적층의 당초 건설시기를 구분해 1층부터 8층까지 이름을 부여하고 있다. 가장 오래된 유물과 유적들이 발굴된 8층은 기원전 5천 년대의 것으로까지 소급 추정되고 있다.[1]

이 시대에 사적 소유를 바탕으로 사회적 분업이 발생하고 계급이 형성되기 시작했음을 보여주는 대표적인 유적과 유물로는 신전과 도장을 들 수 있다. 석회암 벽돌을 계단 모양으로 쌓아올린 거대한 신전이 지어졌는데, 지구라트(ziggurat)라고 불린 이 신전은 그후 메소포타미아 지역에 나타나는 신전 양식의 전형이 되었다. 가장 오래된 신전은 벽에 바른 회반죽의 색깔을 따라 오늘날 '하얀 사원'(White Temple)이라고 불리며, 하늘의 신 아누(Anu)에게 봉헌된 것으로 추정된다. '지구라트'라는 말은 셈족 언어인 앗시리아—바빌로니아어의 '자카라'에서 파생된 명사로서 '높이 솟아오른 물체'라는 뜻이다.[2]

또한 소유·계약 관계나 명령을 확인하기 위한 도장(印章)이 이 시기에 만들어졌다. 이것은 사유재산과 계급에 기초한 사회관계가 정착되었음을 보여주는 중요한 유물이다. 원통 모양의 돌이나 금속 소재에 무늬를 새긴 다음 이것을 진흙판에 굴려서 무늬를 찍는 이 도

---

1   https://en.wikipedia.org/wiki/Uruk

2   Jack Finegan (1974), Light from *The Ancient Past: The Archeological Background of Judaism and Christianity*, Vol. I, Princeton University Press, p.23

장 역시 훗날 페르시아 제국 시대에 스탬프형 도장이 나올 때까지 거의 3천년 이상 도장 양식의 전형이 되었다. 아름다운 푸른색의 청금석(靑金石, lapis lazuli)은 도장의 소재로 특히 인기가 높았다.

이 시대의 말기에는 조잡한 그림으로 의미를 나타내는 상형문자가 나타나 선사시대가 끝나면서 역사시대가 시작되는 시기였다고 할 수 있다. 앞에서 말했듯이 이 시대의 문자는 사제들의 회계 목적에 이용되었으며, 일상적인 언어를 표현하는 수단은 아니었다. 문자는 오랜 세월을 거치면서 좀더 정교하게 다듬어진 설형문자로 발전해나왔다.[1]

### (3) 젬뎃 나스르기(3200~2900 BC)

젬뎃 나스르는 이라크 중부의 바빌(Babil) 주에 있는 조그만 부락이다. 1926년 스테판 랭돈(Stephen Langdon)의 영국 옥스퍼드대학 조사단이 이 곳에서 다수의 원시 상형문자 기록들을 발견하면서 수메르 역사의 초기단계에서 중요한 도시로 간주되었다. 이 시대의 문화적 특징은 대체로 우루크기의 연장이라고 할 수 있으나, 도시혁명이 좀더 진전되면서 우루크 이외에도 슈루팍, 에순나, 키쉬, 우르 등의 여러 도시가 성립되었다. 이 시대는 석기시대가 끝나면서 본격적으로 청동기 시대가 시작되는 시대였다. 이 시대의 유물들로는 상형문자가 기록된 점토판들과 함께 다양한 석조조각들이 발견되었다.

---

1 Jens Høyrup (1993), *Sumerian: The descendant of proto-historical creole? An Alternative Approach to the "Sumerian Problem"*, ROLIG-Papir 51, Roskilde Universitetscenter

그림 14 수메르의 도장

한편 성서에 나오는 '노아의 홍수'의 소재가 된 '대홍수'가 실제 이 시대에 발생했던 것으로 추정되고 있다. 고고학적인 발굴에 의해 슈루팍, 우르, 키쉬 등지에서 홍수의 흔적을 보여주는 진흙과 토사지층들이 발견되어 대홍수가 있었다는 사실을 입증해주고 있다. 뒤에서 보겠지만, 수메르인들이 남긴 자신들의 왕조에 대한 기록은 홍수 이전과 이후로 시대를 크게 구분하고 있다.

## 3. 초기 왕조시대

이 시기부터는 막강한 권력을 지니고 그 권력을 세습하는 왕정시대로 들어선다. 또한 문자의 사용이 보편화되어서 보다 신빙성 있는 역사 자료들이 등장하기 시작한다. 그러나 신화와 역사가 아직 명확히 구분되지 않은 상태로 일부 위대한 왕들은 신적인 존재로 묘사되고 있기도 하다. 이 시대의 상황을 보여주는 여러 가지 중요한 문서들이 지금의 바그다드 남쪽 100마일 정도 지점에 위치한 니푸르(Nippur)라는 도시에서 대량으로 발굴되었다. 이 도시는 키쉬와 슈루팍의 중간 정도에 위치하고 있었으며, 수메르인들의 주신인 엔릴(Enlil)의 신전이 있어 종교적으로 중요한 비중을 차지한 도시였다.

## (1) 수메르 왕조 목록

그림 15 수메르왕조 목록.
옥스퍼드대학 아쉬몰리언
박물관 소장

왕조시대의 수메르 역사를 알려주는 매우 중요한 문서로서 "수메르 왕조 목록"(Sumerian King List: SKL)이라는 자료가 발굴되었다.[1] 1900년대초 독일계 미국인 힐프레히트(Hermann Hilprecht)가 니푸르 유적지에서 첫번째 토판을 발견하여 1906년 일부 해독된 내용을 발표하였고, 이후 현재까지 18개 토판이 발견되었다. 지금까지 알려진 판본 가운데 가장 오래된 것은 기원전 21세기 우르 3왕조의 슐기(Shulgi) 왕 때 만들어진 것이며, 최종본은 먼 후대인 중기 청동기 시대의 이신왕조(Isin Dynasty, 1953~1730 BC)에서 만들어진 것으로 추정한다. 이신왕조의 기록은 가장 잘 보존된 판본으로서 옥스퍼드 대학교의 아쉬몰리언 박물관(Ashmolean Museum)에서 보관하고 있다. 이 기록은 1921년 영국의 고고학자인 웰드-블런델(Herbert Joseph Weld Blundell)이 라르사(Larsa) 유적지에서 발견한 것이다. 높이 20센티미터, 넓이 9센티미터의 크지 않은 사각 기둥에 두 개의 행으로 나눠 역대 왕들의 이름과 통치연한을 새긴 이 기록은 수메르 왕조목록 연구에 표준판으로 받아들여지고 있다.[2] 1923년에 미국계 영국인

---

1 수메르 왕조목록이라는 이름은 현대 학자들이 편의상 붙인 것이며, 첫단어인 수메르어의 남-루갈(Nam-Lugal, 𒉆𒈗)을 따서 왕권(Kingship) 문서라고도 한다. 수메르 왕조목록 사진 출처: https://en.wikipedia.org/wiki/Sumerian_King_List.

2 발견자의 이름을 따서 Weld-Blundell Prism이라고 불리는 이 문서는 Ashm 1923.444 또는 기증자의 이름을 딴 W.B. 444번이라는 등록번호가 부여되어 있

앗시리아 학자 스테판 랭돈(Stephen Langdon)이 이 기록에 대한 상세한 연구내용을 출판하였다.[1]

이 목록은 수메르의 왕조들을 홍수 이전과 이후로 나누어 각각의 왕조에서 통치했던 왕들의 이름과 통치연한을 기록하고 있다. 이에 따르면 홍수 이전에는 "왕권이 하늘에서 내려와 에리두(Eridu)에 있었으며" 8명의 왕들이 24만 1,200년 동안 5개의 수메르 도시를 통치했다고 되어 있다. 첫 번째 왕은 알룰림(Alulim)으로 에리두에서 2만 8,800년간 다스렸고, 마지막 왕은 우바르투투(Ubar-tutu)로서 슈루팍에서 1만 8,600년 동안 통치했다고 되어 있다.[2] 이 목록에 나온 홍수 이전의 왕들 중 현재까지 유물이나 다른 기록이 발굴된 왕은 없다. 왕들의 통치 기간이 터무니없이 긴 점에 대해서 많은 추측이 있으며, 학자들은 홍수 이전의 왕조 목록은 후대가 창작해서 만든 가공의 전설이라고 생각하고 있다.

대홍수가 있은 후에는 다시 "왕권이 하늘에서 내려와 키쉬(Kish)에 있었다"는 기록으로 시작하여 그 후에 이어진 왕조들과 왕들의 이름이 줄곧 나온다. 1974년에 출판된 잭 피네건의 책에는 14개의

---

다. Oxford 대학 CDLI (Cuneiform Digital Library Initiative) 홈페이지에서 이 문서의 설형문자 원문과 그 해독 내용을 볼 수 있다. https://cdli.ucla.edu/search/search_results.php?CompositeNumber=Q000371

1  S. Langdon (1923), *Oxford Editions of Cuneiform Texts*, VOL. 2, The Weld-Blundell Collection, Vol.2, Oxford University Press

2  수메르인들은 사르(sars, 3600), 네르(ners, 600), 소스(sosses, 60) 등의 단위를 사용하여 큰 숫자를 표시했으나, 여기서는 현대 학자들이 계산한 숫자로 표기하였다. 예를 들면 28,800년은 8사르, 36,000년은 10사르이다. 그들이 60진법을 사용했다는 사실을 알 수 있으며, 후대의 바빌론도 이것을 이어받았다. 오늘날 시간의 단위와 원의 각도에 그들의 흔적이 남아있다.

왕조가 나와 있으나, 최근에는 이보다 더 많은 왕조의 기록이 추가되었다. 홍수 이후 왕조들의 왕 이름은 이 책의 부록으로 수록하였으니, 참고하기 바란다.

〈표 5〉 수메르 왕조 기록의 홍수 이전 통치자들

| 도시 | 통치자 | 통치기간 |
| --- | --- | --- |
| 에리두 | 알룰림<br>알랄라가르 | 28,800<br>36,000 |
| 바드티비라 | 엔멘루-안나<br>엔멘갈-안나<br>두무지, 목동 | 43,200<br>28,800<br>36,000 |
| 라라크 | 엔시파지-안나 | 28,800 |
| 시파르 | 엔멘두르-안나 | 21,000 |
| 슈루팍 | 우바르-투투 | 18,600 |

자료: Jack Finegan (1959, reprint 1974), p.30

왕조 목록은 왕권이 하늘에서 내려와 한 왕조가 멸망한 후에는 다른 한 왕조로 이어졌다는 관점으로 작성되어 있으나, 실제로는 같은 시대에 경합하던 여러 개의 도시국가들이 있었다. 예를 들면 이신 왕조와 경합하던 라르사(Larsa) 왕조나 라가쉬(Lagash)에 있었던 두 개의 왕조들은 왕조 목록에 나오지 않는다. 이 점에서 이 목록은 한 시대에 패권적 지위를 행사하던 왕조들이 정통성을 강조하기 위한 수단으로 이용한 것으로 생각된다. 왕권은 하늘에서 내려왔으며, 한 시대에 하나의 왕조가 수메르 전체를 다스렸고, 그러한 정통성이 대를 이어왔다는 관념을 보여준다. 왕권이 이어지는 과정에 신들의 개입이 언급되지 않고 전쟁이나 천재지변 등이 언급되는 사실도 특이하다.

왕조 목록을 기록 그대로 믿는 학자는 없지만, 스테판 랭돈은 홍수 이후의 기록은 연도의 부정확성을 제외하면 대체로 역사적 사실에 부합하는 것으로 생각했다. 그러나 최근에는 이러한 주장에 대해 비판적 관점의 연구가 많이 나오고 있다. 수메르의 기록들이 복원된 것은 현재까지 그 긴 역사의 한 조각에 불과하기 때문에 앞으로도 추가 발굴과 해독을 통해 더 정확한 역사적 사실을 밝혀나가야 하는 과제가 있다.[1]

역사적 사실의 정확성에 대한 논란과 별개로 왕조목록이 수메르 역사를 홍수 이전과 홍수 이후로 나누고 있는 점은 매우 큰 홍수가 있었다는 사실을 시사하는 것으로 해석된다. 니푸르에서 발견된 이 시기의 한 점토판에는 신들이 홍수로 인간을 멸했지만, 지우수드라(Ziusudra) 노인은 배를 타고 살아남아 영생의 선물을 받고 딜문(Dilmun) 땅에서 영원히 살았다고 하는 기록이 있다. 이 이야기는 후대에 길가메시 서사시에 포함되면서 더욱 정교하게 만들어졌으며, 노아의 홍수 이야기와 너무나 유사해 많은 논의를 낳고 있다.[2]

기원전 3세기 헬레니즘 세계에서 바빌론의 마르둑(Marduk)신을 섬기는 사제였던 베로소스(Berossus)는 《바빌론의 역사》(Babylonica)에서 수메르 왕조 목록과 비슷하게 홍수 이전과 이후의 통치자들을 기

---

1 한국의 수메르 연구자인 김산해(2021)는 설형문자에 대한 독자적인 해석을 통해 이신왕조의 서기 닌슈부르가 수메르의 패자였던 라가쉬를 역사에서 지워버리고 셈족계 왕조였던 이신왕조가 우르 제3왕조의 뒤를 잇는 수메르의 정통한 왕조인 것처럼 왜곡했다고 주장한다. 이러한 설이 개연성은 있으나 주관적인 해석을 강하게 제기하고 있어 유의해야 할 필요가 있다. 수메르 왕조목록에만 매달린 뻔한 수메르 역사는 쓰지 않겠다고 하나, 전문가들 중 누구도 수메르 왕조목록에만 매달리지 않는다.

2 Jack Finegan (1974), *Light from The Ancient Past: The Archeological Background of Judaism and Christianity*, Vol. I, Princeton University Press, pp.31-33

록하였는데, 그 내용은 크게 다르다.[1] 그는 홍수 이전에 왕권이 칼데아에 내려와서 10명의 왕이 43만 2천년 동안 통치했다고 기록했다. 첫번째 왕은 알로로스(Alorosus)이며, 열번째인 마지막 왕은 키수드로스(Xisouthros)로서 수메르의 홍수 신화에서 살아남았다는 지우수드라와 동일한 이름이다.[2]

학자들은 수메르의 유구한 역사에서 기원전 24세기에 사르곤(Sargon)이 세운 아카드(Akkad) 제국 이전까지의 시기를 보통 초기왕조시대(Early Dynastic Period)로 구분한다. 이 때까지는 여러 왕조가 번갈아 패권을 차지하기는 했지만, 많은 왕조들이 동시대에 공존했고, 그들은 거의 수메르 민족이 지배했던 도시왕조들이었다. 그러나 아카드는 여러 도시들을 병합하여 하나의 제국으로 통일했고, 지배 민족도 수메르 민족에서 셈족인 아카드 족으로 바뀌었다. 이 점에서 아카드 이전과 이후의 역사에는 확연한 분기점이 있다.

고고학자인 헨리 프랑크포트(Henry Frankfort)는 초기 왕조 시대를 고고학적 발견물들의 특징에 따라 1, 2, 3기로 나누어 설명했다. 그러나 보통은 주요 왕조에 초점을 맞추어 연대순으로 설명하는 방법이 더 널리 사용되고 있다. 여기에서는 홍수 이후의 왕조들 가운

---

1 베로소스는 알렉산더의 동방 원정 이후 세워진 그리스계 셀레우코스 왕조(Seleucid Empire)에서 안티오쿠스(Antiochus) 1세 시절에 활동한 마르둑 신전의 사제였다. 그는 기원전 290~278년경에 세 권으로 이루어진 바빌론 역사를 기록하였다. 그리스어로 기록된 원전은 유실되었지만, 헬레니즘 세계의 많은 역사가들을 통해 그 내용이 부분적으로 알려져왔다. 기원전 1세기 유태인 역사가인 요세푸스도 그의 이름을 인용하였다. 현재는 1978년에 캘리포니아 주립대학의 역사학자인 스탠리 버스타인(Stanley Mayer Burstein)이 알려진 내용들을 집약하여 출판한 책자가 나와 있다.

2 Jack Finegan (1974), 앞의 책, p.30

데 주요한 왕조들을 중심으로 수메르 역사의 전개를 살펴보고자
한다.

<표 6> 홍수 이후의 수메르 왕조 목록

| 도시와 왕조 | 왕들의 수 | 통치기간 |
|---|---|---|
| 키쉬 제1왕조 | 23 | 24,510 |
| 우루크 제1왕조 | 12 | 2,310 |
| 우르 제1왕조 | 4 | 177 |
| 아완 왕조 | 3 | 356 |
| 키쉬 제2왕조 | 8 | 3,195 |
| 하마지 왕조 | 1 (?) | 360 (?) |
| 우루크 제2왕조 | 1 (?) | 60 (?) |
| 우르 제2왕조 | 4 | 116 |
| 아답 왕조 | 1 | 90 |
| 마리 왕조 | 6 | 136 |
| 키쉬 제3왕조 | 1(여왕) | 100 |
| 아크샥 왕조 | 6 | 99 |
| 키쉬 제4왕조 | 7 | 491 |
| 우루크 제3왕조 | 1 | 25 |
| 아카드 왕조 | 11 | 184 |
| 우루크 제4왕조 | 6(?) | 49 (?) |
| 구티 왕조 | 19(?) | 116 (?) |
| 우루크 제5왕조 | 1 | ? |
| 우르 제3왕조 | 5 | 86 |
| 이신왕조 | 15 | 200 |

자료; Jack Finegan (1959, reprint 1974), p.36 및 각종 자료 참고

## (2) 키쉬 제1왕조(2900~2600 BC)

왕조목록에서는 대홍수 이후 왕권이 키쉬에 내려왔으며 23명의
왕이 2만 4,510년간 이 도시를 다스렸다고 기록하고 있다. 이 곳은

오늘날 이라크 중부 바빌(Babil)주의 텔 알우하이미르(Tell al-Uhaymir) 지역으로 간주되고 있다. 왕조 시대의 초기에 이 도시는 모든 수메르 도시들의 종주국 역할을 하였으며, 그 영향으로 한 동안은 "키쉬의 왕"(Lugal of Kish)이라는 호칭이 수메르 전체의 지배자라는 의미로 사용되었다.

현대의 바그다드 남쪽으로 50km 정도 떨어진 평지에 여러 개의 진흙 동산이 있는데, 1870년대 이후 프랑스, 영국, 미국 등의 탐사단이 이 일대를 발굴하였다. 그 중에 현지인들이 "붉은 동산"이라고 부르는 텔 알우하이미르에서 벽돌로 지은 지구라트 유적과 점토판들을 발굴하고, 프랑스 학자인 프랑소와 더로 당강(François Thureau-Dangin)이 점토판을 해석하여 이 곳이 키쉬 유적지라고 발표하였다.

일부 학자들은 키쉬가 성경의 창세기에 나오는 노아의 손자 구스(Cush)와 관련있다는 주장을 하고 있다. 노아의 아들 함(Ham)으로부터 구스가 나왔고, 구스의 아들 니므롯(Nimrod)이 바빌론, 우루크, 아카드는 물론 먼 훗날의 앗시리아 제국까지 건설했다는 창세기 10장 기록이 인용된다. 이 주장은 다른 역사 기록들에 의해 확인되지 않는다. 니므롯에 대해서는 뒤의 앗시리아 역사에서 조금 더 언급한다.[1]

수메르 왕조목록에는 쥬수르(Jushur, 혹은 Gusur)가 키쉬의 첫번째 왕으로서 1,200년을 다스렸다고 나와 있다. 이 왕조의 13대 왕인 에타나(Etana)는 다른 기록들에서 이름이 확인되는 최초의 왕이다. 왕조목록에는 그가 목자(sepherd)이며, 하늘로 올라갔고, 모든 외국 땅

---

1 Herman L. Hoeh (1962), *Compendium of World History*, Volume 1, Chapter 3.

을 평정했으며, 왕이 되어 1,500년을 다스렸다고 기록되어 있다. 그 앞대의 왕들인 아르위움(Arwium), 마쉬다(Mashda), 아탑(Atab)은 부자 관계가 기록되어 있으나, 에타나는 그 관계가 나와있지 않다. 그의 뒤를 이은 발리(Balih)는 에타나의 아들이라고 기록되어 있다. 에타나가 하늘로 올라갔다는 이야기와 관련하여 먼 후대에 만들어진 신화와 인장(印匠)이 발견되었다. 이 내용은 뒤에서 좀더 설명한다.

20대 왕인 엔메바락게시(En-Mebarraggesi)는 북동쪽의 엘람족 영토를 정복했으며, 니푸르에 최초로 엔릴의 신전을 지었다. 이 사실은 니푸르에서 발굴된 토기에 의해 확인되었으며, 이에 따라 엔메바락게시는 지금까지 역사적인 실존인물로 확인되는 최초의 왕으로 간주되고 있다. 그의 통치 시기는 대략 기원전 2600년경이었던 것으로 추정된다.[1] 엔메바락게시가 니푸르에 엔릴의 신전을 지은 사실은 수메르 역사의 발전에 중대한 변화가 발생한 것을 시사한다고 해석하는 의견이 있다. 네덜란드의 앗시리아 학자인 위거만(F.A.M Wiggerman)의 견해를 소개한다.[2]

홍수 이전 왕조 목록에 나오는 에리두, 바드티비라, 시파르 등은 모두 메소포타미아의 남쪽 걸프만 지역에 위치한 도시들이며, 우르, 우루크 등 유명한 초기 도시들도 이 지역에 있었다. 당초 수메르인들이 "키엔키르(ki-en-gir)", 자신들의 신성한 땅이라고 부른 지역은 이 남부지역이었으며, 그 북쪽은 주로 유목민들이 사는 땅으로서 일종의 경멸적인 표현으로 와리(Wari)라고 불렀다. 후대에 이 명칭은 아

---

1   Jacquetta Hawkes (1973), *The First Great Civilizations: Life in Mesophotamia, The Indus Valley, and Egypt*, Alfred A. Knopf New York, p.64

2   http://vu-nl.academia.edu/FransWiggermann

카드인들이 수메르와 아카드라고 불렀다.[1]

　그런데 홍수 이후에는 훨씬 북쪽의 와리에 해당하는 키쉬가 왕권을 잡았고, 이 왕조는 셈족의 유입으로 그 영향을 강하게 받은 왕조였다. 엔메바락게시는 남과 북을 통합하여 민족의 새로운 정체성을 확립하기 위해 중간지대인 니푸르에 엔릴의 신전을 짓고, 수메르 민족 전체의 주신으로 섬기는 개혁을 단행했다는 것이다.[2] 키쉬가 수메르 전체의 종주국으로 불렸을만큼 강력한 힘을 행사한 사실을 확인할 수 있는 해석이다.

　엔메바락게시의 아들이자 키쉬 제1왕조의 마지막 왕은 악가 (Agga)로서 그의 아버지 시대부터 우루크에 들어선 새로운 왕조가 세력을 확대하자 군대를 보내 우루크를 위협했다. 이 때 우루크 제1왕조의 왕은 유명한 서사시의 주인공 길가메시였다. 그 후대의 기록은 잘 남아있지 않고, 왕권이 우루크로 넘어갔다는 사실만 기록되어 있다.


## □ 에타나의 승천과 독수리 신화

　13대왕인 에타나의 승천(昇天)과 관련된 신화를 기록한 세 개의 점토판과 아카드 시대에 만들어진 인장이 발견되었다. 이 유물들은 제작 연대가 각기 다른 먼 후대에 만들어진 것들이어서 이 신화가 오랜 세월 메소포타미아에 널리 퍼져왔음을 알 수 있다. 세 개의 점토판 중 가장 오래된 것은 기원전 18세기경 고바빌로니아 시대에 만

---

1　Benjamin Read Foster and Karen Polinger Foster (2009), *Civilizations of Ancient Iraq, Princeton University Press p.5*

2　http://enenuru.net/html/sumerian_hist/kingsofkish.htm

들어진 것이며 이란의 수사에서 발견되었다. 두 번째는 기원전 11세기경 앗시리아에서 만들어졌고 아수르 유적지에서 발견되었다. 그리고 세 번째는 기원전 7세기에 세워진 신앗시리아 시대의 아수르바니팔왕 도서관에서 발견되었다. 신화의 내용은 에타나가 독수리를 타고 하늘로 올라가 아누(Anu)의 신전에 놓여있던 왕권(Kingship)과 왕관, 왕홀 등을 받아왔다는 것이다. 키쉬가 홍수 이후 왕권을 받은 최초의 도시라는 기록을 메소포타미아인들이 오랜 세월 계속 의식하고 있었다는 반증으로 생각된다.

에타나가 하늘로 오르게 된 과정이 신화에서 상세히 언급된다. 키쉬의 왕인 에타나는 대를 이어줄 아들이 없어 태양신 샤마쉬에게 제사를 드리면서 기도를 했다. 그러자 샤마쉬가 비결을 알려주었다. 제일 높은 산을 넘어가면 진흙 웅덩이가 있는데, 거기에 독수리가 갇혀 있으며, 그 독수리를 풀어주면 독수리가 "탄생식물"(The Plant of Birth)이 있는 곳으로 에타나를 인도할 것이라고 가르쳐주었다. 이어서 독수리와 뱀의 이야기가 나온다. 둘은 사이좋게 지냈으나, 어느 날 독수리가 새끼 뱀들을 먹어치워 버렸다. 슬픔과 분노에 찬 어미 뱀이 샤마쉬에게 탄원하자 샤마쉬는 뱀에게 죽은 암소의 배를 가르고 그 안에 숨어있다가 독수리가 시체를 먹으러 오면 그 날개를 물어서 움직이지 못하게 만든 다음 웅덩이 속에 가둬버리라고 알려주었다. 뱀은 그대로 했고, 웅덩이에 갇힌 독수리는 울면서 참회를 했다. 이 때 에타나가 나타나 독수리를 구해주었다.

이어서 독수리가 에타나를 그 날개 위에 태우고 하늘로 올라갔다는 이야기가 나온다. 뒷부분은 점토판들이 부숴져 거의 유실되었기 때문에 현대 학자들이 복원한 이야기가 여러 가지로 출판되어 있다. 에타나가 하늘 높이 올라가서 땅이 보이지 않게 되자 겁을 먹고 추락했다는 이야기도 있고, 무사히 하늘에 올라가 왕권을 받아왔으며, 탄생식물도 받아온 것으로 해석하는 이야기도 있다. 왕조목록에 에타나의 뒤에는 그의 아들 발리가 왕이 된 것으로 기록되어 있는 점으로 미루어 신화의 결론이 해피 엔딩이라고 추측된다.[1]

이 신화는 후대에 나오는 여러 신화들에 중요한 모티프를 제공한 것으로 해석된다. 어떤 영웅이 큰 새나 구름, 혹은 전차 등을 타고 하늘로 올라간다는 이야기, 하늘에서 왕권을 받아온다는 이야기 등은 영웅과 그가 다스린 나라를 신성시하는 이야기로 이용되었다. 먼 후대에 그리스의 알렉산더도 마차를 타고 하늘로 올라갔다는 신화가 있으며, 여러 위인들이 하늘로 올라갔다는 이야기는 동서양을 막론하고 많이 있다. 독수리와 뱀, 암소 등의 이야기는 고대인들이 일상에서 흔히 목격하던 야생동물들의 사례를 신화에 삽입한 것으로 추측된다.

## (3) 우루크 제1왕조(2700~2600 BC)

이 왕조의 이름은 이 도시에 있는 신전의 이름을 따 에안나 (E-Anna) 왕조라고도 불린다. 에안나는 사랑의 신 이난나에게 봉헌된 대신전이며, 에안나가 위치한 성스러운 구역은 쿨랍(Kullab)이라고 불렸다. 이 곳에서는 특징적인 건축물들과 대량의 설형

---

1  사무엘 헨리 후크 (박화중 역, 2011),《중동 신화》, 초판3쇄, pp.117~121: James B. Pritchard (1978), *Ancient Near Eastern Texts Relating to the Old Testament*, Princeton University Press, pp.330-342

문자 기록들이 발견되었다. 이를 검토한 학자들은 우루크가 인류 역사상 최초의 진정한 도시문명을 이룩한 곳이었다고 말한다. 앞서 기원전 4000년대의 우루크기에 지어진 아누의 신전에서는 별다른 기록들이 발견되지 않았는데, 우루크는 그 이후로 계속 도시가 확장되어 왔다. 여러 개의 건물로 이루어진 에안나는 오랜 시기에 걸쳐 계속 증축되었다.

이 왕조의 건립자는 태양신 우투의 아들로 불린 메스키악가쉐르(Meskiaggasher)이며, 왕조목록에는 그가 우루크를 건설하고 키쉬에서 왕권을 받아왔다고 언급되어 있다. 왕조목록에는 12명의 왕이 2천310년 동안 다스렸다고 되어 있다. 2대왕인 엔메르카르(En-merkar)는 외교적 수단으로 북쪽의 이란 고산지대에 있는 아라타(Aratta)를 굴복시켰다. 사무엘 크레이머는 이스탄불의 고대 오리엔트 박물관에 있는 점토판을 해석하여 1956년에 관련 내용을 출판하였으며, 이 사건을 인류 최초로 기록된 외교전으로 소개하고 있다.

이에 따르면 엔메르카르는 에리두에 엔키의 바다신전인 아브주(Abzu)를 짓기 위해 금속과 암석이 풍부한 아라타를 정복하고자 했다. 그는 아라타의 왕에게 사신을 보내어 그 백성들이 금과 은을 가져와 엔키의 신전을 지어 장식하지 않으면, 도시를 파괴해버리겠다고 협박했다. 에안나의 여왕(Queen of Eanna)인 이난나가 자신에게 아라타를 굴복시키겠다고 약속했다는 사실을 언급하자 아라타의 군주는 충격을 받는다. 뒷부분은 내용이 분명하지 않지만, 아라타의 군주가 결국 굴복한 것으로 생각된다. 이 기록에는 에렉과 쿨랍(Kullab)의 군주인 엔메르카르가 사신이 전달할 내용을 잊어먹지 않도록 최초로 점토판에 문자를 기록했다고 언급되어 있어 주목을

끈다.[1]

3대왕은 루갈반다(Lugalbanda)인데, 그는 엔메르카르의 문서에 그의 장수로 이름이 나오지만 동일인물인지 분명하지 않다. 후대에 그는 신으로 추앙되어 닌눈(Ninnun) 여신의 남편으로 언급되고, 아카드판《길가메시 서사시》에는 길가메시가 루갈반다와 닌눈 여신의 아들로 언급되어 있기도 하다.

4대왕 두무지(Dumuzi)는 '목자'(The Shepherd), 또는 '어부'(The Fisherman)로 불렸는데, 왕조 목록에는 그가 두 명의 다른 왕으로 기록되어 있다. 목자 두무지는 홍수 이전 바드티비라의 왕이었고, 홍수 이후에는 어부 두무지가 우루크의 왕으로 기록되어 있는 것이다. 왕조 목록 자체가 전설적인 요소가 많아 학자들은 이 기록을 액면 그대로 믿지 않고 둘을 일단 동일인으로 간주한다. 그는 이난나 여신과 결혼했고, 이난나를 대신해 지하세계로 내려가 죽임을 당했다가 부활하는 신화의 주인공이다. 그러나 역사적으로 확인할 수 있는 기록은 발견되지 않아 그는 아직 신화 속의 인물로 상정되고 있다.

5대왕은 유명한 서사시의 주인공 길가메시(Gilgamesh)이다.[2] 그는

---

1  Samuel Noah Kramer (1981), *History Begins at Sumer, Revised Edition,* Chapter 4, University of Pennsylvania Press, pp.18-29
2  길가메시라는 이름은 원래 수메르어에서는 빌가메시(𒁹𒄑𒉋𒂵𒈨𒌍)인데, 그 뜻은 "빌가(𒄑𒉋𒂵)(조상)+메시(𒈨𒌍)(영웅, 청년)"이다. 이 이름이 아카드어를 통해 알려지면서 오늘날에는 길가메시(𒀭𒄑𒂆𒈦)로 통하고 있다. 1872년 길가메시 신화를 처음 발견하고 해독한 조지 스미스는 그 주인공의 이름을 이즈두바르(Izdubar)라고 번역했고, 1884년에 레오니다스 해밀턴(Leonidas Hamilton)은 "이쉬타르와 이즈두바르"(Ishtar and Izdubar)라는 장편 서사시를 지었다. 길가메시라는 이름은 추가 발굴과 오랜 연구를 통해 확인된 것이다.

역사적인 실존인물로서 키쉬의 왕 악가와 전쟁 직전까지 갔다는 기록이 있는데, 이 내용은 잠시 후에 자세히 소개한다. 그는 우루크에 거대한 성벽을 지었다는 기록이 있고, 이 성벽은 후대의 기록들에서도 언급되고 있다. 길가메시보다 100년쯤 후의 사람인 라가쉬의 에안나툼이 길가메시의 성벽을 언급했고, 먼 훗날인 기원전 19세기 이신-라르사 시대에 군소 도시로 남아 있던 우루크의 성주 아남(Anam)이 길가메시의 성벽을 복구했다는 기록이 남아 있다.[1]

그보다 더 후대인 바빌론 왕국에서 지어진 길가메시 서사시의 서문에는 길가메시와 그가 건설한 도시 우루크를 예찬하는 내용이 있다. 길가메시의 시대로부터 거의 천년 이상 지나 만들어진 내용이지만, 그 시대의 사람들이 우루크를 어떻게 생각했는지 알 수 있게 해주는 내용이어서 간단히 언급해보고자 한다.[2]

> 그는 먼 길을 왔고, 지쳤으나, 평화를 찾았도다.
> 그리고 운명의 돌 위에 자신이 한 일을 모두 기록하였도다.
> 그는 신성한 에안나 신전을 복구했고, 거대한 우루크의 성을 쌓았으니
> 세상의 어떤 도시도 이를 비길 데가 없노라.
> 그 성벽이 태양 아래 번쩍이는 구리처럼 빛나는 것을 보라.
> 너가 상상할 수 있는 것, 그보다 더 오래된 그 돌계단을 올라보라.
> 신성한 이쉬타르의 집, 에안나 신전을 가서 보라.

---

1  A. R. George (2003), *The Babylonian Gilgamesh Epic: Introduction, Critical Edition, and Cuneiform Texts*, Volume 1, Oxford University Press, p.92

2  여러 영어본이 있는데, 여기서는 Pritchard, Sanders, Andrew George 등의 책에 나오는 대동소이한 내용을 참고하여 필자가 다분히 현대적인 표현으로 번역하였다.

어떤 왕도 그처럼 크고 아름답게 만들지 못하였도다.

우루크의 성벽 위로 도시를 둘러 걸어보라

단단하게 만들어진 그 기초를 보라

그 벽돌을 살펴보라

얼마나 놀라운 창조의 역사(役事)인가?


　　이 내용은 영생을 찾아 헤매던 길가메시가 결국 실패하고 우루크로 돌아와 생을 마감하면서 남기는 말이다. 자료에 따라 문구가 조금씩 다르나 그의 업적이 예술적인 표현으로 묘사되고 있다. 그를 주인공으로 한 서사시는 고대 세계에서 많은 인기를 얻으며 서기관 학교의 학습 교재로 널리 전파되었다. 길가메시가 영생을 얻기 위해 세계 각지를 떠돌며 괴물들과 싸우기도 하는 모험담은 먼 훗날 그리스인들의 헤라클레스, 오딧세이, 일리아드 등의 이야기에도 영향을 준 것으로 생각되고 있다.

　　오늘날 전해지고 있는 길가메시 서사시는 1872년 대영박물관의 직원이었던 조지 스미스가 앗시리아 도서관의 점토판에서 처음 발견하였으며, 이 발견은 수메르 연구가 본격화되는 계기가 되었다. 그 서사시가 특별히 현대에 주목받는 이유는 성경의 대홍수와 노아의 방주 이야기가 이 서사시 속에 거의 비슷한 줄거리로 담겨있기 때문이다. 이 내용은 뒤의 제3장에서 좀더 상세히 살펴본다.

　　그 후대의 왕들에 대해서는 특기할만한 기록이 없고, 12대 왕인 루갈키툰 이후에 왕권이 우림(Urim), 즉 우르로 넘어갔다고 되어 있다. 우루크 제1왕조는 앞의 키쉬 제1왕조와 마찬가지로 왕조목록의 일부 왕들이 실존인물로 확인되면서 역사 속에 실재했던 왕조

로서 인정되나, 전체적으로 많은 부분이 아직 신화로만 남아있는
왕조이다.

## □ 두무지와 이난나 : 여신과 결혼한 왕

두무지(𒌉𒀭𒍣) 신화는 여러 가지 변형된 버전이 전해지고 있
으며, 고대 중동지역에서 광범위하게 대중적인 인기를 끌었던 이야기
였다. 미의 여신과 미남자인 왕의 사랑과 죽음 이야기는 흡사 현대
의 로미오와 줄리엣 이야기처럼 고대에 대중들의 사랑을 받았던 것
이다. 수메르인들은 자신들의 왕이 여신과 결혼한 신비한 존재라는
생각으로 왕을 경외했고, 자신들의 민족과 대지가 축복받은 신의 선
택지라고 생각했다. 우루크의 초기 유적지에서 발견된 커다란 석재
화분(Warka Vase)에는 두무지와 이난나의 결혼을 묘사한 그림들이 새겨
져 있다. 왕관을 쓴 이난나가 서 있는 문 앞에 선물 보따리를 이고
진 시종들을 거느린 두무지가 찾아가는 장면이 새겨져 있다.[1]

후대에 이 결혼식은 이난나의 신전에서 왕이 이난나 역할을 하
는 여사제와 결혼 의식을 올리는 행사로 해마다 치뤄졌다. 축제의식
에서 이난나를 찬송하는 다음과 같은 시가 전해지고 있는데, 그 내
용을 보면 이 행사가 여신과 왕의 결혼을 통해 도시의 안녕과 번영
을 기원하는 행사였음을 알 수 있다.[2]

---

1  와르카 화분 사진 출처 : https://en.wikipedia.org/wiki/Warka_Vase
2  Thorkild Jacobsen (1975), "Religious Drama in Ancient Mesopotamia",
   Chapter 4 in Hans Goedicke and J.J.M. Roberts (eds.), *Unity and Diversity:*
   *Essays in the History, Literature, and Religion of the Ancient Near East*, The Johns
   Hopkins University Press, p.66

"나라를 다스리는 왕궁에서-모든 땅의 목줄인 집에서, 시련의 강(The River of Odeal)인 집에서, 그 모든 것, 검은 머리의 사람들과 민족은, 왕궁의 여왕을 위한 단을 차렸네.[1] 왕은 신이 되어 그녀와 함께 그 곳에서 살 것이네."

그림 16 와르카 화분

그런데 여러 가지 버전으로 전해지는 두 남녀의 사랑과 결혼 이야기에는 노골적인 성적 상상이 묘사된 내용도 많아 이 이야기가 민중들 속에서는 성인들의 야한 이야깃거리로 거듭 각색되었다는 사실도 알 수 있다. 사무엘 크레이머는 이난나가 인류 최초의 섹스 심벌이었다고 표현했다.[2] 고대 세계의 마릴린 먼로(Marilyn Monroe)였다고 할 수 있을 것이다. 예나 지금이나 사랑과 섹스는 인간에게 가장 흥미로운 일인 것이다. 사랑과 섹스를 관장하는 그녀는 당연히 출산과 풍요를 가져다주는 신으로 간주되어 인기가 있었다. 그런데 후대에

---

1  "시련의 강"은 신들이 선한 사람들과 악한 사람들을 구별하는 재판정이라는 의미로 고대 중동 문헌에 자주 등장한다. 혐의를 받는 사람을 강에 집어넣어 견디고 나오면 무죄라고 선언하던 고대의 재판방식에서 비롯된 말이다. 함무라비 법전에 간통 혐의를 받는 여자는 남편을 위해 강에 뛰어들어야 한다는 구절이 있고, 구약성경에도 비슷한 내용이 있다. 이 신화에서는 왕궁이 모든 땅을 잡아 다스리는 목줄(neck-stock)이자 선악을 심판하는 재판정이라는 의미로 표현되고 있다.

2  Samuel Noah Kramer (1981), *History Begins at Sumer, Revised Edition*, University of Pennsylvania Press, p.306

와서 그녀는 전쟁의 신으로도 언급되니 이는 남녀관계를 둘러싼 갈등이 전쟁으로 연결되기도 한 인류 역사의 현실을 반영한다고 볼 수 있을 것이다.

두무지와 이난나의 결혼 이야기 가운데 흥미로운 부분을 여기서 잠시 소개해보고자 한다. 첫 번째 이야기는 이난나가 두무지를 신랑으로 선택하여 함께 사는 장면을 묘사한 시다. 이난나는 목욕을 하고 '힘의 옷'을 입은 후 두무지를 불러 기쁨에 찬 노래를 한다. 이윽고 두 남녀가 함께 살기 시작하자 만물이 소생하고 나무와 곡식과 화초가 풍성하게 자랐다. 그리고 목동인 두무지가 자신의 양떼로부터 우유와 치즈를 만들자 이난나는 신선한 우유를 마셨다. 행복한 이난나는 신으로서 두무지의 마굿간, 즉 생명의 집(House of life)을 보존하겠다고 약속했다. 이것은 수메르의 왕가를 여신이 보호한다는 신앙을 표현한다는 것이다.

두 남녀의 결혼에 대한 다른 버전의 이야기도 전해지고 있다. 이 버전에 따르면 이난나는 당초 목동인 두무지보다 농부인 엔킴두(Enkimdu)에게 마음이 끌렸으나 태양신 우투가 그녀를 설득해 두무지와 맺어준다. 두무지와 엔킴두는 서로 결투를 할 분위기까지 갔다가 결국 화해하고 결혼식에 초대받은 엔킴두가 자신의 농작물을 선물로 들고 간다.

결혼식 이야기와 연결되지만 다른 이야기로 두무지와 결혼한 이난나가 "지하세계와 죽음의 여신"인 자신의 언니 에레쉬키갈(Ereshkigal)을 만나기 위해 지하세계로 내려간 이야기도 널리 유행했다. 죽음의 세계로 들어간 자는 아무도 돌아올 수 없으나 이난나는 3일 밤낮을 지하에서 알몸으로 치욕스럽게 지낸 후 지혜의 신 엔키의 도움으로 다시 지상으로 돌아왔다. 그러나 여기에는 조건이 있었다. 누군가가 이난나를 대신해 지하세계로 가야 한다는 것이었다. 에레쉬키갈은 이난나의 귀환길에 저승사자(Galla)를 동행시켜 누군가를 대신 데리고 오도록 시켰다. 이난나가 지상으로 나와 자신의 집이 있는 쿨랍(Kullab), 즉 우루크에 있는 성소로 돌아왔을 때, 그녀는 남편인 두무지가 3일 밤낮에 걸친 아내의 치욕

그림 17 지하세계로 내려간 이난나
대영박물관 소장

적인 부재에도 불구하고 아무런 느낌도 없이 잘 지내고 있는 것을 보고 분노가 치솟았다. 그녀는 저승사자에게 두무지를 데려가라고 말했다. 그리하여 두무지는 졸지에 죽음의 길로 떠났다. 그러나 오빠의 갑작스런 죽음을 슬퍼하는 여동생의 청원으로 신들이 움직여 결국 타협을 보았다. 즉 일년에 절반은 두무지가 지하에 있고, 나머지 절반은 여동생이 대신하기로 한 것이다.[1]

무려 5천 년 가까운 먼 옛날에 아득한 이방의 땅에서 만들어진 이 이야기는 지금 필자가 읽어도 흥미롭다. 수메르 사람들은 자연에 계절이 순환하여 만물이 자라고 시드는 과정을 두 남녀의 결혼과 죽음으로써 설명했다. 자신들의 왕과 미의 여신이 결혼하여 행복하게 살 때 만물이 소생하고, 그들이 갈등 관계에 놓여 두무지가 죽음

---

1  Mircea Eliade (1976), *A History of Religious Ideas, Volume 1, From the Stone Age to the Eleusinian Mysteries*, Translated by Willard R. Trask, The University of Chicago Press, pp.63-67

으로써 만물이 시든다고 생각한 것이다. 그러나 반 년 후 두무지가 다시 살아나면 만물이 되살아나는 것이었다. 그들은 아마도 민중의 사랑을 받던 왕 두무지가 갑작스레 사망하여 그 상실감을 이런 신화로 표현한 것이 아닐까 생각된다.[1]

이 이야기와는 완전히 다른 이야기지만, 수메르인들은 물의 신 엔키가 정액을 사정했을 때 티그리스와 유프라테스 강에 물이 넘쳐 사방에 생명을 가져다주었다고 생각했다.[2] 자연 현상을 신들의 성적 행위에 연결시켜 생각한 수메르인들의 세계관을 엿볼 수 있다.

바빌론을 중심으로 메소포타미아 역사를 쓴 폴 크리와젝(Paul Kriwaczek, 2010: 31~37)은 수메르인들의 성생활이 매우 자유로웠으며, 이를 반영해 이난나는 처녀, 창녀, 어머니라는 세 가지 이미지를 지니고 있었다고 말한다. 전쟁은 물론 질병, 기근, 홍수 등 불가항력적인 자연재해에 시달리던 고대 세계에서 인간의 평균 수명은 매우 짧았고, 병사와 노동력이 필요하니 자유로운 성생활은 출산을 통해 도시 인구를 유지하는 불가결한 요소였다. 이런 사정이 이난나의 자유분방한 이미지에 반영되어 있다.[3]

그러나 엄격한 결혼제도가 있었고, 강간과 간통에 대한 처벌이 무거웠던 점을 고려하면 사회 질서 유지를 위해 가정의 평화를 깨는

---

1 이난나 사진 출처: https://en.wikipedia.org/wiki/Inanna, 1920년대 대영박물관이 이라크의 골동품상에서 구해온 후 런던의 골동품상인 Sidney Burney에게 넘겨서 Burney Relief라고 불린다.

2 Samuel Noah Kramer (1981), *History Begins at Sumer, Revised Edition*, University of Pennsylvania Press, pp.304-305

3 Paul Kriwaczek (2010), *Babylon: Mesopotamia and the Birth of Civilization*, Thomas Dunne Books

방종은 철저히 단속한 것을 알 수 있다.

두무지와 이난나의 결혼 이야기가 고대 메소포타미아 세계에서 대단히 인기가 있었던 것은 분명하다. 가장 아름다운 여신과 최고의 남자가 만나 육체적인 사랑을 나누는 이야기는 짜릿한 성적 상상을 가미하여 계속 보급되어진 것이다. 구전으로 이야기가 전해지던 시절에 어느 말 잘하는 이야기꾼이 있어 아름다운 미의 여신이 목욕을 하고 온 몸에 기름을 바른 후 건장한 장사와 섹스를 하는 장면, 지하세계로 내려가기 위해 일곱 개의 관문을 통과할 때마다 옷을 하나씩 벗고 알몸으로 수모를 당하는 장면 등을 실감나게 묘사한다고 생각해보라. 추측건대 남자들끼리의 술자리는 물론 여자들의 수다에서도 이런 이야기는 단골 소재가 되었을 것이다.

더욱이 수메르에서는 두무지와 이난나의 신성한 결혼(Sacred Marriage) 의식과 두무지의 죽음을 애도하고 부활을 기념하는 의식이 매우 중요한 국가적 의례로 해마다 치루어졌기 때문에 두 남녀의 이야기는 국가가 공인하는 일종의 건국신화이기도 했다. 이 이야기가 가진 영향력은 두무지의 당대뿐만 아니라 긴 시간을 뛰어넘어 다른 도시에서까지 확인된다.

우루크 제1왕조로부터 대략 700년 정도 훗날인 우르 제3왕조의 슐기(Shulgi)왕은 자신이 두무지의 현신(顯身)이라고 주장하면서 우루크의 에안나를 방문하여 이난나와 신성한 결혼식을 올리는 의례를 치루었다. 그 뒤의 여러 왕들도 슐기를 흉내내어 신성한 결혼식을 치루었다. 이것은 왕이 여신과 결혼하는 신성한 존재라는 이미지를 대중에게 각인시키고자 하는 통치행위였다. 마치 연극처럼 치뤄진 이런 종교의식을 하버드대학의 소킬드 제이콥슨(Thorkild Jacobsen)은 고대의 '종교 드라마(Religious Drama)'라고 표현했다.

슐기왕과 그 후대인 슈신(Shu-Sin)왕의 신성한 결혼식에 불리웠던 찬가가 일부 알려지고 있는데, 여기에 흥미로운 구절이 있어 잠시 소개해본다. 슈신왕의 신성한 결혼식 의례는 쿠바툼(Kubatum)이라 불린 여사제가 이난나 여신으로 분장하고, 여사제들이 슈신을 찬미하는 이난나의 노래를 불렀다. 슈신은 행사 때마다 이들 여사제들에게 매우 흡족한 선물을 주었다는 것이 아래의 노래 구절을 통해 확인된다.[1]

> "내가 그렇게 말했을 때, 내가 그렇게 말했을 때, 주께서는 나에게 선물을 주셨네. 내가 알라리(allari) 노래를 불렀을 때, 주께서는 나에게 선물을 주셨네. 금 목걸이, 청금석 도장, 주께서는 나에게 이런 선물을 주셨네. 금반지, 은반지, 주께서는 나에게 이런 선물을 주셨네."

그리고 이난나의 노래는 남자의 정욕을 불러일으키는 매우 자극적인 표현으로 계속 이어진다. 이것은 왕과 여신의 결혼을 통해 왕가의 신성함을 확인하는 전래의 관습적 통치 의식이 나중에는 사원의 부패와도 연결되는 음란한 섹스파티로 흘렀음을 짐작할 수 있게 해주는 대목이다.

그런데 여기서 특별히 필자의 관심을 끈 것은 알라리(allari) 노래라는 단어이다. 우리나라의 아라리를 연상시키는 단어인데 그 의미를 알 수 없다. 필자가 인터넷에서 뒤져보니 인도인들의 영화에서 여자가 남자를 유혹하는 노래로 정확하게 알라리 노래(Allari Song)라는

---

1   Samuel Noah Kramer (1981), 위의 책, p.318

표현을 쓰고 있었다. 먼 옛날 수메르인들의 결혼식에 여자들이 불렀던 노래가 오늘날 인도인들에게 이어지고 있는 것인지, 아니면 우리나라의 민요와 관련이 있는 것인지 궁금하다.

셈족의 왕국이었던 아카드(Akkad) 시대를 지나 다시 수메르인들의 전성기를 가져온 우르 제3왕조의 왕들은 스스로를 '수메르와 아카드의 왕'이라고 불렀는데, 수메르인들과 셈족들이 어울려 살게 된 이 시대에 이난나는 셈족 언어로 이쉬타르라고도 불렸다. 이 시대의 우르는 지금의 미국처럼 다수의 민족들이 섞여 살던 국제적인 도시국가로서 여러 민족의 문화가 혼합되는 곳이었다. 슈신이라는 왕의 이름도 셈어로서 그는 수메르인과 셈족의 혼혈이었다. 여기에서 수메르인들의 매우 특별한 연례행사였던 신성한 결혼식과 두무지의 죽음 및 부활에 관한 행사는 여러 민족의 문화로 공유되었다. 마치 오늘날 미국에 사는 한국인들이 한국의 전통과 전혀 관계없는 할러윈데이를 즐기는 것과 같다.

두무지의 죽음을 애도하는 풍습이 널리 확산되어 먼 훗날 이스라엘 여인들도 그를 위해 애곡하는 장면이 구약성경에 묘사되어 있다. 기원전 587년 유다왕국이 멸망당하면서 신바빌론에 포로로 끌려간 선지자 에스겔(Ezekiel)이 여호와의 권능에 이끌려 환상을 본 기억을 말하면서 이방 풍습에 젖어 타락한 유태인들을 비난하는 묘사 가운데 다음과 같은 구절이 있다(에스겔 8장 14-15절).

"그가 또 나를 데리고 여호와의 전으로 들어가는 북문에 이르시기로 보니 거기에 여인들이 앉아 담무스(Tammuz)를 위하여 애곡하더라. 그가 또 내게 이르시되 인자야 네가 그것을 보았느냐 너는 또 이보다 더 큰 가증한 일을 보리라 하시더라"

　두무지와 이난나의 이야기는 유태인들의 성경과 관련된 모티프가 매우 많아 중요한 논의의 대상이 되기도 한다. 크레이머는 두무지와 이난나의 사랑 노래가 성경의 아가(Song of Songs)와 관련 있다고 시사한다. 두무지가 이난나를 향해 "나의 누이, 나의 신부"(My sister, my bride)라고 부른 표현은 솔로몬이 지었다는 아가 4장 9절에 그대로 나온다. 목자인 두무지와 농부인 엔킴두의 갈등은 성경의 카인과 아벨 이야기를 연상시킨다. 유목민과 농경민의 역사적인 갈등이 표현된 것이라고 볼 수 있다. 지하세계로 내려가 3일 밤낮을 죽어있던 이난나가 부활하는 이야기, 두무지가 머리에 가짜 관을 쓰고 저승사자에게 수모를 당하면서 지하세계로 끌려가는 이야기, 그리고 죽었던 두무지가 부활하는 이야기는 예수의 죽음과 부활을 연상시키는 모티프이다. 두무지는 목자이며 어부이기도 했는데, 예수 역시 목자와 어부라는 표현을 사용하였다.

### □ 이난나와 엔키 : 메(Me)의 이동

　이난나와 관련하여 전해지는 흥미로운 신화의 하나로 우루크의 주신인 이난나가 에리두의 주신인 물의 신 엔키(En.Ki, ☀️🗝️)를 만나 문명의 열쇠인 메(🗝)를 받아왔다는 이야기가 전해진다. 여기서 메는 왕권, 사제권, 사회의 질서 등 문명사회를 가져온 지혜를 말하는 것으로 해석된다. 이 신화에서 이난나는 엔키의 딸로 묘사된다.[1]

---

1　Paul Kriwaczek (2010), p.35

신화에서는 이난나가 어느 날 에리두의 아브주(Abzu)에 있는 엔키를 찾아가 같이 술을 마시면서 엔키를 유혹하여 차례차례 메를 빼내는 것으로 묘사된다.[1] 그리고는 엔키가 술에 취해 잠이 들자 이난나는 하늘의 배(Boat of Heaven)에 메를 싣고 우루크로 떠난다. 얼마 후 잠에서 깬 엔키는 메가 사라진 것을 보고 깜짝 놀라 자신의 시종 이시무드(Isimud)를 불러 메가 어디에 있느냐고 묻는다. 여기서 메는 구체적인 물체들과 권위로 표현된다.

"최고 제사장(en priest), 대제사장(lagar priest)의 직위, 신령하고 위대한 왕관, 용상(龍床)이 어디로 갔느냐?"

"주께서 따님께 주셨습니다."[2]

"존귀한 홀(笏), 어의(御衣), 목자권, 왕권은 어디로 갔느냐?"

"주께서 따님께 주셨습니다."

엔키는 이시무드와 괴물인 엔쿰(Enkum)들을 보내 하늘의 배를 가로막고 메를 되찾아오라고 지시한다. 그러나 이난나는 자신의 시

---

1  엔키의 신전은 에-아브주(E-Abzu)라고 했는데, 이것은 엔키가 살고 있는 아브주의 집이라는 뜻이다. 아브주는 모든 생명이 탄생한 태고의 바다를 의미하며, 영어의 Abyss(심연)가 여기서 유래했다는 설이 있다.

2  이난나의 가족 관계는 여러 버전으로 다른 이야기가 전해지고 있어 정확하게 파악하기 힘들다. 이 신화에서는 엔키가 아버지로 나오나, 달의 신 난나와 그의 부인 닌갈이 이난나의 부모라는 신화가 있고, 일부는 하늘의 신 안, 또는 엔릴을 아버지로 묘사하기도 한다. 태양신 우투가 오빠이고, 저승의 신 에레쉬키갈이 언니이며, 후대의 바빌론, 앗시리아에서는 폭풍의 신 하다드(Hadad) 또는 아다드(Adad)가 남동생으로 나오기도 한다. 하다드는 수메르인들이 이쉬쿠르(Ishkur)라고 불렀으나 중요한 신으로 나오지 않는 반면, 가나안 부족들과 셈족들의 신화에서는 중요한 신으로 나온다.

종인 닌슈부르(Ninshubur)의 도움을 받아 하늘의 배를 무사히 우루크로 끌고 와 "하얀 부두"(White Quay)에 닿았다. 엔키는 여섯 차례나 이시무드와 엔쿰들을 보냈으나 끝내 이난나가 우루크로 메를 가져가는 것을 막지 못했다. 결국 엔키는 메를 포기하고 우루크를 축복하는 것으로 신화는 끝을 맺는다. 이 신화는 수메르 문명의 초기에 그 중심지가 에리두에서 우루크로 옮겨 간 사실을 반영하는 것으로 해석할 수 있다.[1]

에리두는 왕조목록에서 홍수 이전에 최초로 왕권을 받은 도시라고 기록되어 있는 곳이다. 오늘날 이라크 남부의 디카르주에 그 유적지가 있다. 최근에는 이 도시의 수메르어 이름이 눈키(Nun.Ki, ꆤ)였다고 알려지고 있다. 아카드어로는 이리투(Iritu)라고 했는데, 현대에 아카드어가 먼저 해독되고 한참 지나 수메르어가 해독됐기 때문에 에리두라는 이름은 초기에 알려진 아카드어 발음의 영어 표기이다.

## □ 이난나가 사라지자 수메르에 생긴 일

사랑과 미의 여신으로 평생 젊고 아름다운 모습을 지닌 이난나는 출산을 도와주는 여신이기도 했다. 한국의 삼신할매 역할을 한 것이다. 한 신화에서는 이난나가 집을 비운 사이 수메르에서 발생한 심각한 사태를 이야기하고 있어 출산의 여신 이난나의 역할을 알 수 있게 해준다. 폴 크리와젝(2010)의 책에서 아래 글을 인용해본다.[2]

---

1 한국에서는 김산해(2007)의 책에 이 신화가 흥미롭게 소개되어 있다.
2 Paul Kriwaczek (2010), p.33

황소가 암소에게 올라타지 않았고, 당나귀는 새끼를 가지지 않았다.

청년들은 길에서 소녀를 임신시키지 않았다.

젊은 청년들은 자기 방에서 혼자 자고

젊은 여자들은 친구들과 함께 잤다.


이 기록은 이난나가 사라지자 수메르 땅에 사는 사람들은 물론 짐승들까지 성욕을 잃고 출산이 멈추어버렸다는 내용이다. 실제로 이런 일이 있었는지는 알 수 없다. 다만 앞에서 언급했듯이 인간의 평균 수명이 매우 짧았던 시절에 병사와 노동력의 공급을 위해 젊은 이들의 왕성한 성욕과 출산이 필요했는데, 이게 멈추어버렸으니 절박한 사태가 발생한 것이다. 이 신화는 그 후 어떻게 됐는지까지는 이야기하지 않는다.


## □ 길가메시와 원시 민주주의

우루크의 5대왕인 길가메시는 장사로서 서사시에는 그가 2/3는 신이고 1/3은 인간이었으며, 독재를 하여 주민들을 억압했다고 묘사되어 있다. 주민들이 신들에게 하소연을 하니 신들이 길가메시를 혼내주기 위해 엔키두라는 장사를 내려보냈다. 그런데 길가메시와 엔키두는 격렬하게 싸우다가 서로 의기투합하여 절친한 친구가 되었다. 그러던 중 엔키두가 갑작스레 죽자 삶의 무상함을 느낀 길가메시가 영생의 비결을 찾기 위해 방랑의 길을 떠난 이야기가 길가메시 서사시의 줄거리이다.

그는 키쉬 제1왕조의 마지막 왕이었던 악가(Agga)와 분쟁에 돌입하는데, 이 과정이 비교적 상세히 알려지고 있다. 강대국이었던 키쉬

의 왕 악가가 우루크에 대한 종주권을 내세우며 침공해오자 길가메
시는 싸울 것인지 항복할 것인지를 결정하기 위해 "노인들의 모임"
과 "청년들의 모임"을 잇따라 소집했다. 노인들은 항복하자고 결의했
지만, 청년들은 싸우자고 결의했다. 그 뒤의 이야기는 명확하지 않지
만, 어찌어찌하여 외교적 합의를 이룬 것으로 생각된다. 크레이머는
이 사례를 "최초의 양원제 의회"(The First Bicameral Congress)라는 제목
으로 소개하였다.[1]

　　이 사례는 수메르의 정치 구조와 인류의 초기 정치사를 파악하
는데 매우 귀중한 시사를 하는 것으로 인용되고 있다. 소킬드 제이
콥슨은 이로 미루어 수메르에서는 일종의 상하양원으로 구성된 대
의 민주제도가 존재했다고 주장하며, 이를 "원시 민주주의"(Primitive
Democracy)라고 불렀다.[2]

　　그런데 성경에는 이런 형태의 원시민주주의 사례와 아주 비슷한
이야기가 실려있다. 구약성경의 열왕기 상편 12장에 따르면 이스라
엘 왕국의 솔로몬 왕이 죽은 후 그의 아들 르호보암이 왕으로 즉위
하자 솔로몬에게 박해를 받고 이집트로 도망갔던 여로보암이 찾아
와 솔로몬이 백성들에게 가한 학정에 항의하며 노역과 세금을 경감
해달라고 요구했다. 이에 르호보암이 노인들의 모임과 소년들의 모임
을 소집하여 여론을 청취했다. 노인들은 여로보암의 요구를 들어주
는 것이 좋다고 건의하지만, 소년들은 반대의견을 냈다. 르호보암은
결국 소년들의 의견을 좇아 여로보암에게 이렇게 말했다.

---

1　Samuel Noah Kramer (1956), *History Begins at Sumer*, Doubleday Anchor
　Books, pp.29-34
2　삼성출판사(1982),《대세계의 역사 1: 인류의 탄생 고대 오리엔트》, p.210

"내 부친은 너희의 멍에를 무겁게 하였으나 나는 너희의 멍에를 더욱 무겁게 할지라 내 부친은 채찍으로 너희를 징치하였으나 나는 전갈로 너희를 징치하리라."

이에 격분한 여로보암이 반란을 일으키자 이스라엘 민족의 12 지파 중 북부의 10지파가 그에게 동조하여 결국 나라가 남북으로 갈라지게 되었다. 이 때는 기원전 926년으로 대략 기원전 2600년경 의 사람으로 추정되는 길가메시의 시대로부터 무려 1,600년 정도 후 대의 일이다. 필자가 주목하는 것은 길가메시 시대에 르호보암이 소 집한 것과 같은 노인들의 모임과 소년들의 모임이라는 왕의 자문기 구가 있었다는 것이다.

사족으로 필자의 생각을 적어보자면, 만약 르호보암이 소년들 의 말을 따르지 않고 다음과 같은 노인들의 말을 따랐다면 어찌 되 었을까? 그 후에 왕국이 분열되는 사태를 피할 수 있었을까?

"왕이 만일 오늘날 이 백성의 종이 되어 저희를 섬기고 좋은 말로 대 답하여 이르시면 저희가 영영히 왕의 종이 되리이다."

왕이 백성의 종이 되어 백성을 섬기라는 노인들의 이야기는 예 나 지금이나 선한 군주의 이상으로 간주되는 규범이다. 여로보암은 "왕의 부친이 우리의 멍에를 무겁게 하였으나 왕은 이제 왕의 부친 이 우리에게 시킨 고역과 메운 무거운 멍에를 가볍게 하소서 그리하 시면 우리가 왕을 섬기겠나이다"하고 건의했다. 솔로몬의 학정이 심 각했고, 백성들이 이로 인해 매우 고통을 받았기 때문에 여로보암이 반란을 일으켰을 때 무려 열 지파가 여기에 합세했던 것이다. 그러나 다윗의 집안을 정통으로 간주하고 솔로몬의 영화를 칭송하는 유태의 전승은 여로보암이 이방신들을 섬겼기 때문에 야훼의 저주를 받아 그 집이 지면에서 끊어져 멸망케 되었다고 기록하고 있다.

## (4) 우르 제1왕조 (2600~2450 BC)

키쉬와 우루크가 분쟁을 벌이는 사이 우르의 메스안네파다(Mes-Anne-pada)가 세력을 확대해 두 왕조를 무너뜨리고 새로이 수메르 전체의 지배자가 되었다. 왕조목록은 이 과정에 대해 "우루크는 무기로 얻어맞았다. 왕권은 우르로 옮겨졌다"고 쓰고 있으며, 4명의 왕이 177년간 우르를 지배했다고 기록하고 있다. 그러나 이 기록에는 메스안네파다의 아들인 아안네파다(A-Anne-pada)의 이름이 누락되어 실제로는 5명의 왕이 있었던 것으로 밝혀지고 있다.

지금의 이라크 남부 텔 알 무카야르(Tell Al-Muqayyar)에 있는 우르 유적지는 1854년에 당시 오토만 터키의 바스라에 주재하던 영국 영사 존 테일러(John Tayoir)가 발굴작업을 했던 곳이었다. 테일러는 그보다 앞서 프랑스인 보타와 영국인 레이야드의 앗시리아 유적지 발굴로 붐이 불던 시기에 현지인들이 역청(瀝靑)동산(Mound of Bittumen)이라고 부른 이 곳의 돌산이 비슷한 유적지일 것으로 생각하고 대영박물관의 후원을 받아 발굴 작업을 시작하였다. 테일러는 이 곳에서 나온 비문을 해석해 여기가 아브라함의 고향인 "갈대아 우르"의 유적지일 것이라고 추정했으나, 완전한 발굴 작업은 훨씬 후대인 1920년대에 영국인 레오나드 울리(Leonard Woolley)에 의해 이루어졌다.

지금은 이 돌산이 달의 신 난나의 신전으로서 "우르의 지구라트"라고 알려지고 있다. 그런데 이 신전은 우르 1왕조로부터 400년쯤 지나 들어선 우르 제3왕조에 의해 건설된 것으로 밝혀졌다. 같은 도시에서 왕조들이 일어섰다 망하기를 반복한 것이다. 이 신전 이야기는 뒤의 우르 제3왕조에서 언급한다.[1]

울리는 지구라트와 함께 그 인근에서 "우르의 왕릉"을 발굴했고, 이 곳에서 우르 제1 왕조의 유품으로 간주되는 중요한 유물들이 대량으로 발견되었다. 앞에서 언급한 푸아비 왕비의 관과 우르의 깃발은 이 왕조 시대에 만들어진 것으로 확인되었다. 그 밖에도 초대 왕인 메스안네파다의 이름이 새겨진 길쭉한 구슬(bead)이 이라크 북부의 마리(Mari)에서 발견되었다. 청금석으로 만들어진 이 "마리 구슬"(Mari bead)에는 다음과 같은 문구가 적혀 있다.

"루갈칼람(Lugalkalam)신께 우르의 왕 메스안네파다, 키쉬의 왕 메스칼람둑(Meskalamdug)의 아들이 헌납하다."

메스안네파다의 아버지이자 키쉬의 왕이라고 밝혀진 메스칼람둑은 우르의 왕릉에서 그의 인장과 금으로 만든 투구가 밝혀진 인물이다. 그러나 왕조목록에는 그의 이름이 나오지 않는다.

수메르 왕조 목록은 우르 제1왕조가 아완(Awan)에게 패배하여 왕권이 아완으로 넘어갔다고 기록하고 있다. 그 후에 이어지는 몇몇 왕조들의 역사에 대해서는 왕조 목록에 기록된 간단한 사실들 이외

---

1 아랍어의 무카야르는 석유 찌꺼기인 아스팔트와 콜타르, 피치 등 역청을 의미한다. 이 일대가 이라크의 주요 유전이 있는 지대이다.

에 현재까지 알려진 바가 거의 없다. 아완 왕조는 엘람족의 왕조였으며, 세 명의 왕이 356년간 다스린 것으로 되어 있다. 아완은 키쉬에게 패배하여 왕권이 키쉬로 넘어갔으며, 키쉬의 두 번째 왕조에서는 8명의 왕이 3,195년간 다스렸다고 나와 있다. 그 후 왕권은 하마지(Hamazi)로 넘어갔고, 하마지에서는 한 명의 왕이 360년간 다스린 것으로 나와 있다. 그리고 하마지는 우루크에 패배하여 우루크에 두 번째 왕조가 들어서게 된다. 주요 도시의 제1왕조들이 멸망하고 후속 왕조들이 들어서는 이 시기 전후의 역사는 초기 왕조 시대에서 아카드제국으로 넘어가는 중간시대라고 부를 만하다.[1]

## □ 우르의 왕릉

우르의 왕릉(Royal Cemetery Ur)은 레오나드 울리가 1922년부터 1934년까지 12년에 걸쳐 대영박물관과 미국 펜실베니아대학박물관의 공동 조사단을 이끌고 찾아낸 유적지다. 그는 "우리의 목적은 역사를 찾아내는 것이며, 박물관의 전시관을 골동품으로 채우는 것이 아니다"고 말했는데, 그의 이러한 철학이 수메르 역사 복원에 크게 기여하는 발굴을 이뤄낸 동력이라고 생각된다.[2]

---

1 현대의 서양학자들이 우르(UR)로 표기해서 그대로 쓰이고 있으나, 당대의 수메르인들은 우리 (△◁◆ URI Ki) 또는 우림(△◁◆ URIM Ki)으로 불렀고, 아카드인들은 우루(URU)라고 부른 것으로 해석되고 있다. 지명의 뒤에 쓰인 설형문자 KI(◈)는 '땅'을 뜻하는 말로서 신(神)을 나타내는 Dingir(✳)처럼 명사의 의미를 한정해주는 용법으로 사용되었다. 문법적으로는 이런 단어를 한정사(determinitive)라고 한다.

2 Stephen Bertman (1986), *Doorways Through Time: The Romance of Archaeology*, p.21; 울리는 발굴 작업을 도와 그림을 그려주던 미술가 캐더린(Katherine)과 1927년 결혼했고, 그녀 역시 고고학계에서 계속 활동하였다. 아브라함의 고향 우

울리는 이 곳에서 2,000구 이상의 무덤을 발견했는데, 학자들은 이 곳이 300년 이상 공동무덤으로 이용되었다고 추정한다. 울리는 발굴 초기에 황폐한 무덤들을 보고 홍수가 이 곳을 휩쓸었다고 추정했다. 그의 초기 발굴 작업은 현지인 인부들의 비협조로 큰 성과를 거두지 못하고 중단되기

그림 18 메스칼람둑왕의 황금투구

도 했다. 그러나 그는 수집된 자료들에 대한 연구를 계속하면서 더 깊은 곳을 파내려간 끝에 1926년 메스칼람둑 왕의 무덤(PG755)에서 대량의 보물을 발견했고, 이후 그의 발굴 작업은 세계적인 관심을 모으면서 활기를 띠게 되었다. 그는 많은 무덤들 가운데 그 규모와 매장품의 성격이 다른 16기의 무덤을 구분하여 이 곳들은 왕과 왕비 무덤들이라고 판단하였다.

메스칼람둑 왕의 무덤에서는 그의 유골과 함께 머리 유골을 덮고 있는 황금으로 만든 투구를 비롯해서 금으로 만든 단검, 은으로 만든 혁대, 그 밖에 청금석 등 여러 보석으로 만든 유물들이 발견되었다.[1] 그의 이름은 이 곳에서 발견된 인장을 통해 확인되었다. 그러나 그 후

---

르의 발굴은 당시 서구에서 엄청난 관심을 끌어 영국의 왕족들과 유명한 소설가인 아가사 크리스티(Agatha Christie)도 발굴 현장을 방문하였다. 그녀는 1928년 울리의 발굴 현장을 방문하고 이곳에서 캐더린의 소개로 만난 젊은 고고학자 맥스 맬로원(Max Mallowan)과 재혼하였다. 귀국길에 바그다드에서 기차를 타고 온 경험에서 영감을 얻어 1934년 유명한 "오리엔트 특급 살인"이라는 소설을 썼다고 한다.

1  메스칼람둑 왕의 황금투구 사진 출처: https://en.wikipedia.org/wiki/Meskalamdug

발굴된 다른 무덤들에 비해 상대적으로 규모가 작고 다른 인골(人骨)들이 발견되지 않아 이 곳이 과연 왕릉인지에 대한 논의가 있으며, 같은 이름을 가진 왕자의 무덤이라고 추정하는 학자들도 있다.

16기의 무덤들은 대부분 심하게 도굴되었지만, 울리가 "주검의 구덩이"(Death Pit)라고 부른 방들에서는 시종들과 경호원들로 추정되는 사람들의 유골들이 대량으로 발견되었다. 왕의 내세(來世)에 동행할 사람들을 뽑아 대규모 순장(殉葬)을 한 것으로 간주된다. PG1237로 번호 붙여진 "가장 큰 주검의 구덩이"(The Great Death Pit)에서 울리는 74구의 유골을 발굴하였으나 왕의 유골이 있는 석실을 발견하지는 못하였다. PG789번에서는 60여구의 유골이 발견되었다. 그 가운데 6명의 군인들은 투구를 쓰고 입구를 지키듯이 서 있었다.

이러한 유골들은 거의 모두 반듯한 자세로 발견되고 상처가 없는 점에 비추어 수면제나 독약이 사용된 것으로 추정되나, 일부 유골에서는 상처자국도 발견되었다. 군인들은 동(銅)으로 만든 투구를 쓰고 창을 들었으며, 시녀들은 머리와 몸에 각종 장식을 하였다. 울리는 머리핀을 손에 쥔 시녀의 유골을 발견하고, 그녀가 장례식에 늦어 차림을 제대로 갖추지 못한 상태에서 그대로 순장된 것으로 추측하였다. 두 마리의 소가 끈 네 바퀴 전차도 발견되었는데, 지금까지 발견된 인류 역사 최초의 전차라고 간주된다. 이 무덤들에서는 유물들과 시신을 습기로부터 보호하기 위한 갈대 담요가 발견되었으며, 틀을 사용해서 만든 여러 가지 도자기들도 발견되었다.[1]

이 무덤들은 모두 기원전 26~25세기경 우르 제1왕조 시대의

---

1  순장도 그림 출처: https://en.wikipedia.org/wiki/Royal_Cemetery_at_Ur,

그림 19 우르의 왕릉 순장(殉葬) 상상도,
원작자는 A. Forestier (Paris 1854 - 18 November 1930 London), in 1928

유적으로 간주된다. 이 때는 이집트 역사에서 제4왕조 시대 쿠푸
(Khufu) 왕의 무덤으로 생각되는 기자(Giza)의 피라밋이 건설되고 있
던 시기였다.[1]

16기의 무덤 가운데 두 개는 깨끗한 상태로 발견되었다. 그 중
하나인 PG800에서는 20여 구의 유골과 두 마리의 암소, 그리고 수
레와 옷장이 발견되었다. 이 무덤에서 갱도를 통해 2.5 미터 아래의
지하실이 앞에서 말한 푸아비 왕비의 무덤으로 밝혀졌다. 울리는
위 아래에 있는 이 두 개의 무덤을 서로 연관시켜 왕비의 무덤을 PG
800B로 번호를 붙였고, 위의 무덤은 그녀의 남편일 것으로 추측했
다. 그러나 현재 이 두 무덤의 연관은 없는 것으로 판단되고 있다.[2]

푸아비 왕비의 무덤에서는 그녀의 유골과 함께 다량의 보물이

---

1  Stephen Bertman (1986), *Doorways Through Time: The Romance of Archaeology*,
   *p.22*

2  http://www.ur-online.org/file-detail/20809/

나왔고, 그녀의 이름이 새겨진 인장이 발견되어 무덤의 주인이 그녀라고 밝혀졌다. 그 이름은 수메르어가 아닌 셈어로 "내 아버지의 말씀"(Word of My father)이라고 해석되는데, 이를 통해 수메르인들과 셈족들 간에 깊은 교류가 있었던 것을 추측할 수 있다. 하지만 그녀의 삶에 대해서는 더 이상 알려진 바가 없다.

그녀의 무덤에서는 금과 은, 청금석, 옥수, 홍옥수, 마노 등 다양한 보석으로 만든 화려한 목걸이, 팔찌, 리본, 구슬 등 각종 장신구들과 황금 접시와 술잔, 은으로 만든 그릇이 발견되었다. 그녀의 손은 황금컵을 쥐고 있고, 그 옆에는 황금 빨대가 놓여 있었다. 그리고

그림 20 푸아비왕비의 무덤에서 나온 현악기,
대영박물관 소장

2인용 보드 게임 장비와 황금 송아지의 머리로 장식된 현악기(lyre)가 발견되었다. 나무로 만든 현악기의 틀은 모두 부식되었으나, 지금은 복원하여 전시되고 있다.[1] 그리고 그 통로에서 세 사람의 유골이 함께 발견되었다. 남편을 따라 순장된 왕비의 저승길이 외롭지 않도록 세심하게 배려한 듯하다.

한편 앞에서 언급한 우르의 깃발은 PG779번으로 명명된 커다란 무덤에서 발견되었다. 이 무덤은 4개의 석실로 이루어져 있으며, 고대로

---

1  푸아비 왕비의 현악기 사진 출처: https://en.wikipedia.org/wiki/Puabi

부터 심하게 도굴되어 중요한 인골이나 기록이 발견되지 않았다. 그러나 이곳에서 수많은 조각으로 부쉬진 그림이 발견되어 복원 작업을 통해 우르의 깃발 상자가 만들어졌다.[1]

---

1  http://www.ur-online.org/location/1030/

《참고 4》

# 순장(殉葬) 풍습

죽은 자의 내세를 위해 살아있는 사람들을 생매장시키던 순장은 비정하고 잔인하기 짝이 없는 고대의 풍습이라고 할 수 있다. 현대인들은 도저히 이해할 수 없는 일인데, 고대에는 세계 도처에서 행해졌고, 중국이나 일본, 우리 역사에도 그런 일이 있었다. 호머의《일리어드》에는 파트로클로스가 죽었을 때 그 친구 아킬레스가 12명의 트로이인을 죽여 친구의 저승길을 시중들게 했다고 나온다. 중국의 역사책인《삼국지》위서 동이전에 따르면, 부여에서는 "사람이 죽으면 여름에는 모두 얼음을 쓰고, 사람을 죽여 순장하는데 많을 때는 백 명을 헤아렸다"고 전하고 있다.

《삼국사기》에는 수메르인들의 시대로부터 거의 3천년이나 지난 시기인 서기 248년에 고구려 동천왕이 죽자 가까운 신하들이 스스로 죽어 순장했다는 기록이 있다. 뒤를 이은 중천왕이 이는 예(禮)가 아니라 금했으나 장례일에 이르자 스스로 목숨을 버린 자가 매우 많았다고 한다. 신라에서는 지증왕 3년인 서기 502년 봄 3월에 명령을 내려 순장을 금하였다고 한다. 그 전에는 국왕이 죽으면 남녀 각 5명씩을 죽여서 순장하였는데, 이때에 이르러 이를 금하였다고 한다.[1]

인류 역사에서 순장은 매우 오랜 기간 이어졌다. 자연 현상을 신의 섭리로 생각하고 살던 시절에 인간의 무지가 빚어낸 비극이며, 그런 시절에 태어나지 않은 현대인들은 행복한 편이라고 할 수 있을 것이다.

---

1 한국민족문화대백과사전: (순장(殉葬), http://encykorea.aks.ac.kr/Contents/Index?contents_id=E0031936

## (5) 우루크 제2왕조 (2450~2350 BC)

기원전 24세기에 우루크에서는 다시 강력한 왕이 나와 수메르 전체의 지배권을 확립하였다. 엔샤쿠샨나(Enshakushanna)라는 왕은 하마지, 아카드, 키쉬, 니푸르 등을 정복하고 수메르 전체의 왕이라는 호칭을 사용하였다. 그가 사용한 호칭은 "키-엔-기-루갈-칼라-마"(ki-en-gi lugal kalam-ma)로 정확한 의미는 "수메르의 주인이며 모든 땅의 왕"(Lord of Sumer and King of all the land)이라는 것이다. 왕조 목록은 그가 60년간 통치했고, 그의 후계자 두 명이 127년간 통치한 후 왕권이 다시 우르로 넘어갔다고 쓰고 있다. 그러나 2대왕인 루갈 키니쉐두두(Lugal-kinishe-dudu) 시대에는 라가쉬의 에안나툼이 강력한 패권 세력으로 등장하였다. 루갈 키니쉐두두는 에안나툼의 후계자인 엔테메나와 연합군을 결성하여 움마와 싸운 것으로 기록되어 있다.

## (6) 라가쉬 제1왕조 (2500~2350 BC)

라가쉬(Lagash, ◈◪▤◈)는 티그리스와 유프라테스강이 합류하는 이라크 남부 걸프만 지역에서 약간 북쪽으로 위치한 수메르 도시이다. 이 도시는 한 때 수메르 전체의 왕을 자칭했을 정도로 막강한 세력을 구현했으나, 후대에 편집된 수메르 왕조 목록에는 라가쉬가 전혀 나오지 않는다. 왕조 목록이 어떤 정치적 목적으로 후대의 왕조에 의해 편집된 사실을 시사하며, 이러한 사실과 자료 부족으로 인해 이 시기 수메르 왕조들의 역사를 파악하는데 특히 어려움이 있다. 라가쉬의 주신(主神)은 농업과 법률, 서기관들의 신 닌기르수(Ningirsu)였다.

1877년 독일인 콜데바이(Robert Koldewey)가 이라크 남부의 텔로 (Telloh)를 처음 탐사했고, 1880년대에 프랑스인 사르제크(Ernest Sarzec) 가 이 곳에서 에안나툼의 승전비 등 대규모 유물을 발견했다. 그 후 발굴이 계속되면서 지금은 티그리스 강변의 히바(Al-Hiba)가 라가쉬 였고, 텔로는 닌기르수를 모시던 성지(城地) 기르수(Girsu)로 간주되고 있다. 라가쉬가 여러 위성도시를 거느린 큰 도시국가로서 기르수가 그 수도였다는 주장도 있다. 이 지역에서는 1990년까지 미국 탐사단 이 계속 조사를 해왔으나, 걸프 전쟁으로 발굴이 중단되었다. 지금 은 여러 문서들이 새롭게 해독되면서 라가쉬 역사를 재조명하는 연 주가 계속 나오고 있다.

왕조목록에서 제외된 라가쉬의 왕조를 복원하는 일은 학계의 큰 관심사였다. 2015년에 출판된 문헌 연구를 참고하여 지금까지 대체 로 인정되는 라가쉬 왕조를 정리해보면 다음의 표와 같다. 라가쉬왕 조의 초기 지배자로는 루갈샤엔구르(Lugalshaengur), 엔헨갈(Enhengal) 등 의 이름이 알려지고 있으나, 현재 학계의 정설은 기원전 2500년경 우 르난쉐(Ur-Namshe)가 왕조를 창립했다는 것이다. 우르난쉐의 아버지는 구니두(Guni-Du)였고, 구니두의 아버지는 구르사르(Gur-Sar)라는 기록이 있다.[1]

---

1  Walther Sallaberger and Ingo Schrakamps (eds.)(2015), *Associated Regional Chronologies for the Ancient Near East and the Eastern Mediterranean: History and Philology (Arcane, 3)*, European Science Foundation (ESF), pp.67-74

〈표 7〉 라가쉬의 역대 왕들

| 왕 이름 | 참고 |
|---|---|
| 우르난쉐 (Ur-Nanshe) | 구니두의 아들 |
| 아쿠르갈 (Akurgal) | 우르난쉐의 아들 |
| 에안나툼 (Eanatum) | 아쿠르갈의 아들 |
| 엔안나툼 1 (Enanatum 1) | 아쿠르갈의 아들, 에안나툼의 동생 |
| 엔테메나 (Entemena) | 엔안나툼1의 아들 |
| 엔안나툼 2 (Enanatum 2) * | 엔테메나의 아들 |
| 에넨타르지 (Enentarzi) | 엔테메나의 아들(?) 또는 사제 |
| 루갈안다 (Lugalanda) | 에넨타르지의 아들(?) |
| 우르카기나 (Urkagina) | 우루투의 아들(?) |

자료 : 각종 자료를 참고하여 필자가 정리

주 : 엔안나툼 2세의 후계자는 엔기사(Engisa 또는 Engilsa)라는 주장이 있음. 우르난쉐 왕가는 엔안나툼2세로 끝났고, 뒤를 이은 에넨타르지는 사제였던 두두(Dudu)의 아들이라는 주장이 있음. 살라버거(2015, p.20)는 에넨타르지의 혈통에 대한 기록이 분명하지 않지만, 그가 엔안나툼2세 보다 늦은 세대이지 않다고 추정되는 다른 기록을 언급하면서 엔테메나의 아들(?)이라고 표기했음.

## □ 에안나툼의 승전비와 엔테메나의 원뿔 : 움마와의 국경분쟁

　기원전 2500년경 우르난쉐(Ur-Nanshe)에 의해 창립된 라가쉬 왕조는 그의 손자인 에안나툼(Eannatum) 시대에 전성기를 구가했다. 1880년대에 프랑스 조사단이 텔로에서 에안나툼의 승전비를 발굴하여 지금 루브르박물관에서 전시되고 있다. 당초에는 높이 1.8미터, 너비 1.3미터, 두께 11센티미터의 큰 석회암 비석이었으나, 지금은 파손된 일곱 조각이 발굴되었다. 그 중 두 조각은 1898년 대영박물관이 골동품 시장에서 구입하여 루브르박물관에 기증한 것이다.

　이 비석은 독수리들이 새겨진 그림을 따라 "독수리 승전비"(Stele

그림 21 에안나툼의 독수리 승전비 중
한 조각, 루브르 박물관 소장

of the Vultures)라고 불린다.[1] 비석에는 에안
나툼이 방패로 무장한 군인들을 이끌고
적을 짓밟는 그림과 비문들이 새겨져 있
다. 비문의 내용은 매우 단편적이지만, 에
안나툼이 인근 도시인 움마와의 싸움에
서 이긴 사실을 기록하고 있다. 닌기르수
(Ningirsu)신의 부름을 받은 에안나툼이 움

마를 내려쳤으며, 적의 시체가 3천600이었다고 기록되어 있다.

에안나툼은 먼저 동쪽의 엘람족을 정복한 후 이어 국경분쟁을
빚어온 움마를 정복하고 나아가 우루크, 우르, 아크샤크, 키쉬를 차
례로 정복하였다. 그리고는 마침내 수메르 전체의 지배자로 군림하
여 "키쉬의 왕"(King of Kish)이라는 표현을 사용했다. 이 때까지는 키
쉬가 수메르 전체를 대표하는 종주국이었음을 알 수 있다.

그의 업적은 후대의 기록에서도 확인되고 있다. 에안나툼의 조
카인 엔테메나(Entemena) 시절에 왕궁의 서기에 의해 기록된 두 개의
기록이 발견되었는데, 그것은 타블렛 점토판이 아닌 원뿔 모양의 진
흙 도기에 새겨져 있으며, 그 모양을 따서 "엔테메나의 원뿔"(Cone of
Entemena)로 불린다.[2]

---

1  에안나툼 승전비 사진 출처: https://en.wikipedia.org/wiki/Stele_of_the_
   Vultures

2  최근 연구들은 에안나툼이 아들이 없이 죽은 후 그 아우인 에안나툼1세가 왕
   위를 승계하였으며, 엔테메나는 에안나툼1세의 아들로 파악한다. Walther
   Sallaberger and Ingo Schrakamps (eds.)(2015), p.71. 엔테메나의 원뿔은 각
   각 루브르 박물관과 예일대학에 한 개씩 소장되어 있다. 사진 출처: https://
   en.wikipedia.org/wiki/Entemena

그 내용은 사무엘 크레이머가 "최초의 내전"이라는 제목으로 소개하였는데, 크레이머는 1926년에 아르노 푀벨(Arno Poeble)이 발표한 논문을 참고했다고 밝혔다. 크레이머는 이 기록이 현대적 개념의 역사 문서라고 할 수 있는 인류 최초의 기록이라고 표현하였다. 지금은 설형문자 디지털 도서관(CDLI)에 이 문서의 설형문자 원문과 해독문이 공개되어 있고, 여러 학자들이 지속적인 연구를 하여 추가적인 내용을 발표하고 있다.[1]

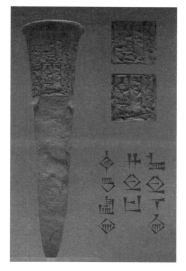

그림 22 라가쉬의 엔시 엔테메나 (Entemena Ensi Lagash-ki)라고 기록된 엔테메나의 원뿔

지금까지 알려진 내용을 잠시 소개해본다. 라가쉬는 이웃한 움마와의 사이에 국경선인 수로를 두고 잦은 분쟁을 벌였다. 이에 대해 두 도시는 수메르 전체의 종주였던 키쉬의 왕 메실림(Mesilim)에게 중재를 의뢰했고, 메실림은 두 도시의 국경선을 측정한 후 비석을 세워 그것을 명시했다. 그런데 얼마 후 움마의 이샤쿠(Ishakku)인 우쉬(Ush)가 메실림의 비석을 뽑아버리고 국경을 침입하여 라가쉬의 영토인 구에딘나(Guedinna)를 점령했다.[2]

---

1 아래 주소에서 이 기록의 원문사진들과 해독문을 볼 수 있다. https://cdli.ucla.edu/search/search_results.php?CompositeNumber=Q001092

2 1956년에 나온 크레이머의 책은 총독으로 이샤쿠라는 표현을 쓰고 있는데, 최근의 저작들은 학계의 논의를 반영해 엔시라는 표현을 보편적으로 쓰고 있다. 도시의 지배자를 이샤쿠라고 표현한 것은 그 도시가 독립적인 지위에 있지 않고 종주국을 섬기는 속국이라는 의미이다. Samuel Noah Kramer (1956), *History Begins at Sumer*, Doubleday Anchor Books, pp.35-44

이로부터 얼마간 세월이 흘러 움마인들을 격퇴하고 구에딘나를 회복한 라가쉬의 왕이 위의 승전비를 세운 에안나툼이다. 그는 움마의 이샤쿠인 에나칼리(Enakali)와 새로운 국경조약을 맺고 비석을 세웠으며, 움마로부터 막대한 세금을 거두었다. 굴욕을 견뎌야 하던 움마에서는 한 세대가 지나기 전에 에나칼리의 아들 우르룸마(Ur-Lumma)가 이웃 도시들의 도움을 받아 라가쉬를 침공했다. 라가쉬에서는 에안나툼의 조카 엔테메나가 나서 가나-우깃가(Gana-ugigga)에서 우르룸마의 군대를 격퇴했다. 이 때 자발람(Zabalam)이라는 도시에서 일(Il)이라는 새로운 적이 나와 움마를 점령했다. 이 때는 기원전 2400년경으로 추정된다.

같은 시기의 다른 기록 하나가 대영박물관의 큐레이터인 어빙 핑켈(Irving Finkel)에 의해 2018년에 처음 해독되어 발표되었다. 대리석 기둥조각에 새겨진 이 문서에 따르면 기원전 2400년경 엔테메나가 움마의 왕인 기샤키두(Gishakidu)와 조약을 맺고 국경을 확정하기 위해 "평야의 가장자리"(Edge of the Plain)라는 뜻을 지닌 구에딘나에 기둥을 세우면서, 움마측 국경지대를 출입금지구역(No Man's Land)으로 표시하였다. 라가쉬의 서기는 이 기둥에 수호신 닌기르수의 이름을 돋보이게 하는 정교한 조각을 한 반면 적인 움마의 수호신에 대해서는 그 이름을 알아보기 힘들도록 조악하게 새겼다.

위의 기록들은 지금까지 발견된 인류 역사상 최초의 국경분쟁 기록이며, 또한 최초의 평화협정 기록으로 간주되고 있다.[1]

---

1   https://www.smithsonianmag.com/smart-news/pillar-first-evidence-neighbors-behaving-badly-180970969/

## □ 우루카기나의 개혁

라가쉬는 에안나툼 시절에 수메르 전체를 지배하는 종주국의 위치까지 올라섰으나, 계속된 전쟁으로 국력이 쇠퇴하고 사회가 피폐해져갔다. 엔테메나로부터 50여 년쯤 후인 기원전 2350년경에는 9대 왕인 우루카기나(⬚⬚⬚⬚⬚)가 새로운 왕으로 즉위한 후 광범위한 경제, 사회 개혁을 통해 나라를 재건하려 했다. 종전까지는 우루카기나가 권력을 찬탈했다는 해석이 일반적이었으나, 최근 연구들은 그가 샤샤(Sasa)와의 결혼을 통해 합법적으로 권력을 승계했다는 주장도 있다. 우루카기나와 샤샤의 신원에 대해서는 현재까지 잘 알려진 자료가 없다.[1]

기록에 따르면, 라가쉬의 왕들은 잦은 전쟁과 독재로 시민들을 억압하고 착취했다. 왕족과 귀족들은 도시의 토지와 논밭을 빼앗아 막대한 부동산을 축적했고, 이샤쿠의 집들과 이샤쿠의 땅들, 궁전 하렘(Harem)의 집들과 하렘의 땅들, 궁전 아이들의 집들과 아이들의 땅들이 온 나라를 가득 채웠다. 사제들인 상가(Sanga)들은 시민들의 당나귀와 암소, 곡식을 빼앗았고, 관리들은 무거운 세금을 거두어갔다. 심지어 죽은 자가 묘지에 묻힐 때도 관리들과 그들에 기생하는 집단은 빵, 보리, 맥주를 요구했다. 어디에도 세리(稅吏)들이 없는 곳이 없었다.[2]

이런 시기에 "신을 두려워하는" 새로운 이샤쿠(ishakku)로 등장한 우루카기나는 과감한 개혁을 시도했다. 그는 즉위 직후 호칭을 엔시(Ensi)로 고치고, 2년차에는 루갈(Lugal)이라는 호칭을 사용했다. 그는

---

1   Walther Sallaberger and Ingo Schrakamps (eds.)(2015), p.72

2   Samuel Kramer (1981), *History Begins at Sumer*, Revised Edition, pp. 48-49

이제까지의 엔시들이 신들의 재산을 횡령하면서 갖은 악정을 해온 것을 규탄하면서 신들의 것을 신들에게로 되돌렸다.[1] 그리고 시민들의 피를 빨아먹는 세리(稅吏)들과 기생충 같은 관료들을 제거하여 시민들에게 자유를 가져다주었다.[2]

우루카기나는 또한 도시에서 고리대금업자들과 도둑들, 그리고 살인자들을 없앴다. 예를 들면, "가난한 사람의 아들이 양어장을 만들었을 때, 이제 누구도 물고기를 훔쳐갈 수 없었다." 어떤 부유한 관리라도 이제 그들이 과거 흔히 그랬던 것처럼, "가난한 사람의 엄마"의 정원에 마음대로 들어가 나무를 뽑고, 과일을 집어갈 수 없었다. 우루카기나는 라가쉬의 신인 닌기르수 앞에서 과부들과 고아들이 "권세 있는 사람들"에게서 박해받는 것을 허락하지 않겠다는 특별한 서약을 했다.[3]

고아와 과부를 권력자들로부터 보호한다는 우루카기나의 개혁 정신은 그 후 오리엔트의 지배자들이 항상 강조하는 사회정의의 이념이 되었다.[4] 함무라비 법전에도 이런 구절이 있으며, 성경과 코란에도 고아와 과부의 보호를 강조하는 내용들이 있다. 하지만 그의 개혁은 기울어가는 나라를 되살리기에는 너무 늦게 왔다. 라가쉬는 결국 오랫동안 국경분쟁을 벌여왔던 움마의 루갈작기시에게 정복당하고 말았다. 최근에는 우루카기나의 초반 개혁이 실패하면서 후반에는 그 자신이 폭군

---

1  삼성출판사(1982), 《대세계의 역사 1: 인류의 탄생 고대 오리엔트》, p.213

2  우루카기나의 개혁에 대해서는 초기 수메르 연구자들인 프랑소와 더로 당강, 아르노 푀벨 등이 연구했고, 사무엘 크레이머는 그의 책에서 "최초의 사회개혁"이라고 소개했다. 관련 설형문자 원문 기록들은 CDLI 홈페이지에서 볼 수 있다. https://cdli.ox.ac.uk/wiki/doku.php?id=urukagina

3  Samuel Noah Kramer (1956), *History Begins at Sumer*, Doubleday Anchor Books, p.49

4  삼성출판사(1982), 《대세계의 역사 1: 인류의 탄생 고대 오리엔트》, p.214

으로 변했다는 주장도 있다.[1]

## (7) 라가쉬 지배 시대의 왕조들

지금까지 확인된 역사 기록에 따르면 우루크에서 제2왕조가 무너지고 다시 제3왕조가 들어서는 기간에는 앞에서 설명한 대로 라가쉬가 수메르 전체를 지배하고 있었다. 그러나 왕조 목록은 라가쉬왕조를 전혀 언급하지 않고, 이 기간 동안에 여러 개의 왕조가 왕권을 가져간 것으로 기록하고 있다. 앞의 〈표6〉에 제시된 홍수 이후의 전체 왕조 목록에서 특별히 이 기간 동안에 왕권을 가져간 것으로 나와 있는 왕조의 목록을 여기에 가져와보겠다.

이 시기 왕조들에 대해서는 아직 자세한 내용이 알려지지 않고 있다. 특기할만한 사항으로는 기원전 24세기경에 아답(Adab) 왕조에서는 루갈 아네문두(Lugal Ane-Mundu)왕이 수메르 영토의 대부분과 자그로스 산맥의 엘람족 영토까지 정복했다고 나와 있는 점이다. 이 기록이 확인된다면 에안나툼에 거의 맞먹는 강력한 정복자의 반열에 오를 수 있는 군사적 성공을 거둔 사람이나 아쉽게도 더 이상 자세한 기록이 없다.

한편 키쉬의 세 번째 왕조에서는 쿠그바우(kug-Bau) 또는 쿠바바(Kubaba)라는 여왕이 지배했던 것으로 나와 있다. 그녀는 왕조 목록 전체를 통해 수메르 역사에서 유일한 여왕이다.

---

1 　김산해(2021) 참고.

<표 8> 라가쉬의 역대 왕들

| 도시와 왕조 | 왕들의 수 | 통치기간 |
|---|---|---|
| 우르 제2왕조 | 4 | 116 |
| 아답 왕조 | 1 | 90 |
| 마리 왕조 | 6 | 136 |
| 키쉬 제3왕조 | 1(여왕) | 100 |
| 아크샥 왕조 | 6 | 99 |
| 키쉬 제4왕조 | 7 | 491 |

자료 : 필자가 정리

## (8) 우루크 제3왕조 (2350~2325 BC)

라가쉬와 국경분쟁을 벌였던 움마(Umma)에서 엔시(ensi), 즉 총독
이자 제사장으로 있던 루갈작기시(Lugalzaggisi)가 세력을 확대하여 라
가쉬를 쓰러뜨렸다. 이 시기는 대략 기원전 2350년경으로 추정된다.
그는 계속 세력을 넓혀 우루크와 우르도 정복하고 마침내 스스로
"우루크와 우르의 왕"이라고 선언했다. 왕조목록은 이 왕조를 우루
크 제3왕조로 부르고 있는데, 이 왕조는 25년간 지속되었다.

### □ 영웅 루갈작기시

루갈작기시(𒈗𒍠𒄀𒋛)는 움마의 엔시였던 우우(U-u)의 아들로
서 아버지의 지위를 이어받았고, 그 도시의 수호신인 니사바(Nisaba)
여신을 섬기던 제사장이었다.[1] 그는 라가쉬의 우루카기나와 치열한
전투를 벌여 승리한 후 그 도시를 철저하게 파괴하고 약탈하였다.
그 이전까지 다른 도시들을 점령한 수메르 왕들은 대체로 신전을

---

1  루갈작기시의 아버지 이름은 우쿠시(Ukush)라고도 알려지고 있다.

보호했으나, 루갈작기시는 라가쉬와 그에 연합했던 도시들의 모든 신전들을 철저하게 부수고 약탈하여 당대의 수메르인들에게 놀라움을 안겨주었다. 라가쉬와의 오랜 악연에 따른 감정이 개입된 철저한 복수극이었다.

라가쉬의 한 사제 또는 서기가 기록한 것으로 추정되는 문서가 텔로 유적지에서 발굴되었는데, 이 문서는 루갈작기시의 약탈 행위를 비난하며 그를 저주하고 있다. 일부 내용만 소개해본다.[1]

"움마의 남자들은 에키를 불태웠다. 그들은 안타수라를 불태웠다. 그들은 은과 보석들을 가져갔다. 그들은 티라쉬의 왕궁에서 피를 흘렸다. 그들은 아브주반다에서 피를 흘렸다. 그들은 엔릴의 신전에서 피를 흘렸고, 태양신의 신전에서 피를 흘렸다. 그들은 은과 보석들을 가져갔다. … 움마의 남자들은 라가쉬를 파괴하여 닌기르수신에게 죄를 지었다. 그들에게 주어진 권력은 사라질 것이다. 기르수의 왕, 우루카기나에게는 죄가 없다. 그러나, 움마의 총독 루갈작기시에 대해, 그의 여신 니다바[2]는 그의 머리 위에 죄를 내릴 것이다."

여기에는 패전한 라가쉬의 왕 우루카기나가 기르수의 왕으로 표현되어 있어, 그가 전쟁 후 라가쉬의 성지인 기르수에서 여전히 살아있었던 것 아닌가 하는 추측을 일으킨다. 우르카기나의 패전은 그의 재위 7년 혹은 8년차에 일어났는데, 10년차에 여전히 기르수의

---

1 Leonard W. King (1910), *A History of Sumer and Akkad*, Chapter 6, http://www.gutenberg.org/files/49345/49345-h/49345-h.htm
2 최근 자료들에는 니사바로 번역되고 있다.

왕으로 언급된 토판 기록이 발견되었다.[1]

루갈작기시는 라가쉬를 파괴한 후 정복 전쟁을 계속하여 막대한 영토를 점령하고 수메르 도시들을 통일하였으며, 수도를 우루크로 옮겼다. 니푸르에서 발굴된 꽃병(vase) 조각에서 그의 영광을 기록하고 엔릴을 찬양하는 다음과 같은 문구가 발견되었다.

"모든 땅의 왕인 엔릴을 위하여, 루갈작기시, 우루크의 왕, 나라의 왕, (하늘신) 안의 주문 사제, (움마의 수호신) 니사바의 루마-사제, 우우의 아들, 움마의 지배자, 니사바의 루마-사제, 그는 안에 의해 모든 나라들의 왕으로 선택되었으며, 엔릴의 으뜸가는 지도자이고, 엔키가 지혜를 주었으며, 우투가 그를 임명하였도다. (달의신) 슈엔의 으뜸가는 재상, 우투의 군사령관, 이난나에게 봉헌하는 사람, 니사바의 아들, 닌후르상의 젖으로 키워진 사람, 메상가우누가신의 남자, 우루크의 여왕, 닌기림이 양육한 시종, 신들의 으뜸가는 안내자 … 나라들의 왕인 엔릴이 루갈작기시에게 땅의 왕권을 주셨으며, 땅들의 눈을 그에게로 향하게 하셨으며, 나라들을 그의 발 아래 굴복시키셨도다. 그는 아래 바다로부터 티그리스와 유프라테스강을 따라 위의 바다에 이르기까지 그를 위해 길을 곧게 만들었도다. 동쪽으로부터 서쪽에 이르기까지 엔릴은 그에게 적을 허락하지 아니하셨도다."[2]

〈아래 바다로부터 위의 바다에 이르기까지〉 또는 〈동쪽으로부

1  Walther Sallaberger and Ingo Schrakamps (eds.)(2015), p.74

2  Jack Finegan (1974), *Light from The Ancient Past: The Archeological Background of Judaism and Christianity*, Vol. I, Princeton University Press, p.44

터 서쪽에 이르기까지〉 대적할 자가 없다는 루갈작기시의 정복전쟁은 그 후 중동에 나타나는 위대한 군주들의 이상이 되었다. 해 뜨는 곳에서부터 해 지는 곳까지를 지배한다는 세계제국의 이념이 여기서 처음으로 나타난다. 인구가 늘어나고 문명이 발전하면서 강대해진 도시들이 도시국가를 벗어나 제국의 형태로 뻗어나가기 시작한 것이다. 이러한 변화는 앞선 시기에 우르 제1왕조의 메스안네파다, 우루크 제2왕조의 엔샤쿠샨나, 아답 왕조의 루갈 아네문두, 그리고 라가쉬의 에안나툼에게서도 이미 드러나는 경향이었다. 광대한 영토를 정복하는 영웅의 출현을 가능하게 하는 경제적, 군사적 조건이 성숙되어 가고 있었던 것이다. 이러한 경향은 루갈작기시에게서 본격화되고, 곧 이어 등장하는 사르곤의 시대에는 강력한 현실이 된다.

위의 기록은 정복 전쟁이 끝난 후 그의 영토에는 평화가 찾아오고 모든 땅에는 기쁨이 넘쳤다고 서술하고 있다. 이어서 그는 엔릴에게 제사를 드렸고, 안에게 기도했다는 서술과 함께, 안과 엔릴의 가호 아래 그의 나라가 번영할 것을 기원하고, 이 꽃병을 엔릴에게 바친다는 말로 끝맺고 있다. 그러나 당대를 호령하며 25년 동안 수메르를 지배하던 이 영웅도 말년에는 아카드의 사르곤에게 패하여 개줄에 묶여 끌려가는 치욕을 당하게 되었다.


# 4. 아카드 왕조 시대

수메르인들의 도시가 번성하던 시절에도 선사시대로부터 메소포타미아지대에 거주해 온 셈어족의 사람들은 수메르인들과 뒤섞여 살고 있었다. 여기에다 유목을 하는 민족들이 계속 이 지대로 이주해 와 수메르 도시들은 일종의 국제적이고 복합적인 문화를 지니고 있었다. 이 점은 수메르 왕조 목록에 기록된 왕들의 이름 가운데 셈족 계통의 이름이 상당수 있다는 점에서 확인된다. 이러한 셈족 가운데 수메르 북쪽에 거주하던 아카드(Akkad)인들이 사르곤이라는 위대한 지도자 아래 급속히 세력을 확대하게 되었다.[1]

### (1) 사르곤 (2334~2279 BC) : 최초의 제국 건설

사르곤(Sargon)이라는 이름은 성경(이사야 20:1)에 언급되면서 그 이름으로 알려지고 있으나, 아카드어의 정확한 이름은 "사루-우킨"(Sarru-Ukin)으로 그 뜻은 "우킨왕"이다. 수메르어로는 "루갈긴"(Lugal Gin)이다. 성경에 언급된 사르곤은 지금 우리가 이야기하고자 하는 아카드의 왕이 아니라, 그로부터 1,500년쯤 후대의 사람인 앗시리아의 사르곤 2세(Sargon II, 722~705 BC)이다.

그림 23 1931년 발견된 사르곤의 두상

사르곤은 키쉬에서 우르 자바바(Ur-Zababa)왕의 술잔을 나르는 시종이었으나, 어떤 과정을 거쳐 아카드의 왕이 되었다. 그 자신이 왕이 된 후 아카드를 건설했다고도 한다. 아카드라는 이름은 성경(창세기 10:10, אַכַּד)에서 언급되고 있으나, 지금까지 그 곳이 어디였는지 정확히 밝혀지지 않고 있

---

1   사르곤의 두상 사진 출처: https://en.wikipedia.org/wiki/Sargon_of_Akkad

다. 후대에 구티(Guti) 족의 침공으로 멸망당하면서 철저하게 파괴되어 버렸기 때문이다. 아카드의 수호신은 수메르의 이난나와 같은 신인 셈족의 이쉬타르(Ishtar)였던 것으로 알려진다. 그녀의 남편인 일라바(Ilaba)도 함께 숭배되었다.[1]

사르곤의 출생 설화는 그가 강물에 버려져서 물긷는 남자, 혹은 정원사를 아버지로 알고 자랐다고 전해주고 있다. 어려운 환경에서 자라 인류 역사 최초의 제국을 건설한 영웅담의 주인공이 된 사람이다. 그는 아카드의 왕이 된 다음 정복전쟁에 나서 마침내는 막강한 루갈작기시를 물리치고 우루크와 우르를 점령하여 메소포타미아 전지역을 지배한 후 "키쉬의 왕"이라고 불렸다. 이 때까지는 아직도 키쉬의 왕이 수메르 전체의 왕이라는 전통이 강하게 남아있었음을 알 수 있다.

그는 "우루크 사람들과 싸워 이긴 후 우루크의 왕 루갈작기시를 개줄에 묶어 엔릴의 문으로 끌고 갔다." 이난나의 도시인 우루크를 정복한 후 "그는 아카드의 왕, 이난나의 감독, 키쉬의 왕, 아누로부터 기름부음을 받은 자, 온 땅의 지배자, 엔릴의 총독"이라는 호칭을 사용했다. 이 때까지는 그가 신이 아니라 신으로부터 소명을 받은 자라는 인식이 있었다. 그러나 그의 손자인 나람신은 자신을 신으로 호칭했고, 후대의 제왕들도 그 예를 따랐다.

사르곤은 우르를 정복한 후 자신의 딸을 달의 여신 난나(Nanna)의 여제사장으로 앉혔다. 왕가가 직접 종교 권력까지 장악한 사례로

---

1  두무지의 셈족 버전이라 할 수 있는데, 그에 대한 기록은 거의 없다. 후대에까지 두무지를 숭배하는 의식이 유행한 것을 보면 대중은 일라바 보다 셈족들에게도 이미 익숙한 두무지를 기억한 것으로 유추된다.

그림 24 인류최초의 여류작가,
엔헤두안나. 사르곤의 딸

서 후대에도 이런 사례들이 발견된다. 엔헤두안나(Enheduanna)라는 이름의 이 딸은 신전에서 사용하던 찬송가들을 작곡하여 이름이 알려진 인류 최초의 작가로 간주된다. 또한 그녀는 무속으로 환자들을 치료하기도 하여 이름이 알려진 인류 최초의 의사라고도 간주되고 있다.[1]

사르곤은 정복전쟁을 계속하여 〈위쪽 바다로부터 아래쪽 바다에 이르기까지〉의 모든 땅, 즉 지중해에서 걸프만에 이르는 메소포타미아 전지역을 지배하였다. 그의 후대에 기록된 문서에는 그가 동쪽으로 바다를 건넜고, 서쪽에 있는 나라들을 정복하여 승전비를 세웠으며, 그 곳에서 얻은 전리품들을 뗏목으로 실어날랐다고 나와 있다. 그는 카잘라를 정복하여 폐허로 만들었고, 마리와 엘람을 복종시켰으며, 엔릴이 그에게 적을 허용하지 않았기 때문에 34번의 전투에서 모두 승리했다고 기록되어 있다.[2]

이 사르곤왕의 치세에서 셈족들은 처음으로 수메르인을 누르고 메소포타미아의 주인으로 떠올랐으며, 그들의 언어인 아카드어가 세계어가 되었다. 그가 건설한 제국은 라가쉬의 에안나툼이나 우루크의 루갈작기시가 정복한 영토를 넘어 당시대의 메소포타미아 전체를 포함했다. 최초의 문명이 수메르인들에 의해 만들어졌다면 최초

---

1  엔헤두안나 사진 출처: https://en.wikipedia.org/wiki/Enheduanna

2  James B. Pritchard (1978), *Ancient Near Eastern Texts Relating to the Old Testament*, Princeton University Press, pp.266-268

의 세계제국은 기원전 24세기에 셈족의 사르곤에 의해 건설된 것이다. 이 제국에서 수메르인들은 지배민족인 셈족들에 동화되면서 민족간에 광범위한 문화적 동질화 현상이 일어났으며, 많은 사람들이 양쪽 언어를 자유롭게 사용했다.

일생을 통해 정복 전쟁을 계속하고 끝없이 영토를 확장한 사르곤은 그 후 셈족의 후손들에게 위대한 선조로서 영웅의 모델이 되었다. 그의 제국이 무너진 후에는 수메르인들이 우르에서 세 번째 일어선 왕조의 번영으로 다시 전성기를 누리기도 했으나, 셈족들은 훗날 남부의 바빌론, 북부의 앗시리아가 대제국으로 발전하면서 오랫동안 중동의 패자(覇者)가 되었다. 앗시리아 시대의 문헌들은 사르곤을 신격화하면서 그가 "수메르와 아카드의 왕"으로서 검은 머리 사람들을 다스렸다고 칭송하였다.

사르곤은 수도 아가데(Agade)를 새로 건설했으며, 이 곳은 "메르하, 마간, 딜문에서 온 배가 차례로 정박했다"고 할 만큼 무역으로 번성했고, 많은 민족들이 교류하는 국제도시가 되었다. 사르곤의 궁전에서는 매일 5,400명의 병사가 식사를 했다고 하니 전성기 때의 그 풍요를 짐작할 수 있다. 그러나 이 화려했던 고대 도시는 그 후 구티족의 침입으로 철저히 파괴되어 현대에 많은 탐사 노력에도 불구하고 아직껏 그 흔적이 발견되지 않고 있다.

사르곤의 탄생과 관련해서 후대에 만들어진 다음과 같은 시가 전해지고 있다.

사르곤, 위대한 왕, 아가데의 왕, 그가 바로 나이니라
내 어머니는 여사제였고, 내 아버지는 내가 알지 못하나니

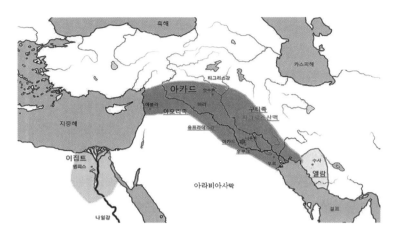

그림 25 아카드제국, 기원전 2200년경

......

여사제인 내 어머니는 나를 배어 남몰래 나를 낳았노라

그녀는 나를 풀바구니에 넣어서, 역청으로 뚜껑을 봉했으며,

그녀는 나를 강물에 던졌으나 강물은 내 위로 솟아오르지 않았노라

......

물긷는 사람 악키가 주전자에 물을 긷다가 나를 건져내었나니,

물긷는 사람 악키는 나를 아들로 삼아 길렀노라.


몰래 낳은 아이를 풀바구니에 담아서 강물에 띄워 보내는 이야기는 성서의 모세 출생 이야기와 너무나 유사한 소재로서 관심을 끈다. 사르곤의 재위 기간에 대해서는 37년부터 56년까지 여러 설이 있는데, 긴 세월 재위하면서 찬란한 업적을 남겨 대왕(Sargon the Great)으로 불리기에 손색이 없다. 그러나 그의 노년에는 피정복민들의 반란이 이어졌다. 한 때 모든 나라들이 반란을 일으켜 아가데를 포위했으나, 그는 군대를 조직하여 그들을 격파했고, 유목민족인 수바르투(Subartu) 부족이 반란을 일으키자 그들을 철저히 쳐부수어 다시 일어서지 못하게 만들었다고 기록되어 있다.

먼 후대인 신바빌로니아 시대에 만들어진 한 문서에는 사르곤이 바빌론에서 불경죄를 지었기 때문에 위대한 신 마르둑(Marduk)이 노하여 그의 백성들을 굶주림으로 몰락하게 만들었다는 이야기가 있다. 이 시기에 심한 기근이 있었던 것으로 추정된다. 그 문서에는 그가 바빌론의 구덩이에서

그림 26 나람신의 승전비, 루브르박물관 소장

흙을 퍼다 아가데 옆에 새로운 바빌론을 건설했다고 적혀 있다.[1]

## (2) 나람신 (2254~2218 BC)

아카드 왕국은 사르곤의 손자이며 제4대왕인 나람신(Naram-Sin) 때 전성기를 맞았다. 나람신이라는 이름은 달의 신인 "신으로부터 사랑받는 자"라는 뜻이다. 왕조목록에는 그가 56년 동안 재위했다고 나와 있으나, 학자들은 그것보다 20년 정도를 짧게 본다. 그는 정복전쟁을 계속하여 영토를 확장하였고, 곳곳에 승전비를 세웠다. 이란고원의 수사(Susa)에서 발견된 그의 승전비가 현재 루브르 박물

---

1  James B. Pritchard (1978), *Ancient Near Eastern Texts Relating to the Old Testament*, Princeton University Press, p.266

관에 소장되어 있다.[1] 이 승전비에는 그가 자그로스 산맥의 룰루비(Lullubi)를 정복한 내용이 기록되어 있다.

기록들에 따르면 그는 아피샬의 왕인 리쉬아다드를 사로잡았고, 마간(Magan)으로 진군하여 그 왕인 만누단두를 사로잡았다. 또한 아르만(Arman)과 이블라(Ibla)는 역대 어느 왕도 점령하지 못했으나, 그는 네르갈(Nergal)신의 인도와 다간(Dagan)신의 무기로 그들을 격파하여 정복했다. 이러한 지명들 가운데 이블라는 지금의 시리아 북쪽에 있었던 에블라(Ebla)로 추정되나, 나머지 지명들의 위치는 현재 어느 곳인지 정확히 파악되지 않고 있다. 마간은 오만으로 추정되나 일부에서는 이집트로 추정하기도 한다. 그는 위쪽 바다의 백향목산(Cedar Mountain)에 있는 아마누스(Amanus)도 정복했는데, 이 곳은 시리아와 레바논의 산악지대로 추정된다. 그는 "신성한 자, 나람신, 전능한 자, 아가데의 왕, 4대 세계(Four Quarters)의 왕"으로 불렸으며, 여러 신들로부터 허락을 받아 아카드의 수호신으로 숭배되었다.[2]

그러나 선대로부터 계속되어온 전쟁과 가혹한 통치에 반발하는 소요가 곳곳에서 발생했고, 그의 후계자인 두 아들들은 계속되는 반란을 진압하느라 애를 먹어야 했다. 결국 이 제국은 기원전 2200년경 나람신의 아들인 샤르칼리샤리(Sharkalisharri) 치세에 구티인의 침입을 받아 결정적인 충격을 입고, 그로부터 얼마간 더 이어지다 멸망하였다. 구티족의 침입으로 아카드가 철저히 파괴되어 기록들도

---

1   나람신 승전비 사진 출처: https://en.wikipedia.org/wiki/Naram-Sin_of_Akkad
2   셈족 왕들의 이름 끝에 자주 발견되는 신(Sin)은 수메르인들이 난나(Nanna)라고 불렸던 달의 신을 의미한다. 서양이나 동양세계에서는 흔히 여성의 이름에 붙는 달(月)이 중동에서는 남자들의 이름에 붙는 이유는 제1장에서 수메르의 종교를 설명하는 부분을 참고하라.

유실된 사정을 반영해 왕조 목록은 샤르칼리샤리 이후 "누가 왕이 었고, 누가 왕이 아니었지?"라고 표현하고 있다.

후대에 지어진 한 시에서는 나람신이 니푸르를 약탈하고 최고신 인 엔릴의 신전에 못된 짓을 행하였기 때문에 엔릴이 구티인들을 보 내어 그의 왕국을 파괴해버린 것으로 묘사하고 있다. 현대 학자들이 "아카드의 저주"(The Curse of Akkad)라고 이름붙인 이 시는 후대의 우 르 제3왕조 또는 고바빌론 시대에 니푸르의 사제가 지은 것으로 추 정된다.

이에 따르면 나람신은 니푸르에 엔릴의 거대한 신전인 에쿠르 (Ekur)를 지으려 했으나 엔릴이 이를 계속 거부하자 7년 동안 수모를 당한 후 에쿠르를 완전히 파괴해버리고, 그 신전에 있는 모든 재물 을 아카드로 가져왔다. 신들은 이러한 행위를 용납할 수 없었고, 결 국 엔릴이 구티족들을 보내 아카드를 철저히 멸망시켰다는 것이다.[1] 그러나 왕조 목록에는 아카드가 우루크에 패배한 것으로 기록되어 있으며, 우루크에서는 네 번째 왕조가 건립되어 5명의 왕이 49년간 통치한 후 구티족에게 패배한 것으로 나와 있다.


# 5. 구티족의 지배

구티(Guti)인은 수메르 북동부 코카서스의 자그로스 산맥지대에

---

1   Sabina Franke (1995), "Kings of Akkad: Sargon and Naram-Sin", in Jack M. Sasson (ed.), *Civilizations of the Ancient Near East*, http://www.academia. edu/7801675/Kings_of_Akkad_Sargon_and_Naram-Sin

서 내려온 반야만족들이었던 것으로 생각되고 있다. 일부 학자들은 이들을 오늘날 이라크 북부의 쿠르드(Kurds)족과 연결시키기도 한다. 이들에 의한 메소포타미아 지배는 분명히 수메르 역사에서 한 획을 긋는 중요한 사건이지만, 유감스럽게도 현재까지 이들에 대해 알려진 바는 많지 않다.

수메르 왕조 목록은 우루크의 우르우투(Ur-Utu)가 구티족에게 패했다고 기록하고 있다. 그 목록에는 구티족의 19왕이 116년간 지배한 것으로 나와 있다. 구티족은 메소포타미아 일대를 휩쓸며 아카드까지 정복하고 철저히 파괴하여 지금까지도 그 흔적을 찾을 수 없게 만들었다.

구티족은 기원전 2100년경 우루크의 우투헤갈(Utu-hegal)[1]이 이끈 수메르 연합군에 의해 쫓겨났는데, 구티족이 지배한 100년 정도의 기간이 메소포타미아 역사에서는 일종의 '암흑시대'로 간주된다. 그들은 문자를 쓰지 않은 민족이었기 때문에 구티족에 대한 기록은 그들에 적대적이었던 수메르인들과 셈족들이 남긴 기록밖에 없다. 수메르 기록에는 우투헤갈이 구티족의 마지막 왕인 티리간(Tirigan)과 그 가족들을 사로잡았으며, 티리간을 눕혀놓고 발로 그 목을 밟았다고 나와 있다.

구티족에 대한 기록이 매우 희박하고, 그 존재가 최근에야 알려진 사실은 1910년에 나온 레오나드 킹(Leonard William King)의 방대한 3권짜리 저서 《수메르와 아카드의 역사》에서 그 존재가 전혀 언급되지 않는다는 사실에서도 알 수 있다. 킹은 이 시기에 라가쉬의 지배

---

1  우투헨갈(Utu-hengal)로 표기되기도 한다.

자들이 모두 '총독'에 해당하는 '파테시'(patesi)라는 호칭을 쓰고 '왕'
이라는 호칭을 전혀 쓰지 않은 것은 그 도시가 독립적인 지위에 있
지 않았고, 어떤 이방의 지배자에게 종속되어 있었음을 시사한다고
썼다. 그리고 상당 기간 전투 기록이 발견되지 않는 것은 이 시기에
강력한 헤게모니 세력이 있었음을 말해주는 것이라고 서술하였다.[1]

## □ 라가쉬의 구데아 : 수메르 민족의 부흥

기원전 2100년경 구티인의 세력이 약화되어 가던 시기에 라가
쉬의 총독이었던 구데아(Gudea, 𒅗𒌅𒀀)가 파괴된 도시의 재건과 수
메르 민족의 부흥 운동을 시작했다. 그는 조상 전래의 종교에 대해
깊은 신심을 지닌 경건한 지배자로서, 어느 날 꿈속에서 닌기르수
(Ningirsu)신으로부터 파괴된 에닌누(Eninnu), 즉 "50 신들의 집"(The
House of Fifty Gods)을 다시 지으라는 계시를 받았다. 그리하여 구데아
는 자신이 직접 첫 벽돌을 쌓음으로써 신전을 재건하는 작업에 착
수했다.

이 작업은 대단히 많은 노력을 필요로 한 대역사(大役事)였으며,
이와 관련하여 멀리 시리아의 아마누스산에서부터 백향목을 가져
왔고, 이블라의 우르수(Ursu)에서 자발루 나무를 가져왔으며, 아무루
(Amurru)산에서 큰 돌덩어리를 가져오는 등 각지에서 건축자재를 운

---

1  Leonard W. King (1910), *A History of Sumer and Akkad*, Chapter 9, 킹은 켐브리
지대학의 고고학과 앗시리아학 교수였다. 이 책은 구텐베르그(Gutenberg) 재단
의 문화유산 보급 프로젝트에 따라 전문이 전자책으로 공개 배포되고 있다. 킹은
총독에 해당하는 수메르어를 파테시로 기록하고 있으나, 최근의 저술들은 엔시
라는 말로 번역하여 쓰고 있다. http://www.gutenberg.org/files/49345/49345-
h/49345-h.htm

그림 27 라가쉬의 구데아

반해왔다는 기록이 남아 있다. 킹은 구데아의 기록에 군사활동에 대한 언급이 전혀 없는 점으로 미루어 이러한 운반작업은 상업적으로 이루어진 것이라고 추정했다.[1] 그러나 그 작업이 대역사였음은 라가쉬가 이미 그만한 경제력과 군사력을 회복했음을 시사하는 것으로 생각된다.

이민족의 지배를 받고 있는 상황에서 조상 전래의 종교를 부활시킨다는 것은 단순한 종교적 작업 이상의 정치적인 의미를 지닌다. 어떤 신을 섬기는가가 도시와 민족의 정체성을 상징하던 시대에 무너진 신전을 복원하는 일은 수메르인들의 정체성을 회복하는 일이었다. 따라서 구데아는 수메르인들의 영웅 중 한 명으로 기억되었으며, 오늘날에도 그의 얼굴을 새긴 많은 조각품들이 남아 있다.[2]

흥미로운 점은 그가 신의 인도에 따라 환상을 목격하고 성전을 재건하는 이야기가 대략 1,500년쯤 후 바빌론에 끌려갔다 돌아온 유대민족 선지자들의 이야기와 유사한 모티프를

그림 28 구데아의 이름이 새겨진 비문

1  Leonard W. King (1910), *A History of Sumer and Akkad*, Chapter 9

2  구데아 사진 출처: https://en.wikipedia.org/wiki/Gudea

가진다는 점이다. 구데아라는 이름 자체가 히브리의 선지자들과 비슷하게 "부르심을 받은 자"라는 뜻이다. 이민족의 압제 하에서 민족 신앙을 지키려는 노력이 각 민족의 지도자들을 통해 지속적으로 나타났고, 이들의 신앙에 기초한 문학 양식이 중동지역에서 여러 민족에게 널리 사용되어 온 것으로 생각된다.

구데아의 성전 복원과 관련된 이야기는 뒤의 제3장에서 좀더 자세히 언급한다.


# 6. 우르 제3왕조 : 수메르의 영광과 멸망

구티 족의 지배 아래서 처음에는 라가쉬를 중심으로 수메르 민족의 부흥운동이 일어나고, 결국에는 우루크의 왕 우투헤갈이 구티족을 완전히 몰아내는데 성공했다. 그러나 우투헤갈은 그의 부하였던 우르남무(Ur-Nammu)에게 지위를 빼앗기고, 우르남무는 우르에서 세 번째 왕조를 수립하여 다시 한 번 수메르인의 전성기를 이룩한다.


## (1) 우르남무 (2112~2094 BC)

구티인을 완전히 몰아낸 것은 우루크의 지배자 우투헤갈의 공이었다. 그는 구티족의 지배자 티리간을 격파하고 수메르인들의 주권을 완전히 회복했다. 그러나 우투헤갈의 지위는 그의 신하였던 우르남무(Ur-Nammu, 𒌨𒀭)에게 찬탈당해 버렸다. 그래서 그는 우루크 제5왕조의 유일한 왕으로 기록되어 있다. 우르남무는 우르에서 세

번째 왕조를 세우는데 이 때는 기원전 2100년경으로 추정된다.[1]

우르 왕조는 메소포타미아 전지역을 다시 통일하고 아카드에 버금가는 제국 수준의 강력한 국가로 발전했다. 우르남무는 "우르의 왕, 수메르와 아카드의 왕"(King of Ur, King of Sumer and Akkad)이라고 불렸으며, 많은 업적을 남겼다. 그가 재위 기간 중 사용한 연호(年號)를 기록한 점토판 조각들이 발견되었는데, 현재까지 부숴진 조각들을 복원하여 해독된 연호들을 일부 소개하면 다음과 같다. 수메르인들은 중국이나 우리처럼 세종 5년 하는 식으로 숫자를 표시하지 않고 한 해에 발생한 특징적인 일로 연호를 표시해서 그 순서를 정확히 파악하는 것은 어렵다.[2]

○ 우르남무가 왕이 되었다

○ 우르남무왕이 남쪽에서부터 북쪽으로 길을 곧게 하였다.

○ 이난나의 제사장, 우르남무의 자식이 신의 뜻으로 선택되었다.[3]

○ 우르에 성벽이 건설되었다

○ 왕이 니푸르에서 왕권을 받았다.

○ 난나의 신전이 지어졌다.

○ 난나의 여제사장이 신의 뜻으로 선택되었다.

○ 아닌투(A-Nintu) 운하를 건설하였다.

○ 구티족의 땅을 파괴하였다.

---

1 우르남무왕의 인장 사진 출처: https://en.wikipedia.org/wiki/Ur-Nammu

2 https://cdli.ox.ac.uk/wiki/doku.php?id=year_names_ur-namma

3 여기서 "신의 뜻"(extispicy)이라고 번역한 내용은 동물을 죽여 그 내장 등의 상태를 보고 신의 뜻을 해석하던 고대인들의 점괘를 말한다.

그는 아카드의 사르곤이 한 예를 따라 자신의 딸을 우르의 주신 난나의 신전에 여사제로 임명하고, 아들은 우루크의 주신 이난나의 사제장으로 임명했다. 왕권이 종교를 장악한 강력한 제국 시대의 통치 문화를 보여준다. 우르남무의 이름에도 이미 신을 의미하는 딩기르(✳)가 붙었으나, 그의 뒤를 이은 슐기(Shulgi)왕은 자신을 신으로 선포했다. 수메르인들은 우르를 기반으로 한 이 세 번째 왕조에서 마지막으로 절정의 영광스런 역사를 이룩하고 그 이후로는 소멸 단계로 들어섰다.

## □ 우르의 지구라트

이 시대에 지어진 위대한 건축물로는 성서에 나오는 바벨탑(Babel Tower)의 모델이 된 것으로 생각되는 지구라트를 들 수 있다. 벽돌을 층계 모양으로 쌓아 올려 만든 이 거대한 신전은 약 1,500년 후인 기원전 6세기의 신(新)바빌로니아 시대에도 원형 그대로 보존되어 있었으며, 당시의 나보니두스(Nabonidus)왕이 이것을 보수한 것을 기념하여 새긴 문장이 1854년 테일러(J. E. Taylor)에 의해 발견되었다. 이 기록에 따르면 이 거대한 지구라트는 우르남무왕이 짓기 시작해서 그의 아들 슐기왕 때 완성되었으며, 나보니두스왕이 보수한 것으로 되어 있다.

테일러는 이라크 남부의 텔 알무카야르(Tel-Al-Muqqayar)에서 현지인들이 역청동산(Mound of Bitumen)이라고 부르는 돌산을 파헤쳐 다량의 유적을 발굴하고, 이 자리가 고대 칼데아인들의 신전이라고 추측하였다. 1862~67년간 고대 중동 제국들의 역사에 관해 7권의 방대한 책을 쓴 조지 롤린슨(George Rawlinson)은 제1권 칼데아 편에서 테

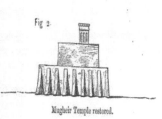

Mugheir Temple.

Mugheir Temple restored.

그림 29 우르의 지구라트 발굴 초기와 복원도, 출처: George Rawlinson (1862~67)

일러가 발굴한 신전의 모습과 그 복원도를 삽입했다. 당시까지는 수
메르인들의 존재가 알려지지 않아서 롤린슨은 이 신전을 칼데아인
들의 무게이르 사원(Mugheir Temple)이라고 소개하였다.[1]

이 돌산은 일차대전이 끝난 1918년에 대영박물관의 헨리 홀
(Henry Hall)이 발굴을 재개하였고, 1922~23년간 영국인 레오나드 울
리(Leonard Woolley)가 이끈 대영박물관과 미국 펜실베니아대학 합동
조사단의 발굴로 신전의 전모가 드러났다. 장기간의 세월에 걸쳐 발
굴이 완성된 것이다. 지금은 우르의 지구라트라고 알려지고 있는 이
거대한 건축물의 꼭대기에는 달의 신 난나를 모시던 방이 있었던 것
으로 생각되고 있다.

앞에서 설명한 대로 울리는 10여년에 걸쳐 지구라트와 함께 우
르 왕들의 무덤 등을 발굴하였는데, 1925년에는 여러 조각으로 부
숴진 우르남무의 승전비가 발굴되어 현재 펜실베니아대학 박물관에

---

1   George Rawlinson (1862-67), *The Seven Great Monarchies of The Ancient Eastern
    World, Vo.1, Chaldea*, Project Gutenberg, https://www.gutenberg.org/
    ebooks/16161

소장되어 있다. 이 승전비의 상단에 우르남무왕이 기도를 하는 모습으로 서 있고, 천사가 생명수를 뿌려주는 모습이 새겨져 있다. 펜실베니아대학 교수인 잭 피네건(Jack Finegan, 1974: 51)은 이 장면이 천사가 그려진 최초의 예술품이라고 언급하였다.[1]

## □ 우르남무 법전 : 인류 역사 최초의 법전

앞 장에서 이미 설명한 대로 우르남무왕이 만든 법률이 최근 발견되었는데, 이것은 바빌론의 함무라비 법전보다 최소한 300년 이상 앞선 것으로 지금까지 알려진 바로는 세계에서 가장 오래된 법전이다. 이 법전은 사무엘 크레이머가 1951~52년에 이스탄불의 고대 오리엔트 박물관(Museum of the Ancient Orient in Istanbul)에 연구교수로 있으면서 최초로 해독하였다. 그는 법의 서문과 5개의 불완전한 조문만을 해독할 수 있었으나, 그 후 추가적인 발견들이 이루어져 지금은 32개의 조문이 해독되어 있다. 현대인들에게도 매우 중요한 사회정의를 표방하는 이 법의 서문을 인용해본다.

"(하늘의 신) 안과 (대기의 신) 엔릴이 왕권을 우르의 주인인 (달의 신) 난나에게 주었을 때 닌순(Ninsun)의 아들 우르남무(Ur-Nammu)가 평등과 진리의 원칙에 입각해 왕권을 받았다. 무적의 전사, 우르의 왕, 수메르와 아카드의 왕, 우르남무는 우르의 주인인 난나의 힘으로, 그리고 (태양신) 우투의 진실한 말씀에 따라 이 땅에 평등을 실현했다. 그는 악법과 폭력, 투쟁을 없애고, 신전의 비용을 매달 90구르(gur)의 보리, 30마

---

1  https://www.penn.museum/collections/object/251212

리의 양, 30실라(sila)의 버터로 정했다. 그는 청동으로 실라 저울을 만들었고, 한 미나(mina)의 무게를 통일했으며, 한 미나를 기준으로 한 세켈(shekel)의 은의 무게를 통일했다. 고아들은 부자에게 끌려가지 않았다. 과부들은 힘있는 남자에게 끌려가지 않았다. 한 세켈을 가진 사람이 한 미나를 가진 사람에게 끌려가지 않았다."

지금으로부터 무려 4천여 년 전에 만들어진 법의 이념이 이러하다는 것은 감동적이다. 사회 정의와 평등을 실현하고, 폭력과 투쟁을 없애며, 신전의 착취를 방지하고, 장사꾼들이 함부로 조작하는 도량형을 통일하고, 부자와 힘있는 자들이 고아와 과부, 가난한 자들을 함부로 착취하지 못하게 하는 세상이야말로 인류가 지금까지 희망해오고 있는 세상 아닌가 말이다.

이 법이 실린 두 개의 점토판 조각(Ni.3191)은 앞의 〈그림 5〉에서 보듯이 부숴진 상태로 니푸르에서 발견되었는데, 크레이머가 해석한 내용은 이 문서이다. 그 후 우르에서 두 개의 조각이 더 발견되었고, 이 내용은 1965년 구르니(O.R.Gurney)와 크레이머에 의해 해독되었다. 학자들은 이 점토판들이 우르남무 왕으로부터 3백여 년 이후인 기원전 18~17세기 고바빌로니아 시대에 서기관 학교에서 기록된 것으로 판단하고 있다.[1] 그 후 시파르에서 추가 발견이 이루어졌으나 내용이 약간 다르다.[2]

이 법은 앞에서 언급한 것처럼 살인과 강도 같은 중범죄에는 사형을 적용하고 있으나, 다음과 같은 조항들은 신체 보복이 아닌 벌

---

1  Pritchard (1974), 앞의 책, p.523
2  https://en.wikipedia.org/wiki/Code_of_Ur-Nammu

금형을 선포하고 있어 흥미롭다. 크레이머는 먼 후대인 성경에서도 채택되고 있는 신체 보복 원칙보다 이 법이 훨씬 인간적인 접근을 도입하고 있는 점을 소개하면서, 우르남무에게 "최초의 모세"라는 호칭을 부여했다.[1]

> ○ 한 사람이 다른 사람의 눈을 실명시켰다면 1/2 미나의 은을 내야 한다.
> ○ 한 사람이 다른 사람의 발을 잘랐다면 10세켈의 은을 내야 한다.
> ○ 한 사람이 다른 사람의 이를 부러뜨렸다면 2세켈의 은을 내야 한다.

이 기록에 따른다면 우르에서는 "눈에는 눈이 아닌 반 미나의 은, 이에는 이가 아닌 2세켈의 은"이라는 원칙이 적용된 것이다.[2] 한편 남녀간의 성범죄나 간통 등에 대해서는 현대인의 윤리와는 다른 다음과 같은 조항도 있어 역시 흥미롭다. 이 구절의 정확한 해석에 대해서는 아직 논란이 있다. 이 외에도 강간, 간통 등에 대한 조문이 많아 먼 옛날에도 성범죄에 대한 사회적 고민이 많았음을 짐작할 수 있다.

> ○ 한 남자의 부인이 다른 남자를 따라가 같이 잠을 잤다면, 그 여자는 죽임을 당할 것이나, 남자는 해방될 수 있다.
> ○ 한 남자가 다른 남자의 권리를 침해하여 그 부인의 처녀성을 빼앗으면, 그 남자는 죽임을 당한다.

---

1   Samuel Noah Kramer (1981), 앞의 책, revised edition, pp.51-55
2   수메르의 도량형에서 1 미나(mina)는 60 세켈이다.

o 한 남자가 다른 남자의 부인을 간통으로 고소했는데, 그 여자가 강물의 시련에서 무죄를 입증하면 고소한 남자는 은 1/3 미나를 지불해야 한다.[1]

이 법전에는 노예의 귀속권에 대한 조문도 있어 인류 역사의 초기 단계부터 노예는 주인들의 소유물이었다는 사실을 알 수 있다.

o 한 노예가 다른 노예와 결혼하고, 그 노예가 해방되면, 그는 그 집을 떠나지 못한다.

o 한 노예가 자유인과 결혼하면 그 부부는 첫번째 남자 아이를 그의 주인에게 주어야 한다.

## (2) 슐기 (2094~2047 BC): 수메르 민족사 영광의 절정

우르남무의 왕조는 그의 아들인 2대왕 슐기(✳✦𒀭𒈾)가 48년 동안 집권하면서 최고의 태평성대를 누렸다.[2] 슐기는 앞 장에서 설명한 두무지와 이난나의 결혼식을 재현한 그 왕이다. 그는 뛰어난 군 지휘자였고, 유능한 행정가였으며, 문화를 애호한 사람으로서 수메르 역사에서 절정의 영광을 구현한 사람이다.[3] 그는 아버지가 짓기 시작한 지구라트를 완성했으며, 그의 아버지 우르남무는 자신을 신의 종

---

1  강물의 시련은 간통 혐의를 받는 여자가 강물에 뛰어들어 살아남으면 무죄로 인정받던 재판 방식을 말한다. 페이지117의 각주 참조.
2  초기 연구 자료들은 그의 이름을 둥기(Dungi)라고 번역하였으나, 이후 슐기가 올바른 발음으로 인정되어 지금은 슐기로 표기한다.
3  슐기왕 사진 출처:  https://en.wikipedia.org/wiki/Shulgi

으로 표현했으나 슐기는 자신을 신으로 선포하였다. 그는 매년마다 그 해에 새로운 이름을 부여하는 연호(年號)를 제정했으며, 자신의 집권 전기간인 48년의 연호가 모두 알려져 있다. 제1년은 "무 슐기 루갈"(mu šul-gi lugal) 해로서 "슐기가 왕이 된 해"라는 뜻이다.[1]

그림 30 신전을 짓기 위해 벽돌을 나르는 슐기, 뉴욕 메트로폴리탄 예술 박물관 소장

그는 행정제도와 도량형을 정비하고 서기(書記)들을 양성하는 학교를 설립하였다. 그 자신이 서기관들의 학교를 다녔던 왕으로서 교육과정을 대폭 개편했다는 기록이 남아있다. 그는 북부 산악지대의 엘람족 부족들을 정복하여 영토를 더욱 확장하였고, 도로를 정비하면서 주요한 교통요지에 "지친 나그네들이 쉴 수 있도록" 숙박시설들을 설치하였다. 사무엘 크레이머는 그가 현대의 모텔 (motel)에 상응하는 세계 최초의 여관을 건설한 사람이라고 표현했다. 또한 그는 마라톤을 좋아하여 니푸르와 우르 사이 약 100마일의 거리를 직접 달린 후 우르에 도착하여 달의 신 난나의 사원인 에키쉬누갈(Ekishnugal)에 대규모로 공물을 바친 후 축제를 열었다. 크레이머는 이 일화를 소개하면서 슐기가 세계 최초의 마라톤 챔피언이라고 표현하였다.[2]

그는 두룸, 룰루비, 시무룸, 키마쉬, 후무루트 등 북부 산악지대

1  http://cdli.ox.ac.uk/wiki/doku.php?id=year_names_shulgi

2  Samuel Noah Kramer (1981), *History Begins at Sumer*, Revised Edition, University of Pennsylvania Press, pp.284-288

의 도시들을 정복하여 파괴했고, 엘람족의 수도인 수사(Susa)를 정복하여 여러 개의 사원을 세웠다. 수사에서 발견된 한 점토판에는 그가 닌후르상의 신전을 지었다는 기록이 다음과 같이 남아 있다.

"위대한 남자, 우르의 왕, 수메르와 아카드의 왕, 슐기가 그의 여인 수사의 닌후르상 여신을 위하여 이 신전을 지었노라."

자신을 신으로 선포하고 미의 여신 이난나와 결혼한 위대한 남자가 다른 여신들도 그의 여자로 선포한 사실을 알 수 있다. 그는 지상의 여자들뿐만 아니라 하늘의 여신들까지도 지배하는 남자였던 것이다. 역시 수사에서 발견된 홍옥수 구슬에는 그가 어머니인 닌갈(Nigal) 여신에게 이 구슬을 헌사한다는 기록이 있다. 닌갈은 갈대의 여신으로 우르의 주신인 난나의 부인이었다.

슐기는 그 딸을 엘람족의 다른 주요 도시인 안샨(Anshan)의 총독과 결혼시켰다는 기록이 있다. 이 도시는 수메르 역사의 초기에서부터 이름이 알려졌으나 정확한 위치가 확인되지 않다가 1973년 유적이 발견되어 이란 남부 파르스 지방의 탈리 말리얀(Tall-i Malyan)이라는 곳으로 밝혀졌다. 이 곳에서 훗날의 창대한 페르시아제국이 기원하였다.

### (3) 수메르 왕조의 멸망 (2004 BC)

슐기의 치세는 영화로웠으나 그의 말년에는 이란계 부족들의 반란이 일어나 이들의 공격을 방어하기 위한 성벽을 쌓았다. 슐기의 아들인 3대왕 아마르 신(Amar-Sin)은 아버지를 이어 북동쪽 산악지대의 부족들에 대한 정복전쟁을 계속하였다. 그는 앗수르(Assur)의 반란을 진압하고 자리쿰(Zariqum)을 총독으로 임명했다는 기록을 남겼다. 한편 그는 에리두에 새로운 지구라트를 건설하는 일에 착수하였으나, 유프라테스 강 하구의 항구도시였던 에리두는 이 무렵부터 토양의 심한 염분화가 진행되면서 농사를 지을 수 없게 되어 시민들이 떠난 것으로 추정된다. 앞에서 우루크의 신 이난나가 에리두의 신 엔키로부터 메(me)를 받아갔다는 신화를 소개했는데, 이것은 수메르 문명의 초기에 그 중심이 에리두에서 우루크로 옮겨간 사실을 반영하는 것으로 추측된다. 우르 왕조는 잇따른 가뭄과 이민족의 침입으로 힘이 약화되었다.

4대왕 슈신(Shu-Sin)은 서쪽으로부터 아모리인(Amorites)들의 침입을 막기 위해 "마르투 장벽"(wall of Martu)을 세웠으나, 그들의 침입은 계속되었다. 목초지를 따라 유목생활을 하던 부족들은 가뭄이 들어 초원의 풀이 떨어지면 도시를 침입하여 약탈하곤 하였다. 왕조목록에 따르면 슈신은 9년간 집권했다.

그의 아들인 5대왕 이비신(Ibi-Sin)은 우르와 니푸르에 요새를 쌓아 방벽을 강화하였으나, 왕국의 힘이 약화되자 여러 도시들이 계속 떨어져 나갔다. 동쪽에서는 엘람인들(Elamites)이 우르의 지배에서 벗어나 독립하였고, 이비신의 신하였던 이쉬비 이라(Ishbi-Irra)가 남쪽의 이신(Isin)에서 독립왕조를 세웠다. 우르왕조는 결국 기원전 2004년경 킨다투(kindattu)가 이끈 엘람인들의 침입을 받아 멸망하고, 이비신왕은 엘람인들에게 포로로 끌려가서 죽었다.

우르 제3왕조가 몰락한 데에는 잇따른 가뭄과 이민족의 침입으

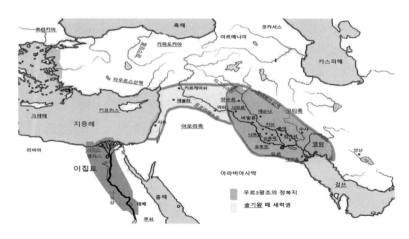

그림 31 우르 3왕조의 정복지와 세력권, 기원전 2100년경

로 인한 경제시스템 교란이 기본원인이었던 것으로 이해되고 있다. 이비신왕 때 곡물가격이 60배나 뛰었다는 기록이 있는데, 이는 아모리인들의 잦은 침입으로 농지와 관개시설들이 파괴되고 농민들이 약탈당하여 농업 생산이 정상적으로 이루어지지 않았다는 사실을 말해준다. 이 무렵에는 잦은 가뭄이 발생했고, 티그리스와 유프라테스강의 수원도 말라서 "땅이 하얗게 변했다"는 기록이 있다. 농업을 기초로 하던 고대 사회에서 가뭄은 여러 왕국들의 몰락을 가져온 중요한 요인의 하나였다.

이쉬비 이라(Ishbi-Irra)가 이비신의 신하로 있을 때 이신과 카잘루(Kazallu)에서 곡물을 구입해오라는 왕명을 받았는데, 이쉬비 이라는 곡물을 구입한 후 아모리족인 마르투의 침입 때문에 우르로 돌아갈 수 없다는 서신을 보냈다. 이에 이비신이 격노하여 이쉬비 이라 및 카잘루 총독과 주고받은 서신들이 해독되어 알려지고 있다. 이에 따르면 이쉬비 이라는 20 탈렌트의 은으로 7만2,000 구르의 곡식을 샀는데, 마르투의 침입으로 수송할 수가 없으니 배 600척을 보내달라고 요구하면서 자신을 이신과 니푸르의 총독으로 임명해달라고 요구했다. 이비신은 수메르족이 아닌 마리(Mari) 출신의 촌놈에 대해 극도의 배신감을 표현하는 편지를 카잘루의 총독 푸주르 슐기(Puzur Shulgi)에게 보냈다.

극단적인 가뭄 속에서 신하의 배신으로 곡식을 구하지 못하고 재정을 탕진한 이비신은 결국 외적의 침입으로 수메르 왕조의 마지막 명운을 끊은 불행한 왕이 되었다.[1]

## ☐ 우르를 위한 애가(哀歌)

우르가 몰락하던 이 때의 처참한 기억을 비통한 어조로 묘사하는 소위 애가(哀歌) 또는 비가(悲歌) 형식의 시들이 여러 개 발굴되어 연구되었다. 크레이머(1981)는 "최초의 성모(聖母)"라는 제목으로 이런 비가들을 간단히 소개하고 있는데, 그의 글에는 보다 후대에 연구된 중요한 내용들이 언급되지 않았다. "우르를 위한 애가(哀歌)"(Lament for Ur)라는 시는 니푸르에서 발굴된 여러 개의 토판들을 조합하여 원문이 거의 해석되었다.[2] "수메르와 우르를 위한 애가"(Lament for Sumer and Ur)라는 시, 그리고 다른 도시들의 애가들도 발굴되었다. 이런 시들의 내용은 우르가 몰락하면서 수메르 도시 국가들 전체가 광범위하게 파괴되고 시민들이 처참하게 학살당한 광경을 비통하게 묘사

---

1  아래 설형문자 디지털 도서관(CDLI)에서 이비신왕 시절의 설형문자 기록들을 볼 수 있다. https://cdli.ox.ac.uk/wiki/doku.php?id=ibbi-suen

2  옥스퍼드대학에서 제공하는 아래 사이트에서 전문을 볼 수 있다. http://etcsl. orinst.ox.ac.uk/cgi-bin/etcsl.cgi?text=t.2.2.2&charenc=j#

하는 것이다. 이런 애가들이 훗날 예루살렘 멸망을 애통해하는 성경의 예레미야 애가 등에 영향을 준 것으로 분석된다. 니느웨나 바빌론의 멸망을 묘사하는 이사야, 예레미야 등의 글에도 이와 비슷한 표현들이 발견된다.[1]

우르를 위한 애가는 어떤 이유로 수메르의 주신 안과 엔릴이 도시를 파괴하기로 결정하고 나서 모든 신들이 각자 자신들의 도시를 떠나고 이후 벌어진 처참한 파괴와 학살 장면을 묘사한다. 우르의 주신 난나의 부인 닌갈(Ningal)이 신들의 모임에 가서 파괴를 멈추어달라고 호소하지만, 받아들여지지 않았다. 그녀는 파괴된 도시를 보면서 애통하게 울부짖다가 난나에게 우르를 재건해서 사람들이 다시 그에게 제사를 드릴 수 있도록 해달라고 간청한다. 찬란했던 수메르 문명의 영광이 끝나가던 순간을 이 시는 매우 생생하게 묘사한다.

"엔릴은 니브루 사원을 버렸고, 폭풍이 그의 양떼들의 울타리를 휩쓸어버리게 하였도다. 그의 부인 닌릴도 자신의 양(羊) 울타리를 버렸고, 폭풍이 그것을 휩쓸도록 하였노라. (중략) 이난나는 우누그의 집을 버렸고, 폭풍이 자신의 양울타리를 휩쓸도록 하였노라. 난나는 우르를 버렸고, 폭풍이 자신의 양울타리를 휩쓸도록 하였노라. 슈엔은 에킥누잘을 버렸고, 폭풍이 자신의 양울타리를 휩쓸도록 하였노라. 그의 부인 닌갈도 자신의 울타리를 버렸고, 폭풍이 자신의 양울타리를 휩쓸도록 하였노라. (중략) 엔키는 에리두의 집을 버렸고, 폭풍이 자신의 양울타리를 휩쓸도록 하였노라. (중략)

---

1  http://ordinary-gentlemen.com/2015/03/19/the-lament-for-ur/

오 도시여, 너의 비통함이 참으로 쓰리구나. 그 비통함은 너의 것이로다. 그 비통함이 참으로 쓰리구나. (중략) 오 벽돌로 지은 우림이여, 그 비통함이 쓰리도다. 그 비통함은 너의 것이로다. (중략) 폭풍이 그 도시를 휩쓸고 간 뒤에, 도시는 폐허의 동산이 되었구나. 아버지 난나의 도시가 폐허의 동산이 되었구나. 사람들이 한탄하도다. (중략) 도끼로 잘려진 사람들의 머리가 헝겊 한 조각도 덮여있지 않도다. 덫에 걸린 가젤처럼 그들의 입이 먼지를 씹고 있도다. 창에 찔린 사람들은 붕대도 감지 못하였도다. 그들의 엄마가 출산했던 곳처럼, 그들이 자신들의 피 속에 누워 있구나. (중략) 우림의 약하고 강한 자들은 굶주림으로 죽었도다. 집을 떠나지 못한 엄마와 아버지들은 불로 소진되었도다. 엄마의 팔에 앉겨 있던 어린 것들은 물가의 고기처럼 떨어져 나갔도다. 단단히 몸을 감쌌던 처녀들은 그 옷깃이 모두 활짝 열려있구나. (중략)

사람들이 드나들던 높은 성문에는 시체들이 쌓여 있도다. 축제가 열리던 큰 길에는 잘린 머리들이 뒹구는도다. 사람들이 걸어다니던 모든 거리에는 시체들이 쌓여 있구나. 사람들이 춤추던 그 땅위에 시체들이 더미로 쌓여 있도다. 그 땅위에 피가 강가의 구리나 주석(tin)처럼 흐르는도다. (중략)

어머니 닌갈이 적군처럼 도시의 바깥에 서 있도다. 그녀가 폐허가 된 자신의 집을 보며 한탄하는도다. 우림의 폐허가 된 사원에서 그녀가 비통하게 소리지르는도다. 안이 나의 도시를 저주하였도다. 나의 도시가 내 앞에서 파괴되었구나. 엔릴이 나의 집을 날도끼로 찍어서 부수어 버렸도다. 그 시체들이 햇볕 아래 기름덩어리처럼 스스로 녹아서 사라지는구나."

# 7. 이신, 라르사 시대

우르 제3왕조의 힘이 약화되어가던 시기에 이비신왕의 대신이던 아모리인 이쉬비 이라(Ishbi-Irra)가 이신(Isin)에서 독립왕조를 세웠다. 그 후 우르 왕조가 엘람인들의 침입으로 무너지자 메소포타미아에는 힘의 공백이 생겨 여러 도시국가들이 생겨났다. 우르 제3왕조가 몰락하고 난 후 약 250년 간에 걸친 시기에는 수메르 민족들과 이민족의 여러 왕조들이 경합하고 공존했으며, 어느 왕조도 과거 우르의 영역 전체를 아우르는 강력한 왕국을 이루지 못했다. 따라서 이 시기는 대표적으로 강한 도시국가들이었던 두 도시의 이름을 따 보통 이신 – 라르사 시대라고 칭한다.

## (1) 이신 왕조 (2017~1794 BC)

이신은 우르를 재정복하고 엘람인들을 쫓아냈으며, 우루크와 라가쉬, 니푸르를 정복하여 강력한 패권적 지위를 차지하였다. 그리하여 이신왕국의 왕들은 과거 우르 제3왕조의 왕들이 사용하던 '수메르와 아카드의 왕'이라는 호칭을 사용했고, 수메르 왕조 목록에 자신들의 왕조를 마지막으로 기록하였다. 이신 왕국은 오랫동안 번영했고, 220여 년 동안 15왕이 지배했다. 그러나 이신왕국은 에순나(Eshunna)와 앗수르(Assur)의 저항에 부딪혔고, 그 영토는 우르 제3왕조의 영역에 미치지 못하였다.

이신 왕조의 제5대 왕인 리피트 이쉬타르(Lipit-Eshtar)는 수메르어로 된 법률을 남긴 것이 현대에 발굴되었다. 그러나 그의 시대에는

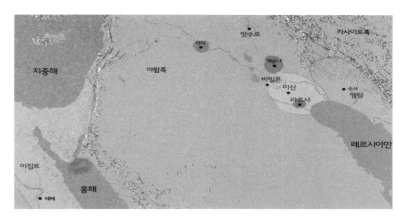
그림 32 기원전 20세기경 중근동

속국이었던 라르사(Larsa)에서 아모리인 궁구눔(Gungunum)이 독립하였다. 궁구눔은 우르를 침입하여 정복하고, 이신으로 연결되는 운하를 단절하였다. 이후 이신은 정치적, 경제적으로 세력이 약화되었다. 기원전 1923년경에는 우르 니누르타(Ur-Ninurta)가 리피트 이쉬타르로부터 왕권을 찬탈하여 100여 년 간 내려온 이쉬비 이라의 혈통을 단절시켰다. 그로부터 약 130년 후 이신왕국은 라르사의 침공을 받고 멸망하였다.

오늘날 이라크 중부에서 바그다드 남쪽의 카디시야주에 위치한 이신의 유적지는 1973~1989년 사이에 독일 조사단에 의해 집중적으로 발굴작업이 이루어졌다. 따라서 이 왕조에 대한 기록은 매우 최근에야 알려졌고, 아직 충분히 밝혀지지 않고 있다. 이라크가 1980년에 이란과 전쟁에 돌입하여 8년이나 전쟁을 치룬 후에도 잇따른 전쟁에 계속 휘말리면서 조사 작업이 중단되었고, 유적지들도 광범위하게 파괴된 것으로 알려지고 있다.[1]

---

1   https://en.wikipedia.org/wiki/Isin

## (2) 라르사 왕조 (2025~1762 BC)

라르사는 일찍이 라가쉬의 에안나툼 시절에 속국으로 복속되었다는 기록이 있으며, 태양신 우투를 섬기는 도시였다. 기원전 1930년대에 5대왕인 궁구눔(Gungunum)이 이신에서 독립하고 우르를 정복하면서 강대국으로 부상하였다. 라르사는 기원전 1800년경 림신(Rim-Sin) 1세의 시절에 전성기를 맞았다. 그는 이신, 우루크, 바빌론의 연합군을 격파하고, 여러 도시들을 계속 점령하였으며, 결국 기원전 1794년에는 이신왕국을 점령하여 멸망시켰다. 림신은 이 사건을 매우 중요하게 생각하여 이 때로부터 연호(年號)를 새로 제정하였다.

그러나 그로부터 30년 후인 기원전 1764년 라르사는 바빌론의 함무라비왕(Hammurabi)으로부터 공격을 받고 함락되었다. 함무라비는 마리(Mari)와 함께 연합군을 결성하여 라르사를 공격하였다. 라르사는 6개월 간 포위당한 끝에 함락되었으며, 림신은 도시를 탈출하였으나 체포되어 포로로 끌려간 후 사망하였다. 위대한 영웅들도 세월이 흐르면 새로운 별에게 자리를 물려주고 역사의 뒤안길로 사라지는 법이다. 다만 그 말년이 명예롭게 끝나는지 비극적으로 끝나는지 차이가 있다고 할 것이다. 라르사는 바빌론의 치하에서 얼마간 유지되다 림신 2세가 반란을 도모하면서 멸망한 것으로 알려지고 있다.

## (3) 마리 왕조와 기타 왕조들

이신-라르사 시대라고 불리는 시대에는 아직도 10~15개 정도의 수메르 도시들이 경합하고 있었다. 그 중 마리(Mari)는 상당히 중요한 역할을 한 도시였다. 앞서 〈표 7〉에 소개된 수메르 왕조 목록에는 일찍이 존재했던 마리 왕조가 나온다. 이 도시는 기원전 3천년경부터 존재했으며, 번영했던 도시였다. 1933년 앙드레 파로가 이끈 루브르 박물관의 조사단이 유프라테스강 중부의 텔 하리리(Tel Hariri)에서 대규모 유적지를 발굴하면서 이 도시의 흔적이 드러나게 되었다.

마리에서는 이쉬타르 여신의 신전인 지구라트와 왕궁이 발굴되었다. 특히 왕궁 유적지에서는 2만여 개의 점토판이 발견되어 고대사를 복원하는데 매우 큰 중요성을 지니게 되었다. 이 점토판 기록들의 상당수는 마리왕조의 마지막 왕인 지므리-림(Zimri-Lim)이 동시대 사람인 바빌론의 왕 함무라비와 주고받은 외교문서이다. 그에 앞서 앗시리아의 왕 샴쉬 아다드(Shamshi Adad) 1세가 자신의 아들을 보내 마리의 왕위를 차지하고 있었는데, 지므리 림이 왕위를 회복했다는 기록도 있다. 마리는 결국 함무라비의 침공을 받고 멸망하였다.[1]

에순나에서는 엘람인의 한 족장 키리키리(Kirikiri)가 수메르인의 왕조를 전복하고 독립왕조를 세웠다. 그 유적지인 이라크의 텔 아스마르(Tell Asmar) 지역은 1930년대 헨리 프랑크포트와 소킬드 제이콥슨이 이끈 시카고대학 조사단에 의해 발굴작업이 이루어졌다.[2] 에순나 왕조의 빌랄라마(Bilalama)왕도 역시 법률을 반포하였다. 앗수르는 사르곤왕이 지배했던 아카드의 한 속령이었으며, 이 도시로부터 홋

1    Jack Finegan (1974), *Light from The Ancient Past: The Archeological Background of Judaism and Christianity*, Vol. I, Princeton University Press, pp.56-57

2    https://en.wikipedia.org/wiki/Eshnunna

날의 창대한 앗시리아제국이 발전하였다.[1]

이신-라르사 시대에는 각 도시에서 물 부족 문제가 본격적으로 부각되었는데, 오랜 도시화에 따른 관개사업과 유목민들의 방목에 따른 목초지 손실로 메소포타미아 일대에 사막화가 진행된 것으로 생각된다. 티그리스와 유프라테스강의 한정된 수자원을 이용하기 위한 각 도시들의 경쟁적 관개 사업으로 강의 수로도 바뀌어 오늘날 두 강의 흐름은 과거와 크게 다른 것으로 추정되고 있다. 1980년부터 8년간 지속된 이란-이라크 두 나라 간의 전쟁도 강의 국경선 문제로부터 시작되었으니, 물 문제는 고대부터 지금까지 중동 국가들의 심각한 현안이 되고 있다.

사막화는 유목민들의 도시 유입을 촉진했다. 성경에서 야곱의 가족이 가뭄을 피해 이집트로 이주하는 일화를 통해 이 과정을 짐작해볼 수 있다. 결과적으로 사막화는 도시의 비대화와 민족간의 혼합을 촉진했고, 수메르 민족이 차츰 정체성을 잃고 사라지는 한 요인이 되기도 하였다.

이신-라르사의 시대는 수메르 민족의 역사에서 마지막 단계였다. 이 시기가 지나면서 남아있던 수메르 도시국가들이 새로 생겨난 바빌론 왕국에게 차례로 멸망당한 후 수메르인들은 다시는 힘을 회복하지 못하고 역사 속에서 영영 소멸되는 길로 들어섰다. 이신과 라르사 왕조는 둘 다 셈족인 아모리인들이 지배했던 왕조였으나, 민족간의 혼혈이 광범위하게 이루어진 가운데 수메르 문화의 영향이 강하게 남아 있었다.

---

1  https://en.wikipedia.org/wiki/Ashur

사르곤의 아카드왕조 이후 혼혈이 광범위하게 이루어진 사실은 왕들과 신들의 이름에 수메르어와 셈족어가 교대로 나타나거나 같이 사용된 경우가 많은 사실로 미루어 유추할 수 있다. 오늘날 미국에서 앵글로 색슨계 아버지와 라틴계 어머니를 둔 아이들이 영어와 스페인어 이름을 같이 쓰는 경우를 생각할 수 있다. 또는 한국계 미국인들이 존 킴(John Kim)과 같이 영어와 한국계 이름을 같이 쓰는 경우를 생각할 수 있다.

# 8. 대제국들의 시대

수메르인들의 역사가 끝나는 시기부터 중동의 역사에는 고바빌로니아, 앗시리아, 신바빌로니아, 페르시아 등의 대제국들의 시대가 이어졌다. 이 시기에는 메소포타미아에서 청동기(Bronze Age) 시대가 끝나가면서 철기시대(Iron Age)가 시작되었다. 철을 소재로 한 강력한 무기와 전차 등의 보급으로 대군단의 이동이 수월해지고, 인구가 늘어나면서 거대한 제국들의 출현이 가능하게 된 것이다. 이 대제국들의 시대가 구약성경에서 주로 언급되는 시대적 배경이 된다. 역사 속에 의미있는 정치사회 집단으로서 유태인들의 활약이 나타나게 된 시기가 바로 이 시기라는 점을 시사한다.

이 시기에 수메르인들은 함무라비의 고바빌로니아 시대까지는 아직 사회적 집단으로서 정체성이 남아 있었고, 미약한 정치적 재기 움직임도 있었다. 그러나 그 이후로는 영영 소멸되어 정체성을 지닌 민족 집단으로서는 더 이상 언급되지 않는다. 그렇지만 그들이 오랜 세월에 걸쳐 이룩한 문명의 유산들은 후대의 제국들에 계승되어 이런저런 형태로 계속 변형되면서 많은 흔적을 남겼다. 그리고 유태인들은 이 제국들과의 관계를 통해 수메르 문명의 흔적에 접했다.

수메르인들은 사라졌으나, 오랜 세월 메소포타미아에서 그들과 부딪히며 함께 생활해온 셈족들이 대제국들을 건설하면서 종교, 문화 등 비정치적 영역의 많은 부분에서 자연스레 수메르인들의 유산이 전달되었다. 구약성경에서 유태인을 괴롭히는 이방인들의 제국 앗시리아와 바빌론은 바로 이 셈족들이 건설한 대제국이었다. 성경에서 언급되는 바빌론은 함무라비의 고바빌로니아가 아니라 앗시리아를 멸망시킨 신바빌로니아이다.

바빌로니아(Babylonia)는 바빌론(Babylon)을 수도로 한 제국의 이름이지만, 성경에는 바빌론이라는 용어가 제국의 이름과 동일시되어 사용되고 있다. 바빌로니아는 사실상 바빌론이라는 도시 자체가 제국을 상징하기 때문에 문맥상 특별히 도시와 제국 전체를 구분해야 하는 경우가 아니면, 바빌론이라는 이름으로 제국을 지칭해도 별 문제는 없다. 이 책에서도 편의상 그렇게 사용할 것이다.

고바빌로니아와 신바빌로니아는 천년 이상의 시간이 떨어진 제국들이고 지배 민족도 달랐지만, 바빌론이라는 도시를 수도로 하고 같은 나라 이름을 사용하였다. 현대의 학자들은 이 두 나라를 구분하기 위해 편의상 신, 구 바빌로니아라는 이름을 사용한다.

유태인들은 앗시리아와 신바빌로니아의 두 제국과 후대의 페르시아, 그리스, 로마 시대를 지나면서 구약성경과 신약성경을 기록하였다. 이 점에서 대제국들의 시대는 이 책의 중심 주제인 수메르 문명과 구약성경의 관계를 이해하는 중요한 연결고리이자 통로가 된다.

## (1) 고바빌로니아 제국 (1894~1595 BC)

라르사의 림신이 이신을 정복하고 세력을 키우고 있을 무렵, 북쪽으로 과거 아카드왕국이 있던 자리에서는 새로운 셈족 계열인 아모리 부족(Amorites)의 왕이 나타나 역시 세력을 확대하고 있었다. 수무아붐(Sumu-abum)이라는 이름의 이 왕은 기원전 1894년에 바빌로니아(Babylonia) 왕국을 창건하였다. 이 왕국은 아카드 시절부터 존재한 한 도시 바빌론(Babylon)을 근거로 성립되어 제국으로 확장되었다. 그러나 그의 당시는 아직 세력이 미약하여 독립적인 왕국이라고 할 수 없는 상태였다.

### □ 함무라비(1792~1750 BC) : 대제국과 법전의 주인공

바빌로니아는 제6대 왕인 함무라비(Hammurabi) 시절에 강력한 왕국으로 성장했고, 나아가 대제국을 건설하였다. 그는 광대한 영토를 정복하고 현대까지 거의 온전히 전해지고 있는 법전을 제정하여 고대 세계에서 가장 유명한 제왕중의 한 명이 되었다. 함무라비는 림신의 라르사 왕조를 멸망시킨 후 에순나와 마리 등지에 남아 있던 수메르의 도시국가들과 엘람인을 차례로 정복하여 메소포타미아 전 지역을 다시 통일하였다. 함무라비는 유능한 행정가, 강력한 정복자로서 42년간 재위하면서

그림 33 이란 국립박물관에 있는 함무라비법전 실물크기 모형. 2016년 테헤란에서 필자가 찍음.

바빌론이라는 도시와 제국을 찬란하게 발전시켜, 그 이름이 후대에도 인류의 기억에서 잊혀지지 않게 만들었다.

구약성경의 창세기 14장에 시날왕 아므라벨(Amraphel)이 엘람왕 그돌라오멜(Chedoralmer) 등과 연합하여 소돔 및 고모라의 왕들과 시딤(Siddim) 골짜기에서 전투를 한 이야기가 나오는데, 학자들은 여기 나오는 아므라벨이 함무라비가 아닌가에 대해 많은 논의를 하고 있다. 성경에는 그들이 아브라함의 조카 롯(Lot)을 사로잡아 갔는데, 아브라함이 밤을 틈타 그들을 파하고 롯을 데려왔다고 되어 있다.

함무라비가 남긴 법전이 1901년 프랑스 조사단에 의해 이란의 수사(Susa)에서 발견되었는데, 이것은 훗날 바빌론을 약탈한 엘람인들이 가져간 것으로 추정된다. 그런데 지금은 이 법전이 프랑스의 루브르박물관에 있고, 이란의 국립박물관에는 모형만 남아있으니, 유물의 주인도 힘에 따라 바뀌는 무상함을 느끼게 된다. 나폴레옹의 프랑스 군대가 발견한 이집트의 로제타석은 영국 군대에게 빼앗겨 지금 대영박물관에 있는 현실이 생각나기도 한다. 그의 법전은 앞선 시기의 우르남무 법전과 마찬가지로 약자를 보호하고 사회 정의를 실현한다는 이념을 표방하고 있으며, 원문이 거의 완벽하게 남아있는 관계로 고대의 법이념과 체계를 잘 알려주는 인류사의 가장 귀중한 자료 중 하나이다.

바빌로니아 왕조는 아카드어의 방언인 바빌론어를 사용하는 셈족이 지배한 나라였으며, 마르둑(Marduk)을 주신으로 섬겼다. 마르둑은 이전의 역사에서는 미미한 지위였으나, 바빌론의 전성시대로부터 신들의 지위에서 막강한 위치에 있게 된다. 구약성경에서는 예레미야서(50:2)에서 이 신이 므로닥(Merodach)이라는 이름으로 언급되고 있다. 바빌론 사람들은 마르둑을 '주(主)'라는 뜻의 '발(Bal)' 또는 '벨 (Bel)'이라고 호칭했는데, 성서에서 가나안인들이 섬기는 '바알(Baal)' 신이 이 호칭과 관련있는 것으로 생각된다.

이 왕조에서 수메르인들은 셈족에 차츰 동화되어 민족으로서의 존재가 사라지게 된다. 함무라비 사후에 몇 차례 수메르 혈통을 내세운 왕조들이 나타나기도 했으나, 결국 진압되어 정치적인 사회집단으로서 수메르 민족은 영영 사라지고 말았다. 그러나 수메르라는 이름은 그 후에도 오랫동안 이 지역에서 상징적인 의미를 지녀왔다. 수메르어는 종교의식에 계속 사용되었으며, 수메르인들의 문화 유산은 메소포타미아 문명의 발전에 큰 영향을 끼쳤다. 지배민족의 신인 마르둑은 피지배민족인 수메르인들에게는 엔릴 또는 엔키와 같은 신으로 받아들여졌다.[1]

함무라비가 죽은 후 그의 아들 삼수일루나(Samsu-Iluna, 1749~1712 BC) 시대에는 남쪽의 늪지대에서 일리만(Iliman)이 반란을 일으켜 니푸르를 점령하고 우루쿠그(Urukug)에서 세알란드(Sealand) 왕국을 건설하였다. 이 왕조는 옛 이신 왕국의 부활과 수메르 혈통을 내세웠으나, 그 역사는 분명하지 않다. 삼수일루나의 아들 아비에쉬후(Abi-eshuh)는 일리만을 격퇴했다. 하지만, 바빌론의 힘은 이미 크게 기울어져 있었다. 삼수일루나와 아비에쉬후의 시대에는 북부의 새로운 유목민족인 카사이트 족이 빈번히 침략하기도 했다.[2]

16세기에는 지금의 터키 땅인 소아시아의 하튜샤(Hattusha)에서 인도유럽어족인 히타이트 족(Hittites)의 왕국이 설립되어 급속히 세력

---

1   https://www.jewishvirtuallibrary.org/marduk
2   Joan Oates (1986), *Babylon, Revised Edition*, Thames and Hudson, p.83

을 확대하였으며, 그 왕인 무르실리(Murshili) 1세가 1595년 바빌론을 침공하여 정복하였다. 함무라비가 세운 아모리 족의 고바빌로니아 왕국은 일단 여기에서 멸망한 것으로 간주된다. 이 왕조의 마지막왕 은 삼수 디타나(Samsu-Ditana)였다. 그러나 그 수도인 바빌론은 지배자 가 바뀐 가운데서도 마르둑을 섬기는 도시로 계속 살아남아 중요한 정치적 역할을 수행했고, 약 일천 년 후에는 신바빌로니아 제국이 건설되는 기반이 되었다.

## (2) 메소포타미아판 전국(戰國)시대 (1595~648 BC)

히타이트족이 바빌론을 정복하여 멸망시킨 이후 메소포타미아 에는 대략 600여년간 여러 민족의 쟁투가 이어졌다. 함무라비의 강 력한 제국이 무너지면서 힘의 진공이 생겨 여러 민족들이 그 틈을 타 패권을 다투었으며, 그 결과 이 시기의 역사는 혼동으로 얼룩진 암흑의 시대로 불린다. 10세기경부터 앗시리아가 다시 이 지역을 통 일하고 강력한 대제국을 건설할 때까지 메소포타미아의 역사는 도 시와 문명들의 거듭된 파괴와 많은 유목민들의 이동으로 자세한 기 록이 남아있지 않아 공백이 많은 상태이다. 여기에서는 이 암흑의 시대에 바빌론을 정복한 민족들을 중심으로 대략적인 역사를 개관 해본다.

### □ 카사이트
먼저 언급되어야 할 민족은 카사이트족(Kassites)이다. 1595년에 히타이트족이 바빌론을 약탈했으나, 오래 지나지 않아 카사이트족이 히타이트족을 내쫓고 오랫동안 바빌론을 지배했다. 카사이트족은 이란 북서부의 자그로스 산맥 지대에서 기원한 민족인 것으로 추정되며, 셈족이나 인도유럽어족과는 언어적으로 다른 민족인 것으로 파악되고 있다. 이들은 기원전 18세기부터 등장하여 바빌론을 수시로 침공하였으며, 1570년에는 히타이트족을 내쫓고 바빌론을 정복하였다. 그 후 이들이 400여 년간 바빌론을 지배한 것으로 생각되고 있지만, 기록이 매우 취약하여 알려진 사실이 많지 않다.

기원전 14세기에 쿠리갈주(Kurigalzu) 1세는 바빌론의 북쪽에 자신의 이름을 딴 두르 쿠리갈주(Dur-Kurigalzu)라는 새로운 수도를 건설하였다. 카사이트족은 과거 수메르민족의 영토를 거의 정복하여 다스렸으며, 슈카무나(Shuqamuna)라는 신을 주신으로 섬겼다. 그러나 피정복 민족들의 종교를 받아들여 바빌론의 주신인 마르둑과 수메르인의 주신인 엔릴을 슈카무나와 같은 신으로 간주하기도 했다. 카사이트왕국은 기원전 1155년 엘람족의 침공으로 무너졌으며, 그 왕인 엔릴나딘아히(Enlil-nadin-ahi)는 수사에 포로로 끌려갔다.

## □ 엘람, 제2 이신왕조

엘람족(Elamites)은 수메르 역사의 초기 단계에서부터 등장하는 이란계 민족이다. 이들은 기원전 3천년경부터 자그로스 산맥과 이란 남부 쿠제스탄 지역의 저지대를 중심으로 생활해왔으며, 수시로 메소포타미아 저지대를 침공한 기록을 남겼다. 이들은 15세기경에 안샨(Anshan)과 수사(Susa)를 중심으로 강력한 왕국을 발전시켰으며, 기원전 1155년에는 슈투르크 나크훈테(Shutruk-Nakhunte) 왕이 바빌론을 침공하여 약탈하고 카사이트 왕국을 멸망시켰다.

그러나 엘람족은 이내 앗시리아족과의 싸움에 휘말렸으며, 이틈을 타 옛 이신왕조의 본거지에서 마르둑 빗아헤슈(Marduk-kabit-ahhheshu)가 세력을 확장하고 바빌론을 점령하였다. 그가 세운 왕조는 제2 이신왕조로 불린다. 제2 이신왕조의 가장 유명한 왕은 네부카드네자르 1세(Nebuchadnezzar 1, 1124~1103 BC)였다. 그는 바빌론의 영토에서 엘람족을 완전히 내쫓고 수사로 진격하여 그 곳을 약탈하였다. 제2 이신왕조는 그 후 약 100년간 바빌론을 지배했으나, 앗시리아와의 싸움에서 거듭 타격을 입고, 11세기에는 서부 사막지역에서 몰려온 아람족(Arameans)과 수테아족(Suteans) 등의 새로운 유목민족에 의해 멸망하였다.

## □ 히타이트, 미탄니

한편, 고바빌로니아 왕국을 멸망시킨 히타이트족은 언어학상 인도유럽어족으로 알려지고 있다. 구약성경에서 헷족이라고 언급되는 민족이 바로 이 민족인 것으로 간주되나, 성경의 헷족과 히타이트제국을 건설한 민족과는 관련이 없다고 주장하는 학자들도 있다. 창세기(10:15)에 노아의 아들 가나안이 두 아들 시돈(Sidon)과 헷(Heth)을 낳았는데, 헷족은 바로 이 노아의 손자 헷의 자손들이라고 언급되고 있다.

아브라함은 그 아내 사라가 가나안 땅 헤브론에서 죽자 헷족인 에브론(Ephron)이 소유한 밭을 사서 그 곳에 있는 막벨라(Machpelah)굴에 사라를 매장한 것으로 기록되어 있다(창세기 23장). 이 이야기는 유목민족으로 떠돌던 유태인들이 최초로 땅을 소유한 기록으로서 가나안에 대한 연고를 내세우는 중요한 근거가 되었다.

그림 34 기원전 15세기 근동

　히타이트인들은 철제 무기를 사용하여 군사적 우위를 확보했으며, 지중해 동부해안지대를 따라 한때 강력한 제국을 구축했다. 1274년에 히타이트의 무타왈리스(Mutawalis)는 오론테스(Orontes)강의 카데쉬(Kadesh)에서 이집트의 람세스(Ramses) 2세와 싸운 후 평화조약을 체결했는데, 이는 지금까지 알려진 인류 역사 최초의 국제평화조약으로 간주되고 있다.[1] 히타이트족은 14세기 이후 앗시리아인에게 밀려 소아시아의 본토로 쫓겨났다가 12세기에 프리지아족(Phrygians) 등 여러 부족들의 침공으로 수도 하튜사가 점령되면서 멸

---

1　이 전투는 쌍방이 각자 승리했다고 주장할만치 매우 치열했으나 결말이 나지 않았다. 이집트와 히타이트는 이 전투 후 각자 막대한 피해를 입고 평화조약을 체결했으며, 히타이트의 왕녀와 람세스 2세간에 결혼이 이루어졌다. 람세스 2세는 이 히타이트 왕녀를 매우 사랑한 것으로 전해지고 있다.

망하였다.

기원전 15세기에는 소아시아의 서부에서 내려온 후리(Hurri)족의 미탄니(Mitanni) 왕국이 한 동안 세력을 확대하였으나, 13세기에는 왕위 계승권 분쟁을 틈타 히타이트 및 앗시리아가 개입하면서 그 영토를 나누어 병합함으로써 멸망하였다. 미탄니의 수도는 와슈칸니(Washukanni)였으며, 오늘날 시리아 북부인 것으로 추정되나 아직 정확한 위치가 파악되지 않고 있다.

## □ 앗시리아의 부상

기원전 10세기부터 7세기까지 약 300년 동안에는 티그리스강 북부의 앗시리아가 새로운 강대국으로 성장하였다. 이 시기에 바빌론은 앗시리아의 속국으로 있으면서 거듭 반란을 일으킨 기록이 나온다. 앞서 보았듯이 함무라비 사후 바빌론은 거듭 이민족들의 침공을 받고 여러 차례 지배자가 바뀌었으나, 한때 세계에서 가장 창대하고 화려했던 도시로서 후대의 메소포타미아 사람들에게 특별한 기억을 남긴 상징적인 도시가 되었다.

먼 훗날 그리스의 알렉산더도 이 도시를 제국의 수도로 삼으려 했을만치 바빌론은 그 정복자들에게도 인상적인 기억을 남겨 파괴와 재건을 반복하면서도 줄곧 메소포타미아 역사에서 중요한 정치적, 문화적 역할을 맡아 왔다. 마치 중국사의 장안, 낙양 또는 한국사의 경주, 부여 같은 고도(古都)의 느낌으로 기억된 도시라고나 할까. 특히 앗시리아의 지배기에 바빌론은 마르둑신이 있는 상징적인 도시로서 저항세력의 본거지가 되었다. 이로 인해 바빌론은 거듭해서 앗시리아의 침공을 받고 파괴당하기를 되풀이했다.

기원전 9세기 초 앗시리아의 샴시아다드(Shamshi-Adad) 5세는 여러 차례 바빌론의 왕들과 싸우고 바빌론을 불태웠다. 그 후계자들인 티글랏 필레셀(Tiglath-Pileser) 3세와 사르곤 2세도 바빌론의 반란을 진압하였다. 기원전 689년에는 센나케립(Sennacherib)도 바빌론을 파괴하고 신상들을 약탈해갔다.

샴시아다드 5세 이후 앗시리아의 왕들은 스스로를 "수메르와 아카드의 왕"이라고 내세웠다. 이것은 바빌론이 지녀온 민족적, 종교적 상징성을 제거하고 자신들의 권위를 확립하고자 함이었다. 과거 우르 제3왕조가 사용했던 "수메르와 아카드의 왕"이라는 표현이 메소포타미아에서는 오랫동안 천하를 지배하는 정통성있는 지배자라는 뜻으로 사용되어온 것을 알 수 있다. 중국의 천자나 황제와 비슷한 표현이라고 할까?

앗시리아의 지배 하에서 오랫동안 질곡을 겪어온 바빌론은 기원전 652년에 발생한 앗시리아의 내전에 휘말리면서 다시 엄청난 비극을 겪게 되었다. 에살하돈(Esarhaddon)왕은 그 아들인 앗수르바니팔(Ashurbanipal)에게 니느웨를 수도로 한 제국을 물려주면서 바빌론을 재건하여 다른 아들인 샤마쉬슈무킨(Shamash-shum-ukin)을 그 곳의 왕으로 삼았다. 그런데 두 형제간에 내전이 발생했고, 결국에는 앗수르바니팔이 648년 바빌론을 포위공격 끝에 함락시키면서 철저하게 파괴해버렸다. 학자들은 여기까지의 바빌론 역사를 고(古)바빌론으로 간주하기도 한다.[1]

---

1  아래 설형문자 디지털 도서관(CDLI)에서 이비신왕 시절의 설형문자 기록들을 볼 수 있다. https://cdli.ox.ac.uk/wiki/doku.php?id=ibbi-suen

## (3) 앗시리아 제국 (2300~605 BC)

앗시리아인들은 매우 오래된 민족이지만, 그들의 초기 역사에 대해서는 잘 알려져 있지 않다. 앗시리아는 사르곤의 아카드왕국 시절에 지방의 한 도시였던 앗수르(Ashur 또는 Assur)에서 발전했다. 후대의 앗시리아 왕들 중에 사르곤이나 나람신이라는 이름을 가진 왕들이 있는 점을 보면 그들은 스스로 아카드의 혈통임을 자부하던 흐름이 있었음을 알 수 있다. 그들은 함무라비의 바빌론을 건설한 아모리 족과도 먼 혈연관계에 있었다.

오늘날 이라크 북부의 살라딘주(Saladin Governorate)에 있는 앗수르 유적지는 1900년부터 콜데바이(Robert Koldewey) 등의 독일 조사단에 의해 발굴되었다.[1] 앗시리아인들이 만든 왕조목록(Assyrian King List)이 1932년 시카고대학 조사단에 의해 발견되었는데, 여기에는 17명의 왕들이 "천막에서 살던 왕들"이라고 기록되어 있다. 그들은 아마 도시생활을 하기 이전에 유목생활을 하던 부족장들이었을 것이다.[2] 그들 가운데 첫 번째 왕은 투디야(Tudiya)이고, 두 번째 왕은 아다무(Adamu)이다. 구약성경에서 인류의 시조인 아담(Adam)의 이름이 성경 밖의 문서에서는 여기서 맨 처음 발견된다.[3] 16번째 왕인 우쉬피야(Ushpia)는 앗수르에 신전을 지었다고 한다.[4]

---

1  https://en.wikipedia.org/wiki/Assur

2  문희석(1990), 《구약성서 배경사》, 대한기독교출판사, p.37

3  셈족의 언어는 자음만 표기함으로 아다무와 아담은 같은 이름이다. 서양학자들이 번역하면서 모음을 추가하여 달리 표기되고 있는 것이다.

4  https://en.wikipedia.org/wiki/List_of_Assyrian_kings

## □ 고대 앗시리아 : 니므롯과 앗수르

구약성경의 창세기 10장 8-12절에는 "세상의 처음 영걸"인 니므롯 (Nimrod)이 시날 땅의 바빌론과 우루크, 아카드를 지배했고, 거기서 앗수르로 나아가 니느웨와 르호보딜, 갈라, 그리고 큰 성인 레센을 건축했다고 기록되어 있다. 니므롯은 홍수 이후 방주에서 나온 노아의 세 아들 중 함(Ham)이 낳은 구스(Cush)의 아들이다. 즉 노아의 증손자이다.

그런데 이어지는 10장 22절을 보면 니므롯이 나아갔다고 하는 앗수르는 노아의 아들 셈(Shem)의 둘째아들로 언급되어 있다. 앗수르가 니므롯의 삼촌이 되는 것이고, 도시 이름이 아닌 사람 이름인 것이다. 서기 1세기의 유태인 역사학자인 요세푸스(Flavius Josephus)는 "앗수르가 니느웨에 살았으며, 그의 신민들을 앗시리아인으로 이름 지었다"고 기록하였다.[1]

역사적으로 본다면 앗수르는 한 도시의 이름이었고, 또한 앗시리아인들이 섬기던 신의 이름이기도 하다. 그러나 성경 밖에서 앗수르라고 알려진 어떤 영웅적 인물의 기록은 아직 나오지 않았다.

성경에 나오는 니므롯이라는 영웅의 이름은 수메르나 바빌론, 앗시리아의 왕들 기록에는 전혀 나오지 않는다. 요세푸스는 그가 시날 평야에서 바벨탑을 만들어 하나님께 거역하기를 선동한 자라고 기록하였다. 현대의 학자들은 아카드의 사르곤, 또는 바빌론의 함무라비 등 여러 영웅들을 성경의 니므롯과 연결시키려는 시도를 해왔다. 그러나 그들 모두 역사적 사실이 성경의 기록과 부합하지 않는다.[2]

---

1  요세푸스 (김지찬 역, 2016),《유대 고대사 1》, 생명의말씀사, p.66
2  동아출판사(1988),《리더스 다이제스트 성서속의 불가사의 : 풀리지 않는 의문들》, p.41

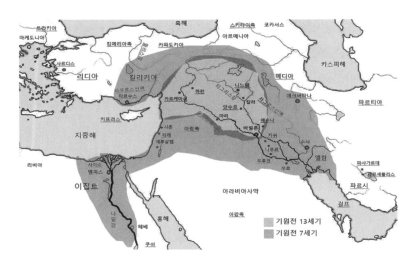

그림 35 앗시리아의 영토 확장

구약성경의 미가(5:6)에는 니므롯이 도시 이름으로 언급되어 있기도
하다.

　1862년에 당시 막 알려지기 시작한 고고학 자료들을 참고해 고
대제국들의 역사를 쓴 슈웰(Elizabeth Sewell)은 흥미로운 이야기를 소
개하였다. 슈웰에 따르면 햄(Ham)족의 족장인 니므롯이 기원전 2200
년경 바빌론과 니네베를 건설했고, 그의 아들 니누스(Ninus)가 헤로
도토스의 역사에 나오는 세미라미스(Semiramis)와 결혼하여 그 후손
들이 그 일대를 다스렸으나, 기원전 2000년경에는 쿠두르 마풀라
(Kudur Mapula)라는 셈족의 족장에 의해 칼데아왕국이 건설되었다는
것이다.[1] 최근에는 기원전 13세기의 앗시리아 왕 투쿨티 니누르타 1
세가 바로 니므롯이라고 추정하는 저자도 있다. 이밖에도 고대부터

---

1　Elizabeth M. Sewell (1862), *Ancient History of Egypt, Assyria and Babylonia*,
　pp.298-306

현대까지 유태인들은 물론 그리스, 로마, 아랍인들까지 니므롯의 역사적 실체를 추정한 이야기들은 수두룩하다.

지금의 이라크 북부 모술 인근에는 니므롯이라는 도시가 있는데, 말썽많은 군사조직 이슬람국가(Islamic State)가 2015년 이 지역을 점령하고 고대 유적들을 모조리 파괴하여 세계인의 분노를 사기도 했다. 1845년 영국인 헨리 레이야드는 이 곳에서 대량의 앗시리아 유물을 발견했는데, 훗날 이 곳은 앗시리아의 수도 중 하나였던 칼루(Kalhu)라고 알려졌다. 창세기(10:11)에 나오는 갈라(Calah)는 이 도시를 말하는 것으로 생각되고 있다.[1]

고대 앗시리아의 왕들 중 가장 특출했던 왕은 기원전 18세기의 샴시아다드(Shamshi-Adad) 1세였다. 1935년 프랑스인 앙드레 파로(Andre Parrot)가 마리(Mari)에서 다량의 문서를 발굴하여 그에 대한 기록이 알려지게 되었다. 샴시아다드 1세는 라르사의 림신 및 바빌론의 함무라비와 동시대 사람으로서 마리를 정복하고 그들과 경쟁했던 유능한 왕이었다. 그러나 그 후대에 마리는 함무라비에게 정복되었다.[2] 그 후 앗시리아인의 역사는 미미하게 이어져오면서 16세기부터 약 200년 동안은 북부에서 이주해온 후리(Hurri)족의 미탄니(Mitanni) 왕국에 복속되기도 하였다.

---

1   아놀드 브랙만 (안경숙역, 1990), 《니네베 발굴기》, 대원사

2   Jack Finegan (1974), *Light from The Ancient Past: The Archeological Background of Judaism and Christianity*, Vol.1, Princeton University Press, p.57

## □ 중앗시리아 제국

앗시리아의 역사는 기원전 14세기로부터 다시 중흥기를 맞기 시작했다. 학자들은 이 때로부터 10세기 말까지 대략 400년에 걸친 시기를 중앗시리아 제국으로 보며, 그 이전은 고앗시리아로 본다. 앗수르우발리트 1세(Ashur-uballit I, 1365~1330 BC)는 미탄니의 슈타르나 (Shuttarna) 2세를 격파한 후 바빌론을 침공하여 쿠리갈주(Kurigalzu) 2세를 그 곳의 왕위에 앉혔다. 그 뒤를 이은 엔릴니라리(Enril-Nirari, 1329-1308 BC), 아릭덴일리(Arik-den-ili, 1307-1296 BC), 아다드니라리(Adad-nirari I, 1295-1275 BC) 등도 모두 유능한 왕으로서 계속 히타이트 족과 후리 족을 누르고 영토를 확장했다. 아다드니라리 1세는 칼루에 새로운 수도를 건설했는데, 이 곳이 창세기에 나오는 갈라로 추정된다. 헨리 레이야드가 발굴 작업을 했던 지금의 니므롯이다.

기원전 1274년에 즉위하여 30년 간 통치한 살만에셀 1세 (Shalmaneser I, 1274~1244 BC)와 그 아들 투쿨티 니누르타 1세 (Tukulti-Ninurta I, 1244~1207 BC) 시대에 중앗시리아 제국은 전성기를 맞았다. 살만에셀 1세는 우라르투(Urartu)에 있던 후리족의 왕국을 점령하고, 미탄니 왕국의 샤투아라(Shattuara)왕과 히타이트, 아람 등의 연합군을 격파한 후, 미탄니 왕국을 앗시리아의 한 주로 편입하였다.

그의 아들 투쿨티 니누르타 1세는 니흐리야(Nihriya) 전투에서 히타이트의 투달리야(Tudhaliya) 4세를 격파하고, 수천 명의 포로를 끌고 왔다. 그는 다시 바빌론을 침공하여 카스틸리아스(Kashtialish) 4세를 처부수고 마르둑의 입상과 함께 그를 앗수르로 끌고왔다. 그의 기록에 따르면 그는 카스틸리아스 4세를 한 손으로 사로잡고 그의 목을 마치 발판처럼 짓밟았다. 그런 다음 그는 "카르두니아스의 왕, 수메르와 아카드의 왕, 시파르와 바빌론의 왕, 틸문과 멜루하의 왕"이라는 호칭을 사용하면서 그 자신이 바빌론에서 7년간 통치했다.[1] 그는 자신의 이름을 따 카르 투쿨티 니누르타(Kar Tukulti-Ninurta)라는 새로운 수도를 건설했다. 그러나 그는 아들이 주도한 궁중 반란으로 살해되었다.[2] 일부 연구자들은 그가 지배한 영역과 새로운 도시를 건설했다는 점 등에 주목해 성서의 니므롯을 투쿨티 니누르타 1세와 연관시키기도 한다.[3] 그의 이름은 "니누르타신이여, 나는 당신을 믿습니다"라는 뜻이다.

그 후에도 여러 명의 위대한 왕들이 나와 중앗시리아는 상당 기간 제국으로 번영하였다. 그러나 기원전 12세기부터 대략 100년 동안에는 잇따른 내전과 바빌론의 반란, 그리고 민족의 대이동으로 혼란을 겪으면서 제국의 위세를 잃고 크게 약화되었다. 이 시기에는 도리아족(Dorians)의 침입으로 지중해의 미케네문명이 몰락하면서 소위 "바다의 사람들"(Sea Peoples)로 불리는 비셈족계 민족이 대규모로 이집트와 지중해 동부 연안지방을 휩쓸었고, 메소포타미아에도 잇따른 연쇄반응으로 민족의 대이동이 촉진되면서 새로운 종족이 출현하기도 하였다. 훗날 신바빌로니아 제국을 건설하는 칼데아인들과 지금의 아랍인들도 이 무렵부터 역사에 등장하기 시작했다.

---

1  The King of Karduniash, King of Sumer and Akkad, King of Sippar and Babylon, King of Tilmun and Meluhha; https://en.wikipedia.org/wiki/Assyria#cite_note-edwards2-53

2  문희석(1990), 《구약성서 배경사》, 대한기독교출판사, p.57

3  미국의 작가인 Susan Wise Bauer의 주장을 아래 글에서 볼 수 있다. https://www.worldhistory.org/Tukulti-Ninurta_I/

# □ 신앗시리아 제국과 성경 기록 속의 왕들

앗시리아의 역사는 기원전 911년에 즉위한 아다드니라리 2세 (Adad-nirari Ⅱ, 811~891 BC)의 시대로부터 제국이 완전히 멸망한 605년 까지의 시기가 보통 신앗시리아 제국으로 간주된다. 아다드니라리 2 세는 아람족 등의 침입을 차단하고 영토를 다시 확대했다. 그의 손 자인 앗수르나시르팔(Ashur-Nasirpal, BC 883~859) 2세는 탁월한 업적을 남기면서 앗시리아를 초강대국의 반열로 올라서게 만들었다. 그는 동쪽의 페르시아족과 미디아족을 정복하고, 서쪽으로는 레반트, 북 쪽으로는 소아시아까지 정복하여 사방으로 영토를 확대하였다. 그는 칼루를 재건하여 수도를 앗수르에서 다시 이 곳으로 이전하고, 이 도시에 화려한 왕궁과 전투의 신 니누르타(Ninurta)의 거대한 신전을 지었다.

앗수르나시르팔 2세의 뒤를 이은 왕들도 정복전쟁을 계속하여 영토를 크게 확대하였다. 특히 살만에셀 3세(Shalmaneser III, 859~824 BC), 티글랏필레셀 3세(Tiglath-Pileser III, 745~727 BC) 등은 인근의 부족들을 계속 정복하고 강력한 군국주의 제국을 건설하였다. 유태인들은 바 로 이 신앗시리아제국이 팽창을 계속하던 시기에 극심한 고통을 겪 게 되었으므로 성경에는 이 시기 앗시리아 왕들에 대한 기록이 매 우 많다. 여기서는 일부 기록만 소개하고자 한다.

티글랏필레셀 3세는 열왕기 하편 15장에 앗수르 왕 '불(Pul)'이라 고 언급된 인물이다. 그는 칼루의 총독이었으나 쿠데타로 정권을 탈취 하고 왕으로 즉위하였다. 이 시기는 앗시리아가 잇따른 반란과 페스트 발생으로 혼란을 겪던 시기였다. 그는 최초로 직업상비군을 설치하고 많은 정복 전쟁을 수행하였다. 그는 취임 첫해인 기원전 745년에 지금의 아르메니아 산악지대에 위치한 우라르투(Uratu)를 정복했고, 나아가 소아시아 일대의 신히타이트 부족들과 미디아, 그리고 시리아, 페니키아 등을 정복했다. 740년에는 시리아의 아르파드를 점령했다.

열왕기에 따르면 그는 이스라엘왕 므나헴(Menahem)으로부터 조공을 받고 침공을 중단했으나, 베가(Pekah) 왕 때에는 이스라엘 여러 도시를 침공하여 백성들을 사로잡아갔다. 그리고 유다왕 아하스(Ahaz)로부터 청원을 받고 아람족의 수도 다마스커스를 점령하여 그 백성을 사로잡아 기르로 옮기고, 그 왕 르신(Rezin)을 죽였다. 이 때는 기원전 732년으로 파악된다. 기원전 729년에는 바빌론을 점령하고, 스스로 바빌론의 왕 풀루(Pulu)로 선언하였다.[1]

그의 아들인 살만에셀 5세(Shalmaneser V, 727~722 BC)는 5년간 재위한 후 급사했다. 열왕기 하편 17-18장에는 북이스라엘 왕국의 수도 사마리아가 살만에셀의 군대에 3년간 포위당해 멸망한 것으로 나온다. 이 때는 이스라엘왕 호세아(Hosea) 9년, 유다왕 히스기야(Hezekiah) 6년이라고 기록되어 있으며, 기원전 722년에 해당된다. 성경에는 앗시리아 왕이 이스라엘인들을 사로잡아 끌고 와서 고잔(Gozan) 강변의 할라와 하볼, 그리고 미디아인들의 여러 도시에 두었다고 기록되어 있다. 이들은 유태인의 "잃어버린 10부족"(Lost Ten Tribes)이 되었으며, 사마리아에는 이방인들이 들어와 새로 정착한 것으로 되어 있다.

앗시리아 측 기록을 보면 사마리아를 최종적으로 점령한 왕은 그의 동생이자 후계자인 사르곤 2세(Sargon II, 721~705 BC)였다. 사르곤 2세가 남긴 연대기에 "나는 사메리나(사마리아)를 포위하고 점령하여

---

1 그가 바빌론에서 풀루라는 이름을 내세운데 대해서는 그것이 본명이라거나 개명한 것이라는 등 그 의미를 추정하는 여러 가지 설이 있다.

그림 36  앗시리아의 라마수, 루브르 박물관에서 필자.
1986년

2만7,290명의 주민을 포로로 끌고 왔으며, 그들 가운데에서 50승의 전차부대를 만들었다"고 기록되어 있다(Pritchard,1978: pp.284~285).[1]

사르곤 2세는 이사야서 20장 1절에 군대 장관을 보내 아스돗(Ashdod)을 점령한 왕으로 기록되어 있다. 그는 재위기간 중 많은 원정에 나섰고, 바빌론의 왕 마르둑 아플라이디나 2세(Marduk-apla-iddina II, 722~710 BC)와 여러 차례 전투를 벌이고 바빌론을 거듭 점령하였다. 마르둑 아플라이디나 2세는 구약성경에서 부로닥발라단(Baroch-baladan, 왕하 20:12) 또는 므로닥발라단(Merodach-baladan, 사 39:1)으로 언급된 인물로서 앗시리아에 끈질기게 저항한 인물이었다.[2]

---

1  살만에셀 5세의 사망에 대해 기록이 남아있지 않고 갑자기 사르곤 2세가 등장하기 때문에 이에 대한 여러 해석이 있다. 일찍이 1862년에 나온 Elizabeth Sewell(p.319)의 앗시리아 역사에서는 이 부분에 대해 사르곤 2세가 왕위를 찬탈했고 사마리아를 정복한 것으로 추측했다.

2  성경에서는 그가 유다왕 히스기야에게 사신을 보낸 것으로 나와 있다. 그는 바빌론 남부의 빗야킨(Bit-Yakin)에 기반을 둔 칼데아부족의 족장으로 바빌론의 왕위를 차지하고 앗시리아에 대해 반란을 일으켰다. 기원전 710년에는 사르곤 2세에게 패해 도주했으나, 기원전 703년 다시 바빌론의 왕으로 돌아와 엘람족과 연합하여 반란을 일으켰다. 기원전 701년 키쉬 전투에서 센나케립에게 패한 후 엘람으로 도주하여 그곳에서 생을 마친 것으로 추측된다.

사르곤 2세는 두르 샤루킨(Dur-Sharrukin)이라는 새로운 수도를 건설했는데, 이 곳은 오늘날의 이라크 북부 모술 인근의 코르사바드(Khorsabad)로 파악되고 있다. 두르 샤루킨은 "사르곤의 요새"라는 뜻이다. 이 곳에서 1840년대에 에밀 보타의 프랑스 탐사단이 대규모 유적지와 유물을 발견하여 오늘날 루브르 박물관에 전시되고 있다. 황소, 또는 사자로 추정되는 짐승의 몸에 사람의 머리와 날개를 가진 유명한 앗시리아의 조각상도 이 곳에서 발견되었다. 이 조각상은 라마수(Lamassu)라는 앗시리아의 신을 표현한 것이다. 사르곤 2세의 연대기와 714년에 행한 우라르투 원정기록이 발굴되어 그의 행적이 비교적 상세히 알려지고 있다.

아래의 〈표 9〉는 앗시리아 제국의 역대 왕들이 수도를 새로 짓거나 옮긴 기록을 필자가 정리해본 내용이다.

〈표 9〉 앗시리아제국의 역대 수도

| 왕 이름 | 재위연대 | 수도 | 현대 이름 |
|---|---|---|---|
| 고 앗시리아 왕들 | BC 3000년경 이후 | 앗수르<br>(Ashur) | 칼라 샤르캇<br>(Qala Sharkat) |
| 아다드 니라리 1세<br>(Adad-Nirar1 1) | 1295-1275 BC | 칼루<br>(Kalhu) | 니므롯<br>(Nimrod) |
| 투쿨티 니누르타 1세<br>(Tukulti-Ninurta 1) | 1244-1207 BC | 카르 투쿨티 니누르타<br>(Kar Tukulti-Ninurta) | 툴룰 아카르<br>(Tulul Aqar)<br>(앗수르 근교) |
| 사르곤 2세<br>(Sargon 2) | 721-705 BC | 두르 샤루킨<br>(Dur Sharrukin) | 코르사바드<br>(Khorsabad) |
| 센나케립<br>(Sennakerib) | 705-681 BC | 니네베<br>(Nineveh) | 쿠윤직<br>(Kuyunjik) |

자료 : 필자가 정리

## □ 센나케립의 바빌론, 예루살렘 전쟁과 이집트 전쟁

기원전 705년에 사르곤 2세가 킴메리아족(Cimmerians)과의 전투에서 사망하자, 그의 아들 센나케립(Sennacherib, 705~681 BC)이 즉위했다. 그는 한글 성경에 산헤립이라는 이름으로 나온다. 그는 즉위하자마자 부친의 사망 후 각지에서 일어난 반란을 진압하는 원정에 나섰다. 그의 연대기에는 8차례의 원정이 기록되어 있으며, 그밖에도 최소한 네 차례의 원정이 더 있었던 것으로 추정된다.[1]

그의 재위 기간에 가장 심각했던 문제는 바빌론의 거듭된 반란이었다. 기원전 703년 선친 사르곤2세에게 패해 달아났던 므로닥 발라단이 바빌론을 다시 점령하고 칼데아, 아람, 엘람 부족들과 연대하여 반란을 일으켰다. 센나케립은 키쉬와 쿠타(Cutha)에서 연합군을 격파하고, 바빌론을 점령한 후 그의 신하인 벨이브니(Bel-Ibni)를 총독으로 임명하였다. 기원전 700년에는 므로닥 발라단이 무세지브 마르둑(Mushezib-Marduk)이라는 칼데아족의 새 족장과 연대하여 다시 반란을 일으켰으나 패하여 엘람으로 도주하였다. 센나케립은 자신의 아들 아슈르나딘슈미(Ashur-Nadin-Shumi)를 바빌론의 새로운 왕으로 앉혔다.

기원전 694년에는 페르시아만에서 반란을 지속하는 빗야킨(Bit-Yakin)족을 정벌하기 위해 지중해 연안의 두로, 시돈, 키프러스 등에서 페니키아인 선원들을 동원하여 수륙 양면으로 공격에 나섰으나, 엘람족이 기회를 틈타 바빌론을 점령하고 센나케립의 아들을 포로로 잡아갔다. 센나케립은 회군하여 칼룰레(Kahlule)에서 격전을 치뤘으나 승리하지 못하고 일단 철군하였다. 바빌론에서는 무세지브 마르둑이 왕으로 2년 이상 지배하였다. 절치부심하던 센나케립은 689

---

1  *The Cambridge Ancient History*, 1991, Second Edition, Vol 3, Part 2, p.105

년 다시 대군을 동원하여 바빌론을 정복하고 철저하게 파괴하면서 마르둑 신상을 니느웨로 가져갔다.

　그의 원정 기록 중 기원전 701년에 치루어진 유다 전쟁에 대해서는 성경에 상세한 기록이 있는데, 이에 대해 오늘날 많은 학자들이 치열한 논의를 하고 있다. 당시 유대왕 히스기야(Hezekiah)는 무로닥 발라단 및 이집트와 연대하여 앗시리아에 반란하는 세력에 동조하였다. 열왕기 하편 18~19장과 이사야서 37장에 따르면 히스기야는 앗시리아의 왕을 배척하면서 섬기지 아니하였고, 인근의 팔레스타인 부족을 쳐서 세력을 확대하였다. 이에 히스기야왕 14년에 센나케립이 올라와서 유대의 모든 견고한 성읍들을 점령하였다. 히스기야는 항복 의사를 밝히면서 여호와의 전(殿)과 궁궐의 곳간에 있는 모든 은을 다 주었고, 심지어는 기둥에 있는 금을 벗겨서 앗시리아왕에게 주었다.

그림 37 센나케립의 비문

　그런데 이어지는 내용에는 센나케립이 라기시(Lachish)를 점령하고 유다방언에 능통한 랍사게(Rab-Shakeh)와 두 명의 장수에게 군대를 주어 예루살렘을 치게 했다고 나온다. 당황한 히스기야가 아모스의 아들 선지자 이사야(Isaiah)에게 사람을 보내어 여호와의 뜻을 묻자 이사야는 여호와가 앗시리아 왕이 풍문을 듣고 본국으로 돌아가게 할 것이며, 본국에서 칼로 죽게 할 것이라고 예언하였다. 한편 랍사게는 립나(Libnah)에서 전투를 벌이고 있던 센나케립을 만나 구스(Kush)의 왕 티르하카(Tirhaka)가 앗시리아군과 싸우러

오고 있다는 소식을 전해 들었다. 센나케립은 히스기야에게 편지를 보내 어떤 나라의 신이나 왕도 앗시리아의 상대가 되지 못한다고 협박하였다. 이에 이사야는 다시 여호와의 뜻을 전하며 히스기야를 안심시켰다. 과연 그 밤에 여호와의 사자가 나와서 하루밤 사이에 앗시리아의 군사 18만 5천을 송장으로 만들었고, 센나케립은 니느웨로 돌아갔으나 니스록(Nisroch)의 신전에서 경배하다가 칼에 맞아 죽어 그 아들 엣살하돈이 왕위를 승계했다. 성경에 기록된 이 사건은 "내 종 다윗을 위하여" 유태인들을 보호해주는 여호와 하느님의 능력과 신실하심을 보여주는 사례로 기독교인들에게 인용되고 있다.[1]

이 전쟁 자체는 "센나케립의 연대기"(Sennacherib's Annals)라는 자료에도 기록되어 있어 일단 그 역사성을 확인할 수 있다. 이 자료는 당대에 기록된 것으로서 진흙으로 만든 세 개의 프리즘이 발견되었다. 1830년 니느웨에서 영국 군인 로버트 테일러(Robert Taylor)가 발견한 프리즘은 지금 대영박물관에 전시되어 있으며, 그 후 발견된 두 개는 각각 이스탄불과 예루살렘 박물관에서 보관하고 있다.[2] 센나케립은 예루살렘을 포위하고 히스기야왕으로부터 많은 전리품을 빼앗아 온 것으로 기록하고 있지만, 예루살렘을 점령했다는 내용은 없어 그대로 철군했다는 성경 기록이 사실인 것으로 생각되고 있다. 니느

---

1  조병호 (2011), 《성경과 5대제국: 앗수르, 바벨론, 페르시아, 헬라, 로마》, 통독원, p.112. 이 책에서는 "앗수르 군대 18만 5천명의 죽음에 대한 헤로도토스의 기록"이라는 중간 제목으로 헤로도토스가 예루살렘 포위전을 기록한 것처럼 쓰고 있으나, 헤로도토스는 유대 전쟁에 대해 전혀 언급하지 않고 이집트 전쟁만을 기록하였다.

2  세나케립 비문 사진 출처: https://en.wikipedia.org/wiki/Sennacherib%27s_Annals

웨에서 발견된 한 부조(浮彫)에는 라기쉬를 정복할 때의 장면이 새겨져 있으며, 라기쉬 유적지에서는 당시의 전투를 알려주는 무기들과 유골들이 발견되었다.[1]

이와 비슷한 기록이 헤로도토스의 역사에도 나와 있다. 그러나 헤로도토스가 묘사하는 사건은 예루살렘에 대한 전쟁이 아니라 이집트왕 세토스(Sethos)를 상대로 한 전쟁이다. 헤로도토스에 따르면 세토스는 원래 헤파에스투스(Hephaestus)의 사제로서 군인들을 경멸하는 태도를 보여 아라비아인들과 아시리아인들의 왕인 센나케립이 대군을 이끌고 쳐들어왔을 때 이집트 군인들이 전혀 싸우려 하지 않았다. 이에 낙담한 세토스가 신전에 들어가 호소하다 깜박 잠이 들었는데, 꿈에 신이 나타나 "내가 구원자를 보낼 것이니 걱정하지 말라"고 했다. 이에 자신감을 얻은 세토스가 펠루시움(Pelusium)에 캠프를 세우고 군사를 모으자 군인들은 나오지 않고 상인들, 목공들이 따라왔다. 그런데 앗시리아 군대와 마주친 그날 밤에 엄청난 수의 들쥐떼가 나타나 적군의 활과 화살통, 그리고 어깨의 가죽 손잡이까지 모두 갉아먹어버렸다. 다음 날 적군은 퇴각하다가 많은 사상자를 내었다. 헤로도토스는 지금 헤파에스투스의 신전에 한 마리의 쥐를 손에 든 세토스의 석상(石像)이 서 있으며, 그 석상에 다음과 같은 비문이 새겨져 있다고 기록하였다.[2]

---

1  클리아스 R. 반호프, 배희숙역 (2015),《고대 오리엔트 역사: 알렉산더 대왕 시대까지》, 한국문화사, p.333

2  헤로도토스 (박광순 역, 1987),《역사》, 범우사, pp. 184-185; Herodotus (About 430 BC), *The Histories*, translated by Tom Holland (2013), Penguin Books, Book 2. 141, pp.168-169

"내 모습을 보고 신에 대한 경의를 배우라."

서기 1세기 유태인 역사학자 요세푸스는 성경에 나온 센나케립의 예루살렘 전쟁 기록과 헤로도토스의 이집트 전쟁 기록을 결합하여 서술하고 있다. 그리고 이 과정에 바빌론의 역사가 베로소스를 인용하고 있다. 요세푸스에 따르면 센나케립 자신은 이집트와 이디오피아를 정복하러 떠나면서 랍사게와 두 명의 군대장관에게 군대를 주어 예루살렘을 정복하도록 지시했다. 그런데 이집트에서는 헤로도토스가 묘사한 사건이 발생했고, 철군하여 예루살렘에 왔더니 성경에서 기록한 사건이 발생했다는 것이다.[1] 이 기록에 따르면 센나케립은 이 전쟁에서 두 번이나 재앙을 겪었으니 매우 불운했다.

그러나 센나케립의 연대기는 이런 재앙에 대해 전혀 언급하지 않는다. 이에 따르면 센나케립은 엘테케(Eltekeh) 평야에서 이집트와 이디오피아의 전차부대를 격멸했으며, 유태인의 왕 히스기야에 대해서는 그의 도시 46개를 포위하고 남녀노소 20만 150명과 헤아릴 수 없이 많은 가축들을 전리품으로 취하였다고 기록하고 있다. 그리고 히스기야 자신은 30탈렌트의 금과 800탈렌트의 은, 기타 많은 보화를 속죄금으로 보냈다고 나와 있다.[2]

이러한 기록의 차이를 현대의 학자들은 어떻게 해석할까? 필자 나름으로 계속 찾아본 바에 따르면 우선 대부분의 학자들은 펠루시움과 예루살렘에서 벌어진 재앙을 두 개의 사건으로 인식하지 않

---

1 요세푸스 (김지찬 역, 2016), 《유대 고대사 1》, 생명의 말씀사, pp.620-624

2 James B. Pritchard, (1978), *Ancient Near Eastern Texts Relating to the Old Testament*, Princeton University Press, pp.287-288

고 하나의 사건이 다르게 서술된 것으로 간주한다. 수십 만의 군대가 잇따른 재앙으로 전멸했다면 같은 시기에 벌인 바빌론 전쟁 등 많은 전쟁을 치루기 어려웠을 것이다. 그 대신 센나케립이 히스기야의 항복을 받은 사건과 이집트 또는 예루살렘의 재앙을 겪은 사건을 두 차례의 다른 전쟁으로 해석하는 학자들이 있으며, 이를 반박하는 학자도 있다. 캠브리지 고대사에서는 두 개의 사건이 본질적으로 다른 사건이며 두 차례의 원정이 있었다고 판단하지만, 수많은 학자들의 논의에 판정을 내릴 수는 없으며, 정확한 해석을 위해서는 미래의 발굴을 기다려야 할 것이라고 서술하고 있다.[1] 조르주 루 (Georges Lou)에 따르면, 많은 아시리아학 학자는 이 사건의 존재 자체를 부정하며 반박한다.[2]

잭 피네건 교수는 센나케립의 유대 원정이 두 차례 있었다는 추정을 지지하지만, 이집트와 예루살렘에서의 두 차례 재앙에 대해서는 같은 사건을 기록한 것으로 유추한다. 그리고 이집트에서의 재앙에 쥐가 나오는 사실은 이 재앙이 세균에 의한 전염병으로 추정할 수 있게 하는 단서라고 설명한다.[3] 이러한 설명을 받아들이는 입

---

1  성경과 헤로도토스의 기록은 오랜 세월 알려져왔기 때문에 고대 사람들인 베로소스나 요세푸스도 논의를 했다. 현대에는 고고학 발견에 힘입어 많은 학자들이 긴 세월 비판적 논의를 해오고 있다. 일찍이 1867년에 나온 George Rawlinson(1867)의 책에서는 센나케립의 많은 원정기록을 감안할 때 앗시리아 군대가 재앙으로 치명적인 큰 손실을 입지는 않은 것으로 추정한다. 1862년에 발간된 Elizabeth Missing Sewell (1862:330-331)의 책에서는 유대 원정이 두 차례 있었다고 추정하며, 빈호프(배희숙역, 2015: 334)는 이를 반박한다.

2  *The Cambridge Ancient History,* 1991, Second Edition, Vol 3, Part 2, p.111; 조르주 루, 김유기 역(2013),《메소포타미아의 역사 2》, 한국문화사, p.136

3  Jack Finegan (1974), *Light from The Ancient Past: The Archeological Background of Judaism and Christianity,* Vol.1, Princeton University Press, pp.212-214

장으로 보면 콜레라 또는 페스트 등의 질병으로 인해 앗시리아 군대가 이집트와 예루살렘 원정에 실패한 것으로 분석할 수 있다. 페스트로 인해 앗시리아에 혼란이 발생한 기록들이 앞세대에도 있으므로 전쟁터에서 이와 비슷한 사례들이 몇 번 있었던 것으로 보인다. 많은 전쟁으로 사람과 짐승의 시체들이 널부러지고, 마실 물이 오염되고, 건물들이 불타고 무너진 환경에서 이러한 질병이 발생할 소지가 컸을 것이다.

센나케립은 수도를 니느웨로 옮겼는데, 이 도시는 당시 세계에서 가장 크고 화려한 도시였다.[1] 성경에는 니느웨에 대한 묘사가 매우 많이 나오며 요나(Jonah)서 4장 11절에는 "이 큰 성읍 니느웨에는 좌우를 분변치 못하는 자가 십이만여 명이요 육축(六畜)도 많이 있나니 내가 아끼는 것이 어찌 합당치 아니하냐"라는 유명한 구절이 있다. 야훼가 죄악의 도시 니느웨를 빨리 멸망시키지 않는 것에 대해 요나가 화를 내자 야훼가 응답한 구절이다.

〈표 10〉 앗시리아 왕들에 대한 성경 기록

| 앗 시리아 | 재위 | 성경기록 | 성경기록 내용 |
|---|---|---|---|
| 티글랏필레셀 3세 | 745-727 BC | 열왕기 하 15:29<br>역대 상 5:26<br>역대 하 28:20 | (이스라엘왕 브가) 이스라엘 여러 도시 점령 유다왕 아하스로부터 조공을 받고 아람을 정벌 |

---

1  이 곳은 지금의 이라크 북부 모술(Mosul) 인근의 쿠윤직(Kuyunjik)이라는 곳인데, 1840년대초 프랑스의 에밀 보타가 발굴하다가 포기한 곳이다. 보타가 떠난 후 영국인 레이야드가 뒤를 이어 계속 발굴 작업을 해서 대규모 발굴에 성공했고, 시간이 좀 지나 발굴한 자료들이 해독되면서 이 곳이 니느웨라고 최종적으로 판정되었다. 보타는 코르사바드라는 곳을 발굴하고 그 곳이 니느웨라고 보고했으나 훗날 그 곳은 앗시리아의 다른 수도였던 두르 샤루킨으로 밝혀졌다.

| 살만에셀 5세 | 727-722 BC | 열왕기 하 17:3<br>열왕기 하 18:9 | (이스라엘왕 호세아)<br>사마리아 정복 |
|---|---|---|---|
| 사르곤 2세 | 722-705 BC | 이사야 20:1 | 군대장관을 보내 아스<br>돗 점령, 이집트/이디<br>오피아 연합군 격파 |
| 세나케립 | 705-681 BC | 열왕기하 18:19<br>역대 하 32 | (유다왕 히스기야) 예<br>루살렘 침공 |
| 에살하돈 | 681-669 BC | 열왕기 하 19;32<br>에스라 4:2<br>이사야 37:38 | 여러 부족을 이스라엘<br>땅으로 옮겨 살게 함 |
| 앗수르바니팔 | 668-631 BC | 에스라 4:10 | |

자료 : 각종 자료를 참고하여 필자가 정리

센나케립의 후계자로는 막내 아들인 에살하돈(Esarhaddon, 681~669 BC)이 즉위하였다. 그는 우라르투에 대한 원정 중에 형들이 아버지를 살해하고 왕위다툼을 벌이고 있다는 소식을 듣고 니느웨로 회군하여 형들을 진압하고 왕이 되었다. 성경에는 센나케립이 예루살렘 회군 이후 곧 암살당한 것으로 묘사되어 있으나, 실제로는 그 후로도 20년간이나 더 통치하며 많은 원정을 했다. 에살하돈 역시 많은 원정을 하면서 영토를 확장하였고, 기원전 671년에는 이집트를 침공하여 멤피스(Memphis)를 점령하였다. 그는 바빌론을 수도의 하나로 정하고 대대적으로 재건하였다.

## □ 앗수르 바니팔 대왕 (668~627 BC)

에살하돈을 이어 왕위에 오른 사람은 그의 아들 앗수르바니팔(Ashurbanipal)로서 그는 앗시리아의 최전성기를 가져온 위대한 왕이다. 한글 성경에는 그의 이름이 '오스납발'로 표기되어 있다(에스라 4:10).[1] 에살하돈은 기원전 669년에 이집트의 반란 소식을 듣고 원정

---

1 한글 성경에 "존귀한 오스납발"로 번역되어 있고, 영어본에는 "the great and

을 떠나던 길에 하란에서 갑자기 사망하였다. 그는 두 아들 중 앗수르바니팔에게 앗시리아의 황제 자리를 주고, 샤마쉬슈무킨(Shamash-shum-ukin)은 바빌론의 왕으로 지명하였다.

앗수르바니팔은 기원전 667년 아버지의 사망으로 중단됐던 이집트 원정을 떠나 멤피스를 중심으로 한 반란을 진압하고 돌아왔다. 그 후 기원전 663년에는 다시 원정을 떠나 북이집트의 테베(Thebes)를 점령한 후 네초(Necho) 1세를 속국의 왕으로 임명하고 그의 아들 프삼티크(Psamtik) 1세는 니느웨로 데려와 교육시켰다. 그가 이집트 원정 중 남동부의 엘람족이 아람족(Arameans)과 연합하여 침공해왔으나 그는 군대를 보내 물리쳤다. 귀국 길에는 서부 페니키아 지방의 티레(Tyre)를 포위하여 항복을 받았다.

기원전 653년에는 엘람 영토로 진격하여 그 왕인 테움만(Teumman)을 처형하고 수사(Susa)를 철저히 약탈하였다. 이 때 바빌론의 왕인 그의 형제가 테움만과 결탁하고 여러 부족들의 지원을 받아 반란을 일으켰다. 앗수르바니팔은 4년에 걸친 내전 끝에 바빌론을 정복하였으며, 샤마쉬슈무킨은 자결 또는 화형당한 것으로 추정된다.[1]

그의 치세에 앗시리아는 최전성기를 누렸고, 당시까지 인류 역사에서 가장 광대한 영토를 정복한 대제국이 되었다. 그러나 이 거대한 대제국의 안팎에서는 수시로 전쟁이 이어졌고, 그는 끊임없이 전쟁터를 누벼야 했다. 선대로부터 계속된 정복전쟁의 결과 앗시리아를 만고의 적으로 증오해온 부족들이 많았고, 한쪽의 전쟁을 틈타 다른

---

noble Asnapper"로 표기되어 있다.

1  앗수르바니팔의 정원 파티 사진 출처: https://en.wikipedia.org/wiki/Ashurbanipal

쪽에서 반란을 일으키는 식으로 전쟁이 계속 이어진 것이다.[1]

그의 치세 중에 북서부 아나톨리아 고원에서 세력을 확대한 킴메리아족(Cimmerians)이 니느웨로 쳐들어왔으나, 그 서부의 리디아(Lidya) 및 북부의 스키타이족과 연합하여 물리쳤다. 북동부 이란 고원에서는 만나족(Mannaeans)과 메디아족(Medes) 및 우라르투(Urartians)의 침공을 물리쳤다. 이후 남부의 아랍족(Arabs)을 정벌하기도 하였다.[2] 이처럼 잦은 전쟁과 이웃 부족들의 원한이 결국 앗수르바니팔의 치세가 끝나는 무렵부터 그 제국이 급속히 쇠퇴하고 멸망하는 요인이 되었다. 이집트는 바빌론 내전 직후인 기원전 645년에 사실상 독립하였다.[3]

그러나 앗수르바니팔은 패배를 모르는 무적의 장군이었고, 그의 치세에 제국은 절정의 영화를 누렸다. 그는 전쟁터에서 용맹하고 무자비한 왕이었으나, 탁월한 정치가였고, 문화를 애호한 군주였다. 당대 세계 최대 도시인 니느웨는 피정복지로부터 약탈해온 물자들과 계속된 건축 활동으로 화려함을 더했다.

1849년 헨리 레이야드의 대영박물관 조사단이 니느웨 유적지인 쿠윤직에서 앗시리아 왕궁과 도서관을 발견했고, 2년 후에는 그의 조수인 라쌈(Hormuzd Rassam)이 인근에서 다른 도서관을 발견했다. 이 도서관들은 앗수르바니팔이 건립한 것으로 알려졌으며, 여기에서

---

1  Ross George Murion (1901), *Babylonia and Assyria: A Sketch of Their History*, p.54
2  캠브리지 고대 세계사는 앗수르바니팔 시대에 많은 원정 기록이 있으나 연대기적인 사료가 부족해 그 전후관계를 정확히 파악하기 어렵다고 서술하고 있다. 여러 자료에서 전쟁기록들의 연대나 구체적인 내용이 일치하지 않는 사정을 이해할 수 있다 (*The Cambridge Ancient History*, 1991, Second Edition, Vol 3, Part 2, p.142).
3  Ross George Murion (1901), p.53

3만여 점의 점토판이 나왔다. 이 도서관에서 대량 발굴된 문서들에 힘입어 현대 앗시리아학이 본격적으로 발전했으며, 여기에서 발견된 길가메시 서사시로 인해 수메르인의 존재가 처음으로 알려지게 되었다. 그렇게 본다면, 지금 필자가 이 책을 쓸 수 있게 된 것은 앗시리아의 위대한 황제 앗수르바니팔의 덕을 크게 본 것이라 할 수 있다.

하지만 그의 사후에 제국은 급속히 와해되었다. 자식들 간에 다시 왕위 계승을 둘러싼 내전이 발생했고, 그의 아들인 신샤리쉬쿤 (Sinsharishkun)이 왕위에 올랐으나 피억압민족들의 반란이 잇따랐다. 오랜 전쟁에 강제 동원당하고 약탈당한 피억압민족들은 도처에서 반란을 일으켰는데, 새로운 왕이 광대한 제국을 지키기에는 역부족이었다.

기원전 625년 바빌론에서는 칼데아인(Chalean) 나보폴라살 (Nabopolassar)이 왕위에 올라 독립을 선언했다. 메디아인(Medean) 시악사레스(Cyaxares)는 614년 칼루를 침공하여 약탈하였다. 그로부터 2년 후인 612년에는 칼데아인과 메디아의 연합군이 앗시리아의 수도 니느웨를 침공하여 약탈하고 신샤리쉬쿤이 사망하였다. 그의 동생인 앗슈르-우발릿(Ashur-uballit) 2세는 니느웨를 탈출하여 하란에서 왕으로 즉위하고 이집트의 지원을 받아 연합군에 저항하였다. 그러나 기원전 605년 카르케미쉬(Carchemish)에서 이집트의 파라오 네초 (Necho) 2세와 앗시리아 연합군이 나보폴라살의 아들 네부카드네자르 2세가 이끈 바빌론, 메디아 연합군에 패배하면서 앗시리아제국은 소멸되었다.[1] 이 카르케미쉬 전투가 구약성경의 예레미야서 46장에

---

1   그보다 앞선 시기에 바빌론의 왕을 겸했던 이신 왕조의 네부카드네자르와 구분하여 네부카드네자르 2세로 불린다. 이집트의 네초2세(610-595 BC)는 앗시리

그림 38 앗수르바니팔이 그의 부인 앗수르샤라트(Ashursharrat)와 정원에서 한가한 시간을 보내는 모습, 왼편의 나무 위에 엘람왕 테움만(Te-umman)의 머리가 달려있다. 대영박물관 소장

서 비교적 상세하게 묘사되고 있다.

"열국(列國)에 대하여 선지자 예레미야에게 임한 여호와의 말씀이니라. 애굽을 논한 것이니 곧 유다왕 요시야의 아들 여호와김 제사년에 유브라데 하숫가 갈그미스에게 바벨론 왕 느부갓네살에게 패한 애굽왕 바로느고(Paraoh-necho)의 군대에 대한 말씀이라. 너희는 큰 방패, 작은 방패를 예비하고 나가서 싸우라. 너희 기병이여 말에 안장을 지워 타며 투구를 쓰고 나서며 창을 갈며 갑옷을 입으라. 여호와께서 가라사대 내가 본 즉 그들이 놀라 물러가며 그들의 용사는 패하여 급히 도망하며 뒤를 돌아보지 아니함은 어찜인고 두려움이 그들의 사방에 있음이로다 하셨으니 발이 빠른 자도 도망하지 못하며 용맹이 있는 자도 피하지 못하고 그들이 다 북방에서 유브라데 하숫가에 넘어지며 엎드러지는도다."

---

아의 지배 하에서 사이스(Sais)의 제후였던 그의 아버지 프삼티크 1세가 기원전 656년 파라오로 선언하면서 앗시리아로부터 독립을 쟁취하여 세운 제26왕조의 두번째 왕이다. 그는 609년 므깃도(Meggido)에서 유다왕 요시야(Josiah)와 싸워 요시야를 죽인 것으로 성경에 기록되어 있다(열왕기하 23:29).

## (3) 신바빌로니아 제국 (626~539 BC)

앗시리아 제국이 몰락한 후 그 광대한 영토는 칼데아인과 미디아인의 연합군이 나누어 차지했다. 미디아의 시악사레스는 메소포타미아 북부에서 소아시아와 이란 지역을 차지하고 나보폴라살은 메소포타미아 남부와 시리아 지역을 차지했다. 이 시대에 바빌론에 근거지를 둔 칼데아인의 제국은 앞선 시기의 바빌론과 구분하여 신바빌로니아 제국(Neo-Babylonian Empire)이라고 불린다. 미디아왕국과 신바빌로니아 왕국은 동맹국가로 나란히 공존하다 미디아는 기원전 550년, 신바빌로니아는 539년에 신흥 세력인 페르시아의 키루스(Cyrus)에 의해 멸망하였다.

칼데아인과 메디아인은 기원전 11세기 무렵부터 새롭게 등장한 유목민 부족이다. 목초지를 따라 떠돌며 생활하던 유목민들은 부족의 규모가 커지면 지파가 갈라져 나와 새로운 부족을 형성했다. 그래서 고대 메소포타미아 역사에는 계속 새로운 부족의 이름이 나타난다. 칼데아인은 원래 유프라테스강 서부에서 생활하던 셈어계의 부족으로 동부를 무대로 한 아카드, 바빌론, 앗시리아의 메소포타미아 셈족과는 다른 지파였으나, 민족의 대이동이 있던 시기에 동부로 건너와 신바빌로니아 제국의 주역이 됐다. 메디아인은 이란의 고원지대에 살던 부족으로 잠시 강대한 왕국을 건설했다. 그러나 이 두 부족은 훗날 페르시아제국에 멸망하여 흡수되었다.

### ▢ 네부카드네자르 2세 : 바빌론의 마지막 영화(榮華)

네부카드네자르 2세(Nebuchadnezzar Ⅱ, 605-562 BC)는 43년간 재위

하면서 바빌론의 최전성기를 가져왔다. 구약성경에서 이방의 왕중에 이집트의 파라오와 함께 가장 많이 언급되는 바빌론의 왕 느부갓네살이 바로 이 사람이다. 그의 이름이 지니는 의미는 아카드어로 "나부여, 나의 후손(또는 영토)을 보호하소서" 라고 해석된다. 나부(Nabu)는 셈족들이 섬기던 신으로 바빌론에서는 마르둑의 아들로 간주되었고, 보르시파(Borsippa)라는 도시의 주신이었다. 네부카드네자르 2세는 이 도시에 나부의 신전을 재건했다는 기록이 발견되었으며, 현재 그 신전의 유적인 지구라트가 남아있다.

그는 기원전 601년 이집트를 침공하여 파라오 네초 2세와 다시 일전을 겨루었으나, 별다른 성과를 거두지 못하고 돌아왔다. 구약성경의 예레미야와 에스겔에는 느부갓네살이 이집트를 침공하여 정복한 것으로 기록되어 있으나, 이는 다른 기록들과 맞지 않는다. 에스겔서 29장에는 여호와가 이집트 땅을 바빌론의 왕 느부갓네살에게

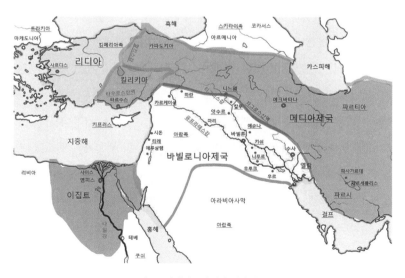

그림 39 신바빌로니아와 메디아제국

Ⅱ. 수메르의 역사  217

주었고, 이집트는 철저히 파괴되어 사십 년 동안 사람은 물론 짐승의 발길도 지나가지 않는 황무지가 될 것이라고 예언되어 있다.

그러나 실제 역사 기록을 보면 기원전 605년 카르케미쉬 전투에서 승리한 바빌로니아군은 이집트군대를 뒤쫓았으나 이집트의 동부 변경까지만 정복한 후 되돌아왔다. 601년의 이집트 침공 시에는 상당한 피해를 입고 철수한 것으로 알려지고 있다. 이집트가 황무지가 될 것이라는 성경의 예언과 달리 네초 2세 이후 즉위한 그의 아들 프삼티크(Psamtik) 2세는 기원전 592년에 나일강 상류의 누비아제국으로 진격하여 쿠쉬(Kush)족을 크게 격파하였다. 그의 승전비가 아스완댐 근처의 칼라브샤(Kalabsha)에서 발견되었고, 그가 건설한 신전들이 나일강 하류의 쿠브라(Kubra)와 남서부 사막지대 카르가 오아시스(Kharga Oasis)의 히비스(Hibis)에서 각각 발견되었다. 또한 그는 거대한 오벨리스크(Obelisk)를 건설한 것으로도 유명하다. 에스겔은 아마도 카르케미쉬 전투의 승리를 확대 해석한 것으로 생각된다.

프삼티크 2세의 뒤를 이은 그의 아들 아프리에스(Apries, 588-570 BC)는 기원전 587년 바빌론 군대가 유다왕국을 침략했을 때 이집트 군대를 보내 바빌론군과 싸웠으나 격퇴되었다. 그는 569년 아마시스(Amasis)의 반란에 의해 왕위에서 쫓겨났다. 그 다음 해인 568년 네부카드네자르 2세가 다시 이집트를 침공했으나 별 다른 성과를 거두지 못하고 물러갔다.[1]

구약성경에는 네부카드네자르 2세가 세 차례에 걸쳐 예루살렘을 침공하고 유다왕들을 사로잡아간 것으로 기록되어 있다. 기원전

---

1   Jack Finegan (1974), *Light from The Ancient Past: The Archeological Background of Judaism and Christianity,* Vol. I, Princeton University Press, pp.131-133

605년 카르케미쉬 전투 이후 예루살렘을 침공하여 이집트왕 네초 2세가 세웠던 유다왕 여호야김(Jehoiakim)을 사로잡아갔고, 기원전 598년에는 다시 예루살렘을 함락하고 유다왕 여호야긴(Jehoiachin)과 포로 1만 명을 바빌론으로 끌고갔다. 그 후 587년에는 다시 예루살렘을 점령하여 철저히 파괴하고 그 자신이 임명했던 유다왕 시드

그림 39 네부카드네자르 2세

기야(Zedekiah)와 주민들을 모조리 포로로 끌고 갔다. 이 사건이 구약성경에서 말하는 유대인들의 "바빌론 유수(幽囚)"(Babylonian Captivity)이다. 유대인들은 70년간 바빌론에서 노예생활을 하다가 페르시아왕 키루스(Cyrus)가 바빌로니아를 멸망시킨 후 해방되어 고향으로 돌아왔다고 기록되어 있다(역대 하 36장). 이것은 1차 포로로부터 계산하면 연대가 대략 맞는다.

네부카드네자르 2세는 바빌론을 재건축하고 도시 외곽을 둘러싸는 거대한 성벽과 참호를 만들었다. 그는 또한 아버지 때 짓기 시작한 마르둑의 신전을 완공하였다. 그가 지은 신전이 앞장에서 설명한 역사상 최대의 지구라트 에테메난키이다. 세계 7대 불가사의라고 불리는 건축물 중의 하나인 바빌론의 공중정원(Hanging Gardens of Babylon)을 지은 왕도 이 사람이다. 그는 동맹국인 메디아왕국의 공주 아미티스(Amytis)를 아내로 맞았는데, 산악지대에서 자란 아내가 고향을 그리워하자 높이 솟은 공중정원을 짓고 나무와 꽃을 심어 아내의 향수를 달래주었다고 전해진다. 아미티스는 메디아왕국의

마지막 왕 아스티야게스(Astyages)의 누이였다.[1]

신바빌로니아 왕국은 네부카드네자르 2세가 죽은 후 급속히 약화되어 불과 23년만에 멸망하고 말았다. 나보폴라살의 건국으로부터 치면 6대왕 86년만에 멸망한 것이다. 네부카드네자르 2세의 아들 아멜 마르둑(Amel-Marduk)은 왕위에 오른지 2년만에 그의 매형인 네리글리살(Neriglissar)에게 암살당했다. 네리글리살은 4년간 재위했고, 그의 아들 라바쉬 마르둑(Labashi-Marduk)은 어린 나위에 즉위하여 9개월 만에 암살되었다. 그 후 왕위는 암살자들 중의 한 명인 나보니두스(Nabonidus)가 차지하였다. 7년 동안 네 명의 황제가 즉위하는 이 시기에는 왕위를 둘러싸고 극심한 궁중 암투가 있었으며, 이는 제국이 몰락하는 단초가 되었다.

마지막 왕 나보니두스(Nabonidus)는 17년간 재위했으나 그의 출신과 행적은 분명하게 알려지지 않고 있다. 그는 바빌론의 주신 마르둑보다 셈족들이 숭배하던 달의 신 신(Sin)을 숭배했으며, 이로 인해 지배계급 사이에 반발을 야기한 것으로 생각된다. 그는 어떤 이유로 아라비아 사막의 오아시스 마을인 타이마(Tayma)에서 장기간 체류했으며, 이에 따라 바빌론에서는 그의 아들 벨사살(Belshazzar)이 대부분 실권을 행사했다.

---

1   바빌론의 사제였던 베로소스(Berossos)가 그리스어로 쓴 역사 책에 이 공중정원에 관한 이야기가 있으나, 그 유적은 아직 발견된 바 없다. 베로소스의 책도 유실되었으나, 그리스와 로마의 많은 역사가들이 그의 바빌론사(Babyloniaca)를 인용하여 그 내용이 부분적으로 알려지고 있다. 그와 동시대의 사람이었던 이집트의 사제 마네토(Manetho)는 역시 그리어스로 방대한 이집트 역사(Aegyptiaca)를 기록하여 두 사람이 곧잘 비교되고 있다. 동시대의 사제들이었던 두 사람은 서로 경쟁하면서 자신들의 권위를 내세우기 위해 각각 바빌론과 이집트가 최고 오랜 역사를 가진 도시들이라고 내세운 것으로 분석되고 있다.

신바빌로니아 왕국은 기원전 539년 키루스가 이끈 페르시아 메디아 연합부족의 침공으로 바빌론이 함락되면서 멸망하고 말았다. 베로소스의 기록에 따른다면 바빌론이 함락되자 나보니두스는 보르시파(Borsippa)로 도망쳤으나, 키루스가 다시 보르시파로 진군하자 스스로 나와 항복하였다. 키루스는 나보니두스를 호의적으로 맞이하고 그에게 카르마니아(Carmania)를 영지로 주어 살게 했다고 한다.[1]

페르시아 부족은 한때 강력한 위세를 과시하던 메디아 왕국에 예속되어 있었으나, 시악사레스 사후 그의 아들인 아스티야게스 (Astyages) 시절에 키루스를 중심으로 봉기하였다. 키루스는 기원전 550년 아스티야게스의 메디아군을 대파하고 그 수도인 에크바타나 (Ecbatana)를 함락하여 멸망시켰다. 이어 546년에는 그 서부의 리디아 (Lydia)를 정복하고, 539년에는 메디아 부족을 동원하여 바빌론까지 멸망시키면서 대제국을 건설하였다.[2]

키루스(600-530 BC)는 페르시아제국(550~330 BC)을 창건하였으며, 유능한 군인, 행정가, 철학자로서 고대세계에서 가장 위대한 왕 중의 한 명으로 꼽히는 사람이다. 그는 바빌론에 포로로 잡혀와 있던 약소민족들을 풀어주어 고향으로 돌아갈 수 있게 했다. 이에 따라 유

---

1  Burstein, Stanley Mayer (1978), *The Babyloniaca of Berossus*, Malibu: Undena Publication, p.28
2  바빌론의 멸망 후 대략 100년쯤 후에 역사를 쓴 그리스의 헤로도토스는 1권에서 키루스의 바빌론 정복 과정을 상세히 묘사하고 있는데, 바빌론에 대한 그의 기록은 상당히 부정확하다. 그는 네부카드네자르를 전혀 언급하지 않고, 니토크리스(Notocris)라는 여왕의 업적에 대해 상세한 묘사를 하고 있다. 이것은 네부카드네자르의 페르시아식 이름을 그리스인이었던 헤로도토스가 여자 이름으로 잘못 이해한 것이 아닌가 추측되기도 한다. 그는 바빌론을 앗시리아의 한 도시로 언급하고 있다. 헤로도토스 (박광순 역, 1987), 《역사》, 범우사, p.107

태인들도 고향으로 돌아와 성전을 재건할 수 있었다. 성경에는 그가 야훼의 부르심으로 유대인에게 해방을 가져다준 고레스 대왕으로 묘사되고 있다. 이사야서 45장 1-4절에는 이런 내용이 있다.

"나 여호와는 나의 기름받은 고레스의 오른손을 잡고 열국으로 그 앞에 항복하게 하며 열왕의 허리를 풀며 성문을 그 앞에 열어서 닫지 못하게 하리라. 내가 나의 종 야곱, 나의 택한 이스라엘을 위하여 너를 지명하여 불렀나니 너는 나를 알지 못하였을지라도 나는 네게 칭호를 주었노라."

헤로도토스에 따르면 키루스는 재위 29년 만에 코카서스 산맥의 맛사게타이 부족과 싸움 중 전사했다고 한다. 그 부족의 여왕인 토미리스(Tomyris)가 키루스의 목을 잘랐다고 하는데, 이 설을 역사적으로 확인하기는 어렵다.[1]

## (5) 그 후의 간추린 중동 역사

수메르 민족의 역사는 이미 오래 전에 끝나서 기원전 18세기에 고바빌론 왕국 이후로 중동의 역사는 더 이상 이 민족의 역사와 아무런 관련이 없게 되었다. 그럼에도 불구하고 이 책에서는 그 후에 전개되는 성경의 역사와 관련성을 좀더 이해하기 위해 후대의 대제

---

1 헤로도토스 (박광순 역, 1987), 《역사》, 범우사, p.120: 크세노폰은 키루스가 노년을 평화롭게 살다가 죽었다고 말한다. 페르시아제국의 기록이 알렉산더의 정복전쟁으로 거의 불타 그의 죽음에 대한 정확한 사실을 확인하기 어렵다.

국들의 역사까지 간단히 살펴보았다. 유태인들의 역사와 성경의 역사는 이 제국들의 시대에 본격적으로 만들어졌기 때문이다. 그리고 그 역사는 끊어지지 않고 면면히 이어져 오늘날까지 내려오고 있다. 이 부분에서는 그 후의 역사 전개를 이해하기 위해 중동 전체의 역사를 좀더 간추려서 소개한다.

기원전 539년 신바빌로니아 제국이 페르시아에 멸망당한 후 수메르 도시국가들이 있던 메소포타미아 지역 전체는 아케메네스 페르시아 제국(Achaemenid Persian Empire, 550–330 BC)의 영토가 되었다.[1] 페르시아제국은 오늘날의 이란 남부 쉬라즈(Shiraz) 근처인 파사르가데(Pasargade)에 수도를 두었는데, 이 곳에 키루스의 무덤이 있다. 그런데 키루스의 호칭은 처음 페르시아 부족의 왕으로 즉위했을 때 '안샨의 왕(King of Anshan)'이었다가 훗날 신바빌로니아 제국을 정복한 후에는 '수메르와 아카드의 왕, 왕중왕, 4대 세계의 왕'으로 바뀌어 관심을 끈다.[2] 앞에서 쭉 보았듯이 기원전 22세기 우르 제3왕조 이래 '수메르와 아카드의 왕'이라는 표현이 세계의 지배자라는 의미로 사용되었는데, 키루스 때까지도 이 표현이 계속 사용된 것을 알 수 있

---

1　키루스가 건설한 파르시(Farsi)제국을 말하며, 그리스와 로마인들이 이를 페르시아라고 불렀다. 아케네메스는 키루스의 선조 이름으로서 그의 혈통이 지배한 이 제국을 아케메네스 페르시아 제국이라고 부른다. 다리우스 1세가 남긴 베히스툰 비문에 그의 조상이 아케메네스이며, 자신은 그 가문의 아홉번째 왕이라고 명시되어 있다.

2　키루스의 공식 호칭은 "Great King 위대한 왕, King of Kings 왕중의 왕, King of Persia 페르시아의 왕, King of Anshan 안샨의 왕, King of Media 메디아의 왕, King of Babylon 바빌론의 왕, King of Sumer and Akkad 수메르와 아카드의 왕, King of the Four Corners of the World 세계 사방의 왕"이었다. https://en.wikipedia.org/wiki/Cyrus_the_Great

다. 수메르인은 사라졌지만, 그 이름은 여전히 남아 있었던 것이다.

그로부터 대략 200년쯤 후인 기원전 330년 페르시아 제국은 알렉산더에게 멸망당했고, 이 지역은 그의 장군인 셀레우코스(Seleucus)의 후손들이 통치한 셀레우코스 제국(Seleucid Empire, 312-63 BC)의 영토가 되었다. 셀레우코스 제국은 지금의 바그다드 근교인 티그리스 강 중류에 셀레우시아(Celeusia)를 건설하여 수도로 삼았으나 곧 시리아의 안티오크(Antioch)로 옮겼고, 이 두 도시는 동방과 그리이스 문명이 혼합된 헬레니즘 문화의 중심지로 번영했다. 그러나 기원전 141년에는 이란의 북동부에서 일어난 파르티아(Parthia)에 셀레우시아를 빼앗겼고, 기원전 63년에는 로마 장군 폼페이우스(Pompeius)가 안티오크를 정복하면서 멸망하였다.

그리스인과 로마인들의 지배 아래서 수메르인들은 이제 완전히 잊힌 존재로서 더 이상 언급되지 않는다. 메소포타미아를 중심으로 했던 동방의 고대 민족들과는 다른 문화적 전통을 지녔던 그들에게 수메르인은 너무나 오래 전에 사라져 잊혀진 민족으로서 언급될 이유가 없었던 것이다.

파르티아 제국(Parthian Empire, 248 BC-224 AD)은 셀레우코스 제국의 지배를 받던 이란계 부족의 아르사케스(Arsaces)가 반란을 일으켜 창건한 왕조이다. 그 후손인 미트리타데스(Mithritades I, 195-132 BC) 1세 때 세력을 크게 확장하여, 셀레우코스 제국 영토의 대부분을 장악하였다. 그는 파괴된 셀레우시아의 강 건너편에 크테시폰(Ctesiphon)을 새로 건설했는데, 이 도시는 그 후 파르티아 제국 및 뒤를 이은 사산조 페르시아 제국의 수도로서 번영하였다. 이후 파르티아 제국은 로마제국과 전쟁을 거듭했다. 서기 113~116년간에 로마 황제 트라야누스(Tranianus)는 파르티아 제국과의 전쟁에 나서 크테시폰과 메소포타미아 전역을 정복하였다. 그러나 그의 후계자인 하드리아누스(Hadrianus)는 곧 동방에서 철수하여 메소포타미아 지방은 다시 파르티아의 영토가 되었다.

파르티아제국은 500년 가까이 내려오다가 서기 224년에 내전이 발생하여 마지막 왕인 아르타바누스(Artabanus) 5세가 지방영주이던 아르다쉬르(Ardashir)에게 패하면서 멸망하였다. 아르다쉬르는 크테시폰에서 황제로 즉위하고 사산왕조(Sasanid Empire) 페르시아를 건국하였다.[1] 사산왕조는 2세 황제인 샤푸르(Shapur) 1세 시대에 전성기를 맞이하였다. 그는 서기 260년 에뎃사(Edessa)에서 로마황제 발레리아누스(Valerianus)와 싸워 그를 포로로 잡아오기도 했다.

사산왕조는 파르티아보다 더 넓은 영토를 지배하면서 400년 이상 존속하다가 서기 637년 아라비아반도에서 일어난 이슬람세력의 침공을 받고 크테시폰이 함락된 후 651년에 완전히 멸망하였다. 파르티아와 사산왕조의 지배 종교는 조로아스터교였다.

이슬람교는 서기 7세기초 지금의 사우디아라비아 왕국이 있는 아라비아반도에서 선지자 마호멧(Muhammad)이 설파한 종교이다. 그는 다신교 세계였던 아라비아에서 그들의 조상 아브라함이 믿었던 유일신 알라(Allah)에게로 되돌아가자고 가르쳤다. 그는 서기 622년 메카에서 귀족들의 박해를 받아 메디나로 근거지를 옮겼는데, 이슬

---

1 아르다쉬르의 할아버지 이름이 사산(Sasan)이어서 그의 집안이 다스린 페르시아 제국이라는 의미로 사산제국이라고도 부른다. 이씨(李氏) 집안이 다스린 조선을 이조라고 부르는 것과 같은 식이다. 사산은 에스타크르(Estakhr)라는 도시에서 아나히타 여신을 섬기던 사제이자 지방영주였다. 유흥태(2014), 《고대 페르시아의 역사》, 살림, p.63

람교에서는 이 해를 헤지라(Hejira)[1]라고 하여 기원 원년으로 간주한다. 서기 632년 마호멧이 사망하자 그를 따르던 사람들은 후계자라는 의미의 칼리프(Caliph)로 그의 친구였던 아부 바크르(Abu Bakr)를 뽑고 이 후 급속히 세력을 확대하여 동로마제국과 사산제국의 양대 제국이 지배하던 중동지역을 정복하였다. 이후 이슬람세력은 이집트와 북아프리카 전체, 그리고 중앙아시아 일대까지 정복하여 광대한 제국을 건설하였다.

---

1  헤지라는 이주, 이사 등의 뜻이다.

Ⅲ

수메르 문화와
구약성경

지금까지 수메르인들의 역사를 큰 흐름에서 개관해보았다. 그런 가운데 필자는 구약성경의 구절들을 연상시키는 특정한 일화들에 주목하면서 그런 부분들을 간단하게 언급하였다. 수메르에서 시작하여 그 후대의 앗시리아, 바빌로니아, 페르시아 등 고대 메소포타미아 문명이나 이집트 문명을 공부하는 사람들은 거의 예외없이 그들이 접하는 자료에서 성경과의 관련성을 언급하는 내용들에 마주치게 된다. 이 지역이 구약성경의 무대였고, 기독교가 오늘날 현대인들의 정신에 큰 영향을 주고 있기 때문에 이것은 필연적인 경향이라 할 수 있다. 이 점은 수메르 문서의 해독에 커다란 기여를 한 사무엘 크레이머가 수메르 문학을 읽을 때 가장 짜릿한 순간은 성서와 유사한 구절들을 발견할 때라고 표현한 데에서도 단적으로 알 수 있다.[1]

　　이번 장에서는 앞 장에서 간단히 언급했던 내용들을 한데 모아

---

1　Samuel Noah Kramer (1981), *History Begins at Sumer*, Revised Edition, University of Pennsylvania Press, Chapter 19, p.142

수메르의 문화 유산 가운데 구약성경의 구절들을 연상시키는 부분을 조금 더 자세히 언급해보고자 한다. 잊혀졌던 고대 중동 역사가 재복원되면서 기독교의 안이든 바깥이든 많은 학자들이 고대 중동 문헌에 비추어 성경을 재조명해보는 연구들을 하고 있고, 이 책에서도 그런 자료들을 많이 인용하였다. 연구가 진행되면서 보다 의미있는 사실들이 새롭게 밝혀질 것이라고 기대한다.[1]


## 1. 수메르 문명과 기독교의 조우

수메르 민족은 유태인들이 역사의 무대에 등장하기 훨씬 이전에, 그리고 예수 탄생으로부터 치면 무려 2천년쯤 전에 사라져버렸기 때문에 수메르인들이 유태인과 직접적인 접촉을 한 기록은 없다. 하물며 예수 이후에 형성된 기독교와 어떤 접촉을 했을 가능성은 아예 생각조차 할 수 없다. 그러나 이 먼 시간을 격하고 직접 접촉도 없었던 수메르 문명은 기독교와 묘한 인연을 맺고 있다.

앞장의 서두에서 수메르를 비롯한 고대 중동세계의 역사가 현대에 재발굴된 과정을 서술했는데, 이 과정에 결정적인 기여를 한 주체는 기독교이다. 수메르인의 존재를 알지 못했고 단지 성경의 내용

---

1 제임스 프리차드(James Pritchard) 교수가 편집한 프린스턴대학교 출판부의 책은 성서 연구에 필요한 방대한 중동의 문헌들을 집대성해 놓았다. 필자는 1967년에 나온 이 책을 1994년에 미국에 있는 후배에게 국제전화를 해서 꽤 비싼 돈을 주고 구입해 우편으로 받은 기억이 있다. 미국의 목사인 헤르만 호에(Herman Hoeh)는 성서의 기록을 비판적으로 해석하는 학자들에 반발해, 성경의 기록을 문자 그대로 믿는 입장에서 인류 역사를 재해석하는 방대한 저술을 남겼다. 이 책의 참고문헌에서 그들의 책 제목을 찾을 수 있다.

을 역사적인 사실로서 입증하고자 의도했던 기독교 단체들이 수메르 역사의 재발굴과 복원에 큰 기여를 한 것이다. 그러나 과거로 올라가보면 기독교는 수메르를 비롯한 고대 중동세계의 역사를 애초에 이처럼 오랫동안 인류의 기억에서 지워버리게 만든 장본인이기도 하다. 로마제국이 기독교를 국교로 채택하면서 우상들을 섬기던 다신교의 세계를 철저히 파괴해버렸던 것이다.

수메르 민족이 사라지고 망각되게 된 것은 기본적으로 그들이 이웃 민족들과의 싸움에서 패하여 학살당하고, 살아남은 자들은 승리한 민족에게 긴 세월 지배를 받으면서 차츰 동화되어버렸기 때문이다. 앞에서 우르 제3왕조가 몰락하던 시기를 묘사한 "우르의 애가"를 통해 수메르 도시들이 파괴되고 민족이 학살당하던 시기의 광경을 생생하게 볼 수 있었다.[1] 그들이 만든 찬란한 문명도 전쟁의 와중에 파괴되고 잿더미로 변하였다. 그리고 긴 세월이 흐르는 동안 그렇게 파괴된 유적지는 폐허로 방치되어 흙먼지와 모래가 쌓이면서 잊혀져 갔다. 민족이 사라지니 수메르라는 이름조차 차츰 잊혀져 아무도 기억하지 않게 되었다. 이 과정에는 기독교가 어떤 책임도 없다. 그러나 지구라트와 설형문자 등 그들이 남긴 많은 유적과 유물들이 다신교의 세계에서는 파괴된 상태에서도 여전히 가시적으로 남아서, 먼 옛날에 살았던 어떤 위대한 민족의 자취를 전해주고 있었다. 수메르 민족의 뒤를 이어 등장한 바빌론과 앗시리아, 페르시아 등 다신교의 제국들은 전쟁이 끝난 후에는 이런 고대 민족들의 유산을 부분적으로 복원하고 활용하였다. 이런 자취조차 사라지게 된

---

1  수메르 민족의 일부가 전란을 피해 타지역으로 이주를 했을 가능성도 있으나, 이 부분은 아직 확인된 기록이나 자료가 없다.

것은 훨씬 후대에 로마제국이 기독교를 국교로 받아들이게 된 사실과 관련이 깊다.

AD 4세기말에 로마제국은 중동지방에 남아있던 다신교의 유물과 기록들을 인간들이 전혀 알 필요 없고, 기억할 필요조차 없는 이단의 흔적으로 간주하여 철저히 파괴하고 말살하였다. 그 후 AD 7세기에 등장한 이슬람교 역시 유일신을 섬기면서 같은 정책을 추구하였다. 현대가 시작될 때까지 기독교와 이슬람교 세계에서 인류의 역사는 노아의 홍수 이후 각각 성경과 코란에 기록된 대로 진행되어 왔다는 것이 사람들이 배운 공식적인 역사관이었으며, 그 이외의 역사는 있을 수 없고, 있어도 알 필요가 없는 것들이었다. 이런 세계관으로 인해 수메르를 포함해 그 후의 앗시리아, 바빌로니아, 히타이트 등의 역사는 현대에 재발굴될 때까지 그처럼 오래 인류의 기억에서 완전히 사라졌던 것이다.

## (1) 기독교의 이방 종교 탄압

서기 313년 로마제국의 황제 콘스탄티누스(Constantinus, 재위 306~337 AD) 1세가 밀라노에서 내린 칙령으로 기독교를 공인하면서 기독교는 박해받던 위치에서 벗어나 다른 종교들과 함께 신앙의 자유를 허락받았다. 종교적 관용의 대헌장이라고 불리는 밀라노 칙령은 로마의 모든 시민에게 스스로 종교를 선택하여 신봉할 수 있는 자유를 부여하였다.[1] 그러나 이로부터 기독교의 지위는 차츰 역전되

---

1  에드워드 기번 (손더스 발췌본, 황건 역, 1991),《로마제국 쇠망사》, 까치, p.286

어 박해받던 종교에서 이단을 박해하는 종교로 자리잡게 되었다. 콘스탄티누스 자신은 기독교로 개종했으나, 전래의 다신교를 배척하지 않았다. 그는 330년에 이탈리아의 로마를 떠나 그리스에 새로 지은 콘스탄티노플로 수도를 옮겼는데, 그가 건설한 궁전의 기둥에는 그리스 신화의 인물들이 장식되어 있었다.[1]

그로부터 62년이 지난 392년에 기독교인이었던 테오도시우스(Theodosius, 재위 379~395 AD) 1세는 로마 제국의 영토 안에서 기독교를 제외한 모든 이교 숭배를 금지하였다. 그는 379년 그라티아누스(Gratianus)와 공동 황제로 즉위한 후 자신이 통치하게 된 동방 영토에서 신앙의 통일에 관심을 기울여 381년 제1차 콘스탄티노플 공의회를 소집하고 아리우스파를 추방하였다. 이는 니케아 신조에 입각한 성부, 성자, 성신의 삼위일체 교리를 보편적 기독교 교리로 선언한 것이었다. 이때부터 보편적이라는 의미의 '카톨릭(Catholic)'이라는 용어가 사용되었다.

그 후에는 "로마인들의 종교를 주피터 신앙으로 할 것이냐, 크리스트 신앙으로 할 것이냐?"는 문제를 원로원에 제기하여 전통적 다신교 신앙을 지지하던 정적들을 제압하고 391년 로마와 이집트에서 일체의 비기독교 의식을 금지하였다.[2] 그 다음 해에는 이 조치가 로마제국의 모든 영토로 확대되었다. 그는 394년에 전통 종교를 지지하던 유게니우스(Eugenius)의 군대를 꺾고 동서로마의 유일한 황제로

---

1  Jane Burbank and Frederick Cooper (2010), *Empires in World History: Power and the Politics of Difference*, Princeton University Press, p.62; 콘스탄티누스는 서기 324년에 제2의 수도를 건설할 것을 명하고, 새로운 수도가 완공되자 330년에 수도를 옮겼다. 그는 신수도를 "새로운 로마"(New Rome)라고 불렀으나, 사람들은 황제의 이름을 따 이 곳을 콘스탄티노플(Constantinople)이라고 불렀다.

2  에드워드 기번 (손더스 발췌본, 황건 역, 1991), 앞의 책, p.418

즉위하였는데, 이것은 로마제국의 모든 영토 안에서 비기독교의 전통이 완전히 단절되는 것을 의미했다.

그의 통치시기로부터 로마 제국에서는 모든 이방 신들을 섬기는 행위가 중지되고, 신전들은 폐쇄되었으며, 이방종교의 기념물들은 대대적으로 파괴되었다.[1] 이집트의 알렉산드리아에 있던 세라피스(Serapis) 신전에는 한때 세계 최대도서관이 있었는데, 신전과 함께 도서관도 이 때 파괴되어버렸다.[2] 고대 이집트인들이 사용하던 상형문자는 기원전 4세기 그리이스계의 왕조 프톨레미(Ptolemy) 때까지도 사용된 기록이 있으나, 로마제국 이후로는 완전히 잊혀졌다.[3] 고대 그리스에서 열리던 올림픽이 마지막으로 개최된 해가 393년인데, 이 역시 테오도시우스의 이단 박해로 중단되었다.[4]

수메르 문명의 본거지였던 메소포타미아 지역은 이 시기에 사산조(Sassanid) 페르시아 제국과 로마 제국이 부딪히는 접경지역으로서 수시로 전쟁의 피해를 입었고, 양대 제국의 영향을 교대로 받기도

---

1 Rossini, Stéphane (1989), *Egyptian Hieroglyphics: How to Read and Write Them*, New York: Dover Publications, Inc.

2 손주영, 송경근 (2011), 《이집트역사 다이제스트 100》, 가람기획, p.186, 이 책에는 이 때 20만부의 두루마리 장서가 불태워져버렸다고 적혀 있는데, 실제 소실된 장서의 숫자는 분명하지 않다. 알렉산드리아 도서관의 파괴에 대해서도 몇 가지 다른 설이 있다. 기원전 48년 로마 내전 때 줄리우스 시저의 군대에 의해 불탔다는 설, AD 642년 아랍 무슬림 군대가 이 곳을 정복했을 때 불탔다는 설 등이다. 기번 등 여러 학자들은 테오도시우스 황제의 영으로 세라피스 신전이 파괴될 때 알렉산드리아의 주교 테오필로에 의해 도서관도 함께 파괴된 것으로 기록했다. 세라피스는 알렉산드리아의 수호신이었고, 그 신전은 세라피엄(Serapeum)이라 불렸다.

3 손주영, 송경근 (2011), 《이집트역사 다이제스트 100》, 가람기획, p.28

4 https://en.wikipedia.org/wiki/Christian_persecution_of_paganism_under_Theodosius_I

했다. 서기 615년에 동로마제국의 헤라클리우스(Heraclius) 황제는 사산제국의 공격에 대한 반격에 나서 연전연승을 거두고 630년에는 메소포타미아를 동로마제국의 속주로 편입하였다. 이 시기에 메소포타미아에서는 기독교의 영향력이 확대되면서 다신교도들의 문화는 점점 이단시되고 잊혀져갔다.[1]

서기 634년부터는 아라비아반도에서 일어난 이슬람교 세력이 본격적인 포교와 세력 확장에 나서기 시작하였는데, 그들은 수십 년 사이에 동로마제국과 사산제국을 밀어내고 중동과 북아프리카 일대를 정복하게 되었다. 예언자 마호멧의 인도로 다신교와 이단을 떠나 유일신 알라에게 귀의하라고 가르친 이슬람교는 역시 이방신의 흔적을 말살하였다.

이슬람교는 유태교와 기독교를 크게 보아 '경전의 종교(Religion of Book)'로 인정하면서 관용을 베풀었지만, 다신교를 섬기던 시대는 '무지의 시대(Age of Ignorance)'라고 간주하여 인간들이 전혀 알 필요가 없다는 입장을 견지했다. 이에 따라 그나마 중동 지역에 남아 있던 고대의 유적과 유물들은 보존할 가치가 없는 악의 유산으로서 더욱 철저히 파괴되거나 방치되었다. 이렇게 해서 지구라트를 만들었던 수메

---

1  이탈리아의 로마에 본거지를 둔 서로마제국은 서기 476년 게르만족의 용병대장 오도아케르에 의해 멸망했으나, 콘스탄티노플에 근거한 동로마제국은 서기 1452년 오토만 터키에 정복당할 때까지 존속하였다. 서구인들은 동로마제국을 비잔틴(Byzantine)제국이라고 명명하면서 로마 제국의 본류가 아닌 것처럼 간주하고 있으나, 콘스탄티누스의 천도 이후 로마제국은 사실 그 본류가 옮겨왔고, 서로마는 오히려 지방으로 간주되었다는 사실을 인식할 필요가 있다. 동로마제국은 스스로를 로마제국이라고 표현했다. 비잔틴이라는 말은 정확한 어원을 알 수 없으나 "복잡하고 이해하기 어려운"이라는 형용사로 19세기 서양학자들이 사용하기 시작한 것으로 알려지고 있다.

르와 아카드, 바빌론, 앗시리아의 모든 흔적들과 피라밋을 만들었던 고대 이집트인의 흔적들은 소리없이 사라지게 되었다.

현대에 고고학자들이 고대 중동문명의 유산을 발굴한 대부분의 지역 이름에는 '텔(Tell)'이라는 아랍어가 붙어있다. 이것은 버려진 고대 유적지가 긴 세월이 지나는 동안 흙벽돌이 무너지고 그 위에 모래먼지가 덮여 하나의 동산을 이룬 지역을 말한다. 후대의 아랍인들은 그런 곳들을 그냥 동산이나 언덕으로 생각하고 그 위에서 살아온 것이다.

오늘날에도 시리아와 이라크에서 말썽을 빚고 있는 이슬람국가(Islamic State: IS)는 현대에 들어와 힘들게 복원한 고대 유적들을 다시 파괴하고 있다. 한국에서도 극단적인 기독교 신도들이 단군상을 목 자르고 불교 사찰에 들어가 소동을 부리는 뉴스들이 나오는 것을 보라. 이성을 배제한 신에 대한 맹목적 믿음이 권력과 결부된다면, 끔찍한 폭력적 결과가 나온다는 사실을 우리는 역사를 통해 확인할 수 있고, 지금도 볼 수 있다.

하늘과 땅, 바다에는 많은 신들이 있고, 여러 민족은 각기 자신들의 신을 믿는다고 생각하던 시절에 사람들은 이방의 문화에 대해 대체로 관용적이었다. 위대한 정복자였던 페르시아의 키루스나 그리스의 알렉산더는 이방인들의 문화를 존중했다. 신바빌로니아를 정복하고 페르시아제국을 건설한 키루스는 정복지에서 포로로 잡혀와 있던 약소민족들을 고향으로 돌아가서 자신들의 문화 전통에 따라 살도록 허락해주었다. 그로 인해 바빌론에서 포로생활을 하던 유태인들은 이방신을 섬기던 키루스를 야훼가 부르신 해방자로 묘사했다. 그러나 유태인의 선지자들은 야훼가 아닌 다른 신들을 우상으로 비난하고 철저히 배척했다.

기원전 334년 동방 원정에 나선 그리스의 알렉산더는 2년 후 이집트를 정복하고 멤피스에서 이집트 사제들에게 기름부음을 받으면서 태양신 아몬-라(Amon-Ra)의 아들로 선포되고 파라오로 즉위하였다. 그 후 페르시아를 정복하고 나서는 다시 동방의 의식에 따라 페르시아의 황제 샤한샤(ShahanShah)로 즉위하였다. 그의 필생의 꿈은 페르시아제국을 무너뜨리는 것이었는데, 그는 그 소원을 성취한 후 페르시아제국을 세운 키루스의 무덤을 찾아가 예의를 표시하고, 전쟁의 와중에 약탈당한 그 무덤을 복원하도록 지시했다.

알렉산더가 세운 광대한 헬레니즘 세계에서도 고대 다신교의 유산은 그대로 보존되었다. 기원전 3세기에 바빌론의 사제였던 베로소스(Berossus)는 여전히 다신교를 숭배하는 바빌론의 역사를 기록했다. 그와 같은 시대의 이집트 사제였던 마네토(Manethos)는 역시 많은 신들이 관여해온 이집트의 유구한 역사를 기록하였다. 그 후 로마제국도 기독교가 국교로 정해지기 전까지는 다신교를 숭배했으며, 이방인들의 종교에 대해 관용적이었다. 그들은 유태인들처럼 극렬하게 저항하는 민족은 말살시켜 버렸지만, 복종하는 민족은 로마에 세금을 내면서 자신들의 전통에 따라 살 수 있게 허락하였다.

이런 전통은 위에서 말한 것처럼 서기 392년 로마 황제 테오도시우스가 이방신을 금지하는 칙령을 내리면서 단절되었다. 이방의 종교에 따르는 모든 행위가 금지되고, 그에 관련된 기록과 유산들은 파괴되었다. 대제국들의 시대에 수메르인의 존재는 이미 오래 전부터 잊혀졌지만, 기독교와 이슬람교의 시대를 지나면서 아예 그 흔적조차 찾아보기 어려운 상태로 땅 속에 묻혀버린 것이다.

한편으로는 이러한 종교적 박해와 별개로 페니키아 알파벳이 보급되면서 복잡한 설형문자와 상형문자가 퇴출된 점도 수메르인들의 기억이 사라지게 만든 요인이 되었다. 페니키아 문자는 기원전 12세기경부터 사용된 가나안 지방의 원시 문자에서 발전되어 나온 것으로 추정된다. 20여 개의 간단한 알파벳으로 모든 언어를 표기할 수 있는 이 알파벳은 페니키아인들에 의해 지중해 연안에 널리 보급되면서 카르타고, 그리스, 로마의 문자로 발전해나갔고, 아랍어, 히브리어 알파벳도 이 문자가 발전한 것으로 간주된다.

기원전 4세기 알렉산더의 동방 정복 이후 그들의 문자가 지중해 세계의 공식 문자가 되었으므로 이 시기에 설형문자와 상형문자는 일부 층에서 여전히 사용되었으나, 이미 퇴출 단계에 들어선 것으로 추정된다. 같은 시기에 갈대를 이용한 파피루스(papyrus)와 양가죽을 말린 양피지(羊皮紙) 등이 기록 수단으로 널리 이용되면서 점토판도 퇴출되었다.

## (2) 수메르인들과 유태인의 관계

수메르 문명은 오래 전에 사라졌지만, 유태인들이 신의 계시를 받아 적었다고 하는 성경 속에 일정한 흔적을 남겼다. 지금부터는 이 부분을 집중적으로 살펴보고자 하며, 그에 앞서 수메르인들과 유태인들의 관계에 대해 먼저 검토를 해보고자 한다.

수메르인들과 유태인들은 어떤 관계에 있었을까? 유태인들이 노아의 아들 셈의 후손이며, 수메르라는 이름도 셈에서 나온 것인만큼 수메르인들은 유태인들과 혈연적으로 가깝다는 주장들이 있다는 말을 1장에서 언급하였다.[1] 이런 설이 역사나 언어학적 연구를 통해 신뢰성 있게 받아들여지지는 않는다.

유태인들의 등장이 시대적으로 수메르인들보다 훨씬 후대라는 사실은 분명하다. 구약성서의 창세기 11장에 따르면 유태인들이 "믿음의 조상"으로 간주하는 아브라함(Abraham)은 아버지 데라(Terah)를 따라 칼데아 우르(Ur of the Chaldees)에서 떠나 가나안 땅으로 들어왔다고 한다. 그 도중에 하란에서 데라는 죽고 아브라함은 야훼로부터 그의 후손이 번영하여 그가 많은 민족의 조상이 될 것이라는 약속을 받았다. 이후 아브라함은 "많은 민족의 조상"이라는 의미로 종전의 아브람(Abram)에서 이름을 바꿨으며, 그의 아내 사래(Sarai)도 사라(Sarah)로 개명하였다. 이 아브라함으로부터 야훼 신앙이 정립되었으며, 지금의 유태인들은 그의 후손이라고 간주되고 있다.[2]

현대 초기에 이르기까지 기독교가 지배적인 세계에서는 성경의 기록에 대해 의문을 갖는다는 것은 상상조차 할 수 없는 일이었다. 그러나 지금은 창세기의 이런 내용이 역사적 사실에 부합하는가에 대해 많은 논의가 진행되고 있다. 성서고고학의 거장인 미국의 올브

---

1  인터넷에서 Sumer and Shem으로 검색해보면 많은 글들이 나오는 것을 볼 수 있다.

2  창세기 구절을 좀더 자세히 언급하면 이렇다. 아브라함의 아버지인 데라는 칠십 세에 아브라함과 나홀과 하란을 낳았는데, 하란은 아비보다 먼저 태어난 곳 칼데아 우르에서 죽었다. 그 후 데라는 아브라함과 그 아내 사래, 그리고 하란의 아들 롯을 거느리고 우르를 떠나 가나안 땅으로 가려다가 하란에 거하였다. 데라는 205세를 향수하고 하란에서 죽었다. 여기에서 하란이라는 이름은 아브라함의 형제 이름이기도 하고, 도시의 이름이기도 한데, 역사에서는 앗시리아 제국이 신바빌로니아에 의해 멸망할 때 마지막 왕 앗슈르우발릿 2세가 니느웨를 탈출하여 왕으로 즉위했던 도시였다.

라이트(William Albright)는 창세기의 묘사가 역사적인 사실이라는 점에 대해 의문을 가질 이유가 없다고 말한다.[1] 장로회신학대학의 문희석 교수는 좀더 구체적으로 데라가 우르로부터 하란으로 떠난 시기가 기원전 1975~1950년 사이에 위치한다는 사실에 아무런 의심도 할 수 없다고 말한다.[2]

그러나 텔아비브 대학의 고고학자인 핑켈스타인(Israel Finkelstein) 은 아브라함의 존재를 역사적으로 확인하려는 모든 시도는 실패했다 고 말한다.[3] 한국의 불문학자인 민희식 교수는 고대 오리엔트의 신화 와 문학들을 광범위하게 연구하고, 구약성경은 오리엔트 여러 민족들 의 신화와 전설들을 각색하여 편집된 책이라고 단정한다. 그 가운데 아브라함과 사라 이야기는 우가리트(Ugarit)의 케레트 서사시(The Epic of Keret)와 이집트 신화 등을 엮어서 편집한 것이라고 주장한다.[4]

이 문제가 성서의 역사성을 둘러싼 신앙의 문제로 이어지기 때 문에 많은 학자들은 좀더 조심스러운 표현으로 접근한다. 저명한 종 교학자인 미르시아 엘리아드(Mircia Eliade)의 다음과 같은 표현은 저명 한 학자의 글 치고는 상당히 모호하다.[5]

---

1 Finkelstein, Israel & Silberman, Neil Asher (2001), *The Bible Unearthed: Archeology's New Vision of Ancient Israel and The Origins of Its Sacred Texts*, A Touchstone Book, p.34

2 문희석 (1990),《구약성서 배경사》, 대한기독교출판사, p.136

3 Finkelstein, Israel & Silberman, Neil Asher (2001), 앞의 책, pp.33-36

4 민희식 ((2015),《성서의 뿌리: 오리엔트 문명과 구약성서》, 초판3쇄, 도서출판 블루리본

5 Mircea Eliade (1976), *A History of Religious Ideas, Volume 1, From the Stone Age to the Eleusinian Mysteries,* Translated by Willard R. Trask, The University of Chicago Press, p.172

"아브라함과 그의 아들 이삭, 그의 손자 야곱, 그리고 요셉의 모험에
관한 역사는 족장들의 시대(Age of Patriarchs)라고 알려진 시기를 형성한
다. 오랫동안 이 족장들은 전설상의 인물이라고 간주하는 비판이 있었
다. 그러나 지난 반세기 동안, 특히 고고학적 발굴에 비추어, 일부 학자
들은, 최소한 부분적으로라도, 족장 전승의 역사성을 인정하는 방향으
로 기울어져 왔다. 분명히 말하건대, 이것은 창세기의 11~50장이 역사
적인 문서라는 사실을 의미하는 것은 아니다."

말을 빙 둘러 왔지만, 그의 결론은 결국 창세기의 아브라함과
족장들의 이야기는 역사적인 문서로 볼 수 없다는 것이다. 그러나
여기서는 일단 아브라함을 실존 인물로 간주하고 그의 등장 시기가
기원전 20세기 전후라는 주장을 받아들일 경우, 이는 수메르인들이
이신 - 라르사 시대를 거치면서 소멸 단계로 들어서던 시기에 해당
된다. 수메르인들은 그보다 3천년이나 앞서 등장하여 찬란한 문명을
건설하고 활동한 후 이제 역사의 뒤안길로 들어서던 시기에 유태인
은 비로소 한 부족으로 등장하게 되는 것이다.

고대 역사에 등장하는 많은 부족들은 소수의 같은 뿌리에서
계속 갈라져 나왔다는 사실을 창세기가 시사한다. 노아의 세 아들
로부터 인류의 모든 종족이 나왔다는 성경의 기록을 역사적 사실
로 그대로 믿기는 힘들다고 하더라도 특정한 조상으로부터 시작된
부족들이 계속 갈라져 나왔다는 사실은 충분히 유추할 수 있다. 먹
을 것이 충분하지 않았던 시대에 목초지를 따라 떠돌던 유목민들
은 가족의 규모가 커지면 분가를 하여 새로운 가족을 만들고 세월
이 흘러 그 후손들은 누군가 강력한 가부장 아래 새로운 부족을

형성해 나왔다.

성경은 아브라함과 함께 다니던 그의 조카 롯(Lot)이 떨어져 나가 모압(Moab)족과 암몬(Ammon)족의 조상이 되었고, 아브라함의 아들 이삭(Issac)으로부터 나온 두 아들 에서(Esau)와 야곱(Jacob)은 각각 에돔(Edomites)족과 유태인들의 조상이 된 것으로 기록하고 있다. 아브라함의 다른 아들 이쉬마엘(Ishmael)은 황야에서 살았다고 나와 있는데, 그는 오늘날 아랍인들의 조상이 된 것으로 간주되고 있다.

성경은 명백하게 아브라함-이삭-야곱으로 이어지는 혈통을 야훼가 선택한 것으로 묘사하며, 야곱의 12아들 중에는 유다(Judah)가 우두머리가 될 것이라고 기록하였다. 유태교와 기독교의 고전적인 믿음은 창세기와 출애굽기를 비롯한 모세 5경은 야곱의 12 아들 중 레위(Levi)의 후손인 모세가 기록했다는 것이다. 지금은 모세가 실존 인물인지, 그렇다면 그가 언제적 사람인지에 대해서도 많은 논의가 있다. 문희석 교수는 모세가 이끈 출애굽이 기원전 13세기에 있었다고 설명한다.[1]

그러나 핑켈스타인은 성경에 묘사된 바와 같은 대규모의 출애굽 사건이 역사 속에 실제로 있지 않았다는 사실은 부정할 여지가 없다고 단정적으로 표현한다.[2] 그는 이런 성경의 기록은 기원전 622년 유다왕국의 요시야(Josiah) 시절에 정치적 목적으로 편찬된 것이라고 주장한다. 요시야왕은 앗시리아제국이 무너지던 시절에 강력한 종교개혁을 통해 왕국을 강화하고 이스라엘의 옛 영토를 회복하고자 했

---

1  문희석 (1990), 《구약성서 배경사》, 대한기독교출판사, p.242

2  Finkelstein, Israel & Silberman (2001), 앞의 책, p.63

다. 일부 학자들은 모세 5경이 오늘날과 같은 형태로 편찬된 것은 기원전 400년경이라고 주장한다.[1]

이러한 단정적인 표현들에 반해 출애굽과 모세의 역사성에 관한 엘리아드의 표현은 또 한번 애매해진다.[2]

"전문가들의 의견이 일치되지 않는 논쟁에 참여하자는 것이 우리의 입장은 아니다. 이스라엘의 종교에서 극도로 중요한 어떤 사건들의 역사성을 회복하는 일은, 기대에도 불구하고, 가능하지 않았다는 점을 언급하면 충분한 것이다. 물론 이 말은 그 사건들이 역사적으로 실재하지 않았다는 사실을 의미하는 것은 아니다. … 모세라고 알려진 인물의 역사적 실재를 의심할 이유는 없다. 그러나 그의 전기(biography)와 개인적 특성들은 우리의 추적을 벗어난다."

이 글은 필자에게는 마치 법정에서 자신의 학설을 부인하고 돌아서 나오면서는 "그래도 지구는 돈다"고 중얼거렸다는 갈릴레오의 일화와 같은 느낌을 준다. 출애굽이 있지 않았다고는 생각하지 않지만, 출애굽에 대한 기록을 찾을 수는 없다. 모세를 부정할 수는 없지만, 모세라는 사람에 대해 구체적으로 알 수는 없다. 위의 글은 딱 이렇게 해석하면 맞을 듯하다.

미국의 성서고고학자인 에릭 클라인(Eric Cline)도 출애굽에 대해

---

1   박창환 (1981), 《성경의 형성사》, 현대신서 9, 대한기독교서회, p.27

2   Mircea Eliade (1976), *A History of Religious Ideas, Volume 1, From the Stone Age to the Eleusinian Mysteries*, Translated by Willard R. Trask, The University of Chicago Press, p.178

서는 애매한 입장으로 서술한다.[1]

> "지금까지 성서에 기록된 대로 아이들을 제외하고 60만의 장정들이
> 거대한 가축떼와 함께 사막에서 40년간 걸어서 헤맸다는 흔적은 전혀
> 찾을 수 없다. 이것은 그런 일이 안 일어났다는 것이 아니라 아직 고고
> 학적 증거를 발견하지 못했다는 사실을 의미할 뿐이다."

어찌 되었건 셈족의 한 지파로 등장한 유태인들은 수메르인들과
는 비교할 수 없을 정도로 먼 나중에 등장한 민족이다. 수메르 민족
의 흔적은 셈족의 일파인 아모리인들이 세운 고바빌론 왕국을 마지
막으로 완전히 사라진 것을 앞 장에서 살펴보았다. 셈족의 지파 가
운데 앗시리아를 건설한 앗수르족과 신바빌로니아를 건설한 칼데아
족은 훨씬 후대에 나오는데, 성경은 유태인들과 이 두 제국과의 조
우를 집중적으로 이야기하고 있다.

## □ 유태인들은 수메르를 알았을까?

역사적으로 유태인들이 수메르인들보다 훨씬 늦게 출현한 민족
이라는 사실을 검토해보았다. 그러면 유태인들은 수메르에 대해 알
고 있었을까? 알았다면 어느 정도로나 알고 있었을까? 창세기 10장
은 대홍수 이후 살아남은 노아의 자손들로부터 인류가 다시 시작되
는 이야기를 담고 있는데, 노아의 아들 함으로부터 나온 자손들을
설명하는 부분에 이런 내용이 있다.

---

1　Eric H. Cline (2009), *Biblical Archaeology: A Very Short Introduction*, Oxford
　University Press, p.76

"6.함의 아들은 구스(Cush)와 미스라임과 붓과 가나안이요

7.구스의 아들은 스바와 하윌라와 삽다와 라아마와 삽드가요 라아마의 아들은 스바와 드단이며

8.구스가 또 니므롯을 낳았으니 그는 세상에 첫 용사라

9.그가 여호와 앞에서 용감한 사냥꾼이 되었으므로 속담에 이르기를 아무는 여호와 앞에 니므롯 같이 용감한 사냥꾼이로다 하더라

10.그의 나라는 시날 땅의 바벨과 에렉과 악갓과 갈레에서 시작되었으며

11.그가 그 땅에서 앗수르로 나아가 니느웨와 르호보딜과 갈라와

12.및 니느웨와 갈라 사이의 레센을 건설하였으니 이는 큰 성읍이라."

여기에는 지금껏 우리가 살펴본 수메르 역사에 관련된 주요 도시들의 이름이 나와 있다. 바벨(바빌론), 에렉(우루크), 악갓(아카드), 갈레(칼루), 니느웨 등은 이미 친숙한 이름들이다. "시날 땅의 바벨"이라는 표현에서 시날은 어원이 명확하지 않지만 유프라테스와 티그리스 "두 강 사이"를 의미하는 뜻으로 그리스인들이 메소포타미아라고 말한 의미와 동일하며, 유태인들이 수메르를 지칭한 용어라고 생각되고 있다. 창세기 14장 1절에는 "시날 왕 아므라벨"(Amraphel King of Shinar)이라는 이름이 나오는데, 이것을 "시날 땅의 바벨"과 연결하면 바빌론의 왕 함무라비를 연상시킨다.

여기에서 보면 유태인들은 수메르와 메소포타미아의 여러 도시 국가들에 대해 그 이름들을 알고 있었다. 앞에서 잠깐 언급했지만, 일부 논자들은 수메르라는 용어 자체가 노아의 아들 셈(Shem)의 이

름에서 유래한 것이라고 주장하고 있다. 창조과학(Creation Science)을 내세우는 기독교계 일부 논자들의 주장에 따르면 대홍수로 세상이 멸망하고 난 후 노아의 아들 야벳, 셈, 함으로부터 인류가 갈라져 나왔는데, 그 중 셈으로부터 수메르인들이 나왔고, 그의 후손들이 인도-유럽어족, 인도-이란족, 심지어 아일랜드와 이베리아 반도의 켈트족, 그리스의 스파르타족까지 이어졌다고 한다.[1]

이러한 주장이 학문적으로 검증된 바는 없다. 각 민족의 언어에서 성서에 나오는 단어들과 발음이 유사한 단어들 몇 개로 유추하여 모든 것이 유태인에게서 나왔다고 하는 주장은 세계 모든 문명이 우리 한민족에게서 나왔다고 하는 환단고기식 주장을 연상시킨다. 유사역사학이라고 불리는 환단고기론자들에 따르면 수메르어에서 신을 나타내는 딘기르(Dingir)는 우리의 단군과 같고, 기르(Gir)는 길, 바드(Bad)는 밭과 같다. 수메르민족은 우리 한민족에게서 나왔다는 것이다. 수메르라는 단어 자체가 우리말의 숯머리라고 한다.[2]

위의 창세기 구절에 나온 내용을 역사적으로 검증하기는 힘들다. 앞에서 앗시리아 역사와 관련해 언급했듯이 성경은 구스의 아들인 니므롯이 위에 언급된 모든 도시들을 지배한 후 앗시리아로 나아갔다고 한다. 지금까지 역사적 사실을 통해 확인된 인물들 중에 이 내용과 부합하는 인물은 파악되지 않는다는 점을 앞에서 설명했다. 고대에 세계를 지배한 어떤 영웅이 있었는데, 그 인물의 이름이 니므롯이라는 식이다.

---

1  아래 사이트에서 이 주장을 간추린 내용을 볼 수 있다. http://creationwiki.org/Shem.
2  인터넷에서 "수메르 숯머리"로 검색해보면 여러 글들을 볼 수 있다.

한편, 위에서 언급된 도시들과 함께 아브라함의 일대기에 나오는 "갈대아 우르"는 수메르의 왕조가 있었던 바로 그 도시의 이름이 분명하다. 그런데 칼데아인은 신바빌로니아 제국을 세운 셈족의 지파로서 대략 기원전 12~11세기경부터 역사 속에 등장한다. 우르에 있던 수메르인들의 위대한 왕국은 기원전 2000년경에 멸망했고, 칼데아인이 신바빌로니아 왕국을 건설한 것은 그로부터 1,400년쯤 후인 기원전 7세기가 지나갈 무렵이었다. 유태인들이 포로로 잡혀와 바빌론에서 70년간 억류 생활을 했던 때가 바로 이 신바빌로니아 왕국 시절이다.

수메르인의 우르 제3왕조에서 건설했던 커다란 지구라트가 1,500년이 지난 신바빌로니아 시절에도 그대로 남아 있어 기원전 6세기의 나보니두스왕이 그것을 보수했다는 기록이 있음을 앞에서 언급하였다. 그러니 포로로 잡혀와 있던 유태인들에게도 칼데아땅의 우르는 유명한 도시였다. 이러한 연대기를 감안하면 "갈대아 우르"라는 창세기의 기록은 우르가 칼데아땅이 된 이후에 만들어진 것으로 판단할 수 있으며, 아브라함을 기원전 20세기경의 실존인물이라고 보는 해석은 맞지 않게 된다. 그들이 바빌론 유수 이후 알게 된 정보를 유태인 역사에 접목하여 이야기를 만든 것으로 생각할 수 있다.[1]

유태인들은 바빌론 포로 시절에 많은 이방인들의 문화에 접하게 되었다. 당시의 바빌론은 오늘날의 미국처럼 전세계 권력과 정치

---

1 비슷한 사례를 팔레스타인(Palestine)족인 블레셋에 대한 언급에서도 발견할 수 있다. 역사적으로 팔레스타인족은 기원전 12세기경에 처음 등장한 것으로 간주되는데, 모세 5경은 여러 군데에서 블레셋족과의 싸움을 언급하고 있어 모세 시대에 이것이 기록되었다고 추정하기 어렵게 만든다. 박창환 (1981),《성경의 형성사》, 현대신서 9, 대한기독교서회, p.20

의 중심지였을 뿐만 아니라 학문과 문화의 중심지였고, 많은 민족들이 들어와 교류하고 생활하던 곳이었다. 유태인들처럼 포로로 끌려와 노예생활하던 민족들도 많았다. 유태인들은 이 시절의 경험을 통해 세계를 보는 눈을 다시 뜨게 되었고, 많은 이방인들의 이야기가 그들의 지식 범위에 포함되면서 성서에 반영되었다.

종교사학자인 그레이스 케언스(Grace E. Cairns)는 유태인들이 바빌론 포로 시기에 접한 조로아스터(Zoroaster)교의 영향으로 선신과 악신이 싸우는 우주관을 받아들이게 되었다고 말한다.[1] 유일신이 지배하는 세계에서 그 신과 대적하며 인간을 유혹하는 사탄(Satan)이라는 존재가 언급되는 유태인들의 종교관은 사실 이성적인 인간들에게는 당혹스런 세계관이다. 바빌론 유수 시기에 유태인들이 이러한 조로아스터적 세계관에 노출되었을 가능성은 충분하다. 당시의 바빌론은 마르둑을 주신으로 섬기는 세계였지만, 조로아스터교가 광범위한 대중적인 기반을 확보하고 있었다는 사실은 바빌론을 멸망시킨 페르시아인들의 국교가 조로아스터교였다는 점에서 유추할 수 있다.[2]

---

1  G.E. 케언스 (이성기 역, 1980),《동양과 서양의 만남; 우주와 인간 역사의 목표와 의미》, 서울: 유림사, pp. 233-238

2  짜라투스트라(Zarathustra)라고도 불리는 조로아스터는 기원전 15세기부터 7세기 사이에 살았던 것으로 추정되는 페르시아의 철학자이다. 그에 대한 개인적 정보는 거의 알려진 바가 없어 추정연대의 편차가 크다. 그는 태초에 두 신이 있어 아후라마즈다(Ahura Mazda)는 빛과 모든 선한 것을 창조하였으나, 아흐리만(Ahriman)은 어두움과 모든 악한 것을 창조하였다고 가르쳤다. 인간들은 이 두 신 가운데 아후라마즈다의 가르침을 좇아 아흐리만을 물리치는 싸움에 나서야한다는 것이다. 그의 가르침을 따른 신도들은 선한 신을 상징하는 불(火)을 숭배하였으므로 그의 종교는 배화교(拜火敎)라고 불리웠다. 그의 가르침은 메소포타미아에 널리 퍼져 훗날 페르시아제국에서 국교가 되었다. 악신인 아흐리만은 샤틴(Shatin)이라고도 불렸는데, 유태인의 사탄과 발음상으로도 유사하다. 샤틴은 또한 앙그라마이뉴(Angra Mainyu)라고도 불렸다. 많은 부족들이 그 개념을 받아

이런 점을 고려하면 유태인들은 바빌론 유수를 통해 세계 민족의 역사와 지리, 종교와 문화 등에 대해 새로운 지식을 얻고, 이를 반영해 성서를 새로이 편찬한 것으로 유추할 수 있다. 최초의 인류가 살았던 에덴 동산이 이집트나 가나안이 아니고 바빌론이 위치한 메소포타미아 지역으로 묘사된 것이나, 창세기에 기록된 노아의 홍수 이야기, 시날 땅의 바벨탑 이야기, 그리고 아브라함이 갈대아 우르에서 나왔다는 이야기 등은 모두 바빌론과의 연관을 강하게 시사한다.

대홍수 이후 노아의 자손들로부터 인류가 갈라져 나왔다는 내용은 당시 유태인의 현명한 사제들이 파악한 고대 세계의 인류학과 지리학의 첨단 정보였을 것이다. 그들이 알고 있던 세계의 지리적 범위는 가나안을 중심으로 이집트와 그 주위 북아프리카 일대, 그리고 메소포타미아 일대가 사실상 전부였다. 오늘날의 5대양 6대주와 같은 개념은 그 시대에는 존재하지도 않았다. 그들이 당시대의 중국이나 인도, 나아가서 우리의 고조선 같은 나라나 민족들을 알고 있었을 가능성은 매우 낮다.

뒤에서 곧 보겠지만, 대홍수 이야기는 수메르인들이 기원전 2100년경에 최초로 만들었고, 천년 이상의 시간이 경과하면서 바빌론, 히타이트, 앗시리아 사람들이 계속 각색하여 새로운 이야기를 만들었다. 고대 메소포타미아에서 세계적 베스트셀러였던《길가메시 서사시》가 이 모든 이야기들의 원전이다. 이것이 성서에 기록된 노아 홍수 이야기의 원전이며, 천지창조, 에덴동산, 바벨탑 이야기 등도

들여 다른 용어로 표현한 것이다.

모두 바빌론과 관련이 있다는 주장이 지난 100여 년 동안에 강력하게 제기되어 오고 있다.

유태인들이 수메르의 존재를 알았을까 하는 의문에 대해 필자 나름의 결론을 내려보기로 한다. 먼저 성경에는 수메르인들이 활동했던 도시 이름들과 실존 여부가 밝혀지지 않은 일부 인물들의 이름이 나오지만, 수메르인들의 활동에 대한 직접적인 기록은 전혀 없다. 유태인들은 이집트와 가나안 땅에서 자신들이 접한 많은 민족들을 언급했고, 메소포타미아에서는 앗시리아와 바빌론을 중심으로 역시 많은 민족들을 언급했지만, 수메르에 대한 구체적인 언급은 없다. 기원전 1세기에 유태인의 역사를 상세히 쓴 요세푸스의 역사책에도 수메르인에 대한 언급은 전혀 없다.

이 점을 본다면 유태인들은 수메르인에 대해 구체적으로 알지 못했고, 아득한 옛날에 인류의 첫문명을 만들었던 어떤 전설적인 민족 정도로 알고 있었을 가능성이 높다. 그런 전설 같은 이야기가 어떤 영웅적 인물 니므롯이나 시날 땅의 바벨 같은 막연한 지명 속에 흔적을 남기고 있는 것이다.

알지 못했으므로 기록할 수 없었고, 정확히 알지 못했으므로 잘못 기록한 사례는 역사에서 흔히 발견되는 일이다. 기원전 5세기에 중동의 역사를 기록한 그리스의 헤로도토스도 자신의 시대로부터 불과 100여년 안쪽에 망한 신바빌로니아 제국의 네부카드네자르 대왕을 알지 못했다. 그는 바빌론을 앗시리아의 한 지방 정도로 간주했다. 그의 기록에는 니토크리스(Notocris)라는 바빌론의 훌륭한 여왕 이야기가 나오는데, 그리스인이었던 그가 네부카드네자르의 페르시아식 이름을 듣고 여성으로 잘못 이해한 것이 아닌가 추정되고 있다.[1] 그의 역사에도 수메르인에 대한 이야기는 전혀 없고, 심지어 자신과 동시대에 존재했던 유태인들에 대한 언급도 전혀 없다.


## 2. 수메르 기록들과 성서의 구절들

지금까지 알려진 수메르의 기록들 속에는 성서에 나오는 이야기들을 연상시키는 내용들이 많이 있다. 그 줄거리와 전개과정이 비슷한 이야기도 있고, 전개과정은 다르나 기본적인 소재가 유사한 이야기도 있다. 그러한 유사성을 두고 성서를 비판하는 사람들과 옹호하는 사람들이 많은 논의를 하고 있다. 프린스턴대학에서 출판한 프리차드(James Pritchard)의 책은 성서 내용과 관련있는 고대 중근동의 방대한 문헌을 집대성해서 소개하고 있다.[2] 최근에는 인터넷을 통해 많은 귀한 자료들이 무료로 공개되고 있다. 앗시리아학 초기의 자료들은 구텐베르그(Gutenberg) 재단에서 무료로 공개하고 있는 전자책 가운데서 여러 자료를 찾을 수 있다. 최근에는 옥스퍼드대학과 UCLA 등에서 공동 프로젝트로 설형문자 자료들을 모아 CDLI (Cuneiform Digital Library Initiative)라는 홈페이지를 통해 방대한 자료들을 공개하고 있다.[3]

---

1  박광순역(1987), 헤로도토스의 《역사》, 범우사, p.107; 네부카드네자르의 페르시아식 이름은 나부크드라차라였다.

2  이 책은 2016년 한국에서 기독교문서선교회(CLC)를 통해 《고대 근동 문학 선집》이라는 제목으로 번역 출판되었다. 필자는 1994년에 미국에 있는 후배를 통해 이 책을 구입한 후 번역을 해서 소개하고 싶다는 희망을 늘 지녀왔으나, 그 방대한 분량에 엄두를 내지 못하였다.

3  http://cdli.ucla.edu/

수메르인들의 기록 가운데서도 특히 대중의 관심을 끌 수 있는 문학적 이야기들은 당대에도 이미 여러 민족의 언어로 번역되어 널리 읽혔다. 아카드, 앗시리아, 바빌론에서 남긴 많은 문헌들이 수메르의 이야기를 각색하여 전달하고 있다. 앞에서 설명한 두무지와 여신 이난나의 결혼 이야기는 여러 민족의 이야기로 각색되었다. 여신 이난나는 셈족의 여신 이쉬타르로 바뀐다. 길가메시를 노래한 서사시도 각색되면서 더욱 발전하였다. 노아의 홍수 이야기는 이 서사시의 일부 내용인 홍수 이야기와 매우 유사하다. 이 서사시는 더 나아가 그리스의 헤라클레스 신화와 일리아드, 오딧세이 등 영웅을 소재로 한 중근동의 서사문학에까지 영감을 준 것으로 분석되고 있다.

성직자나 관료 등 특수계급의 사람들을 제외한 보통사람들은 문자를 알지 못하던 시대였으므로, 일반 대중은 구전(口傳)을 통해 그 내용을 알았다. 호머(Homer)의 일리어드와 오딧세이도 구전되어 내려왔다고 하는데, 한국에서도 거의 책 한권 분량에 해당하는 판소리를 완창하고 그것을 외워서 전수하는 사람들이 있음을 상기하면 이런 구전이 고대 세계에서 예외적인 현상이 아니었음을 미루어 짐작할 수 있다.

기원전 3세기의 바빌론인 베로소스(Berososus)가 남긴 "바빌론 역사"(Babylonica)를 보면 각민족들이 자신들의 자부심에 맞게 자신들의 언어로 수메르 역사와 문학작품들을 각색한 사실을 뚜렷하게 알 수 있다. 원전은 유실되었지만 부분적으로 복구되어 있는 그의 책은 천지창조로부터 시작하여 대홍수로 인류가 몰살되고 그 후 다시 키수드로스(Xisouthros)의 후손으로부터 인류가 갈라져 나오는 역사를 서술하고 있다. 그는 수메르의 왕조 목록을 변형시켜 홍수 이전에 칼데아인 알로로스(Aloros)가 최초의 왕이었다고 기록했다. 홍수 이후에는 다시 에우키시오스(Euechsios)가 칼데아땅을 다스렸다고 기록하였다. 수메르 기록에서 최초의 왕권은 에리두에 내려온 것으로 되어 있는데, 그는 칼데아가 최초로 왕권을 받은 곳으로 기록하고 있다.

수메르는 이미 칼데아에 동화되어 사라졌고, 수메르의 도시들은 칼데아의 지방으로 간주되었으므로 베로소스의 시대에는 칼데아가 처음부터 세계를 지배했다고 생각할 수도 있었을 것이다. 우리 역사에 놓고 비유해본다면 고구려와 백제를 멸망시킨 신라가 고구려왕 주몽의 이름을 신라식으로 바꾸고 고구려의 역사를 신라의 역사로 기록한 것으로 생각할 수 있다. 어찌 됐든 그의 왕조 목록이 수메르의 왕조 목록을 참조하면서 이를 각색하였다는 사실은 분명히 알 수 있다.

학자들은 성서에도 이런 차용의 흔적이 분명히 남아 있다고 말한다. 사무엘 크레이머는 성서의 천지창조, 에덴 동산, 노아의 홍수, 바벨탑 이야기 등은 뚜렷하게 수메르인들에게서 영감을 얻었거나 차용한 것이라는 점을 언급하고 있다. 이뿐만 아니라 성서의 가장 독창적인 요소들로 꼽히는 시편이나 잠언, 전도서, 아가, 욥기 등의 지혜 문학도 이미 수메르인들에게서 그 원형이 발견되고 있는 것으로 소개한다.

한국의 불문학자 민희식 교수는 수메르에서 바빌론, 앗시리아, 이집트, 페르시아, 그리스까지 걸치는 고대 오리엔트의 신화와 전설들을 광범위하게 수집하여 비교하고 구약성경은 이런 이야기들을 원전으로 편집된 책이라고 단정을 내린다. 그가 종교학이나 신학을 전공한 저자는 아니지만, 방대한 자료를 조사 연구하고 구약성경과 비교하는 이야기는 충분히 경청할 만하다.[1]

지금부터는 이런 이야기들에 대해 필자가 아는 내용들을 중심으로 하나하나 살펴보고자 한다. 이와 관련해 우선 크레이머의 의견을 한 구절 인용해둔다.[2]

"수메르인들이 만든 문학작품은 히브리인들에게 깊은 영향을 남겼다. 수메르인들의 문학을 복원하고 번역하는 작업에서 가장 짜릿한 흥미를 느낄 수 있는 부분 중 하나는 수메르 문학과 성서 문학적 모티프 사이에 유사점과 대응구절을 찾는 일이다. 수메르인들이 히브리인들에게 직접적인 영향을 끼칠 수 없었다는 점은 분명하다. 그들은 히브리인들이 나타나기 오래 전에 소멸해버렸기 때문이다. 그러나 수메르인들이 나중에 팔레스타인이라고 불리는 땅에서 히브리인들보다 앞서 살았던 가나안인들과 앗시리아인, 바빌로니아인, 히타이트인, 후리인, 그리고 아람인 등 그 주위의 민족들에게 깊은 영향을 끼쳤다는 사실은 거의 의심할 여지가 없다."

## (1) 창세기 : 천지창조, 에덴동산, 카인과 아벨

천지창조 이야기는 성서에만 있는 것이 아니다. 유태인들에 앞

---

1　민희식 ((2015), 《성서의 뿌리: 오리엔트 문명과 구약성서》, 초판3쇄, 도서출판 블루리본

2　Samuel Noah Kramer (1981), *History Begins at Sumer*, Revised Edition, University of Pennsylvania Press, Chapter 19

서 이집트, 바빌론, 앗시리아 사람들이 만든 천지창조 이야기가 있었고, 그보다 더 앞서 수메르 사람들이 만든 이야기가 있었다. 중국과 인도에도 창조 신화가 있었으며, 몽고와 터키 등 유라시아의 유목민들도 창조신화를 가지고 있었다.[1] 〈일본서기〉는 성경의 창세기와 유사한 구절로 시작한다.[2] 한국의 가장 오래된 사서들인 〈삼국사기〉와 〈삼국유사〉에는 천지창조 같은 이야기가 없으나, 아마도 더 오래된 기록들에는 그런 내용들이 있었으리라 짐작된다. 그런 이야기들은 우주와 모든 생명체, 인간이 어떻게 만들어졌을까 하는 의문에 대한 당시대 사람들의 지적 추구의 결과물이었다.

우주와 인간이 어떻게 만들어졌을까 하는 의문은 아마도 인류의 출현 이래 모든 시대 모든 나라의 사람들이 다 가져온 의문일 것이다. 현대의 인간들은 과학이라는 방법을 통해 이러한 의문에 대한 답을 탐구한다. 물리학, 천문학, 생물학, 화학 등은 모두 우주의 작동

---

1   오늘날의 몽고와 중앙아시아, 터키, 동유럽의 불가리아, 헝가리 등에 걸치는 유라시아의 광대한 초원지대에서 생활하던 고대 유목민들은 텡그리(Tengri)라는 신이 천지를 창조했다는 설화를 지니고 있었다. 이 단어의 발음이 한국의 단군, 수메르의 딘기르와 유사해 여러 가지 해석을 낳고 있다.

2   기원후 720년에 나온 〈일본서기(日本書紀)〉는 천지창조에 대한 내용으로부터 시작하는데, 여기에 소개하는 중근동의 창조 신화들과 유사한 내용으로 되어 있어 흥미롭다. 그 앞부분 구절들을 소개해본다. "옛날 옛적에, 천지가 아직 갈라지지 않고 음양이 아직 나뉘어지지 아니하였을 때, 이 세계는 혼돈하여 닭의 난자와 같이 모양도 결정되어 있지 아니하였으며, 또 그것은 아직 컴컴하고 광활하여 만물의 싹을 아직 그 속에 머금고 있을 뿐이었다. 드디어 맑고 밝은 부분은 얇게 흐트러져 하늘이 되고, 무겁고 탁한 부분은 쌓여 땅이 되었다. 그러나 정묘한 것은 모으기 쉽고, 무겁고 탁한 것은 굳어지기 어려운 것이다. 그러므로 하늘이 먼저 이루어지고 땅은 그 뒤에 정해졌다. 그리고 뒤에 신성(神聖, kami)이 그 가운데에서 태어났다." 성은구 역주 (1987), 《日本書紀》, 정음사, p.22. 일부 난해한 한자어 등은 필자가 임의 수정함.

원리를 설명하고 그로부터 우주의 기원까지 설명하고자 하는 지적 노력의 산물이다. 현대 과학은 다양한 도구를 활용해 실험과 검증을 거쳐 이론을 만들어내지만, 옛날 사람들은 자신들이 보고 겪은 경험적 지식과 사색으로 우주의 기원과 작동원리에 대한 의문을 설명했다. 그들의 설명에 신이 개입하면 그것은 신학이 됐고, 신의 존재가 개입하지 않으면 철학이 됐다.

까마득한 옛날에 만들어진 천지창조 이야기들은 바로 그 시대 사람들이 우주의 기원과 원리를 설명한 과학이론이었다. 당대에 가장 현명한 사람들이 하늘과 땅이 이렇게 해서 만들어졌다고 설명하면, 그것은 마치 오늘날의 우리가 뉴턴의 중력법칙으로 천체의 움직임을 설명하는 것처럼 받아들여졌다. 그들은 신과 소통하는 사람들로서 그 시대에 가장 권위있는 사제들이었다.

그러한 이야기들은 또한 당시대의 정치권력이 요구한 통치 이데올로기이기도 했다. 각 도시와 민족의 수호신이 있던 다신교 시대에 어떤 신이 어떻게 천지를 창조했고, 그 신이 누구에게 권력을 주었다는 이야기는 그 민족과 지배자를 정당화하는 통치 이데올로기였다. 이러한 측면은 특히 모든 나라의 역사에서 두드러지게 나타난다.

수메르의 왕조목록은 왕권이 하늘에서 내려와 어느 도시에서 어느 도시로 옮겨졌다고 기록하고 있다. 바빌론의 창조신화에서는 그들의 주신 마르둑(Marduk)이 천지와 인간을 창조하고 바빌론에 자신의 집을 지었다고 묘사한다. 우리의 삼국유사는 천지가 어떻게 만들어졌는지는 언급하지 않지만, 하느님의 아들 환웅(桓雄)이 이 땅에 내려온 데서부터 민족과 나라의 기원을 설명한다. 〈일본서기〉는 천지창조를 묘사하고 태양의 여신 아마테라수(天照大神)의 손자 니니기

노 미코토가 지상에 강림한 데서부터 건국 역사를 설명한다.[1]

수메르인들의 신화에서는 하늘과 땅을 만든 신이 엔릴이지만, 바빌론의 천지창조에서는 마르둑으로 바뀐다. 앗시리아에서는 앗수르, 페르시아에서는 아후라마즈다가 천지를 창조한 신이었다. 그리고 성경에서는 야훼가 만들었다고 설명하고 있다. 여기에서는 수메르와 바빌론의 천지창조 이야기들을 소개해보고자 한다.

## □ 수메르의 천지 창조

수메르의 천지창조 이야기는 그 자체가 하나의 완결된 이야기로 된 것이 발견되지 않아 여러 학자들이 단편적인 이야기들을 모아서 구성한 내용으로 알려지고 있으며, 그런 만치 내용도 단순하다. 1987년에 소킬드 제이콥슨은 "에리두 창세기"(Eridu Genesis)라는 표현으로 수메르의 시에 나타난 천지창조 이야기를 소개했는데, 그 내용 역시 단편적이다. 이 내용은 잠시 후 뒤에서 소개하는 지우수드라의 홍수 이야기와 관련된다.[2]

사무엘 크레이머가 "길가메시, 엔키두, 그리고 지하세계"(Gilgamesh, Enkidu, and the Nether World)라는 제목으로 이름붙인 수메르 시의 서문에는 다음과 같은 구절이 있다.[3]

---

1  중국 역사를 서술한 사마천(司馬遷)의 《사기》는 전설적 존재인 황제(黃帝) 헌원(軒轅)이 치우(蚩尤)를 사로잡아 죽이고 천자로 즉위하는 이야기로부터 중국 역사를 소개하고 있다. 유학자(儒學者)인 사마천은 괴력난신(怪力亂神)을 말하지 않는다는 공자의 정신에 따라 인간 역사에 대한 신의 개입을 말하지 않았지만 하늘(天)이라는 추상적인 개념으로 초월적인 영향을 언급하였다. 이는 김부식의 삼국사기 등 동양의 역사서들에 큰 영향을 주었다.

2  http://www.livius.org/sources/content/oriental-varia/eridu-genesis/?

3  Samuel Noah Kramer (1956), *History Begins at Sumer*, Doubleday Anchor

"하늘이 땅으로부터 옮겨지고 난 후

땅이 하늘로부터 갈라지고 난 후

인간의 이름이 정해지고 난 후

(하늘의 신) 안이 하늘을 옮기고 난 후

(대기의 신) 엔릴이 땅을 옮기고 난 후"

크레이머가 이 구절들로부터 천지창조에 대한 수메르인들의 생각을 해석한 내용은 다음과 같다.

1. 한 때는 하늘과 땅이 결합되어 있었다.
2. 신들 중의 일부는 하늘과 땅이 분리되기 전에 존재했다.
3. 하늘과 땅이 분리되어 하늘을 옮긴 자는 안이었으며, 땅을 옮긴 자는 엔릴이었다.

다른 한 편의 시에는 이런 구절이 있다.

"하늘과 땅의 산 위에서

안은 아눈나키를 낳았다."

여기서 아눈나키는 신들의 집단을 의미한다. 하늘의 신 안이 주요한 신들을 낳았다는 말이다. 그리고 다른 시에는 또 이런 구절이 있다.

Books, p.82

"땅으로부터 대지의 씨앗을 가지고 온 엔릴은/ 땅으로부터 하늘을 옮기기로 계획하였다/ 하늘로부터 땅을 옮기기로 계획하였다."

이렇게 단편적인 구절들을 종합하여 크레이머가 해석한 수메르 인들의 천지창조에 대한 생각은 다음과 같다.

1. 처음에는 태초의 바다가 있었다. 그것의 탄생이나 기원에 대해서는 아무것도 언급되어 있지 않다. 수메르인들은 그것이 영원히 존재해왔다고 생각한 듯하다.
2. 태초의 바다는 하늘과 땅이 함께 붙어있는 우주의 산을 만들었다.
3. 신들은 인간의 형상을 한 것으로 생각되었으며, 안(하늘)은 남성이었고, 키(땅)는 여성이었다. 그 둘의 결합으로 대기의 신 엔릴이 생겨났다.
4. 엔릴은 하늘과 땅을 분리시켰으며, 그의 아버지 안이 하늘을 옮기는 동안 엔릴 자신은 자기 어머니인 땅을 옮겼다.
5. 엔릴과 그의 어머니인 땅의 결합으로 우주의 조직화가 시작되었고, 인간, 동물, 식물, 그리고 문명의 탄생이 이루어졌다.

크레이머는 달의 신 신(Sin)의 탄생에 관한 다른 이야기도 소개하고 있다. 이에 따르면 니푸르에 살던 신들 중 젊은 남자인 엔릴이 젊은 처녀인 닌릴(Ninril)을 강간하여 신을 낳은 것으로 되어 있다. 신들은 이러한 행위에 경악하여 엔릴이 그들의 왕이었음에도 불구하고 붙잡아서 지하세계로 내려보냈다. 이 이야기는 니푸르가 몰락하고 달의 신을 섬기는 세력이 새롭게 떠오르는 역사적 과정을 반영한 것

이 아닌가 생각된다. 도시의 몰락과 부상은 그 도시를 수호하는 신들간의 싸움으로 해석되었던 것이다.[1]

한편 인간의 기원에 대해 수메르인들은 어떻게 설명을 하였을까? 수메르인들은 신들이 자신들을 대신해 밭을 갈고 양을 쳐서 먹을 것을 생산할 존재로서 인간을 만들었다고 생각했다. 그들은 신들이 자신들의 형상으로 흙을 빚어 인간을 만들고 숨을 불어넣었다고 생각했는데, 이 이야기는 성서의 모티프와 매우 흡사하다.[2] 바빌론인들은 마르둑의 지시에 의해 물과 지혜의 신 에아(Ea)가 자신의 형상대로 인간을 만들었지만, 소재는 흙을 사용한 것이 아니라 신들 중의 반역자인 킹구의 피를 이용해 만들었다고 기록했다.

여러 신화에서 단편적으로 소개되고 있는 인간 창조에 관한 수메르인들의 이야기를 간단하게 요약해보면 다음과 같다. 신들이 늘어나고, 특히 여신들이 생겨나면서, 신들은 먹을 것이 부족해 불평을 하게 되었다. 지혜의 신 엔키는 이 문제를 해결할 수 있을 것이라고 기대되었지만, 그는 깊은 곳에서 잠을 자고 있었다. 이에 신들의 어머니인 태초의 바다 남무(Nammu)가 엔키의 잠을 깨우고, 신들

---

1  엔릴이 처녀를 강간하여 신(Sin)을 낳았으나 그로 인해 수모를 당한다는 이야기는 엔릴이 수메르인들의 최고신으로 숭배되던 시대에 달의 신을 섬기는 종파(cult)는 소수였으나 나중에 세력을 확대하여 달의 신이 주신으로 부상하는 역사적 과정을 반영하는 이야기인 것으로 생각된다. 셈족인 사르곤의 아카드 왕조는 이쉬타르 여신과 달의 신을 섬겼으며, 특히 "Sin의 사랑을 받은 자"인 나람신(Naram-Sin)은 니푸르를 정복하고 엔릴의 신전을 약탈했다는 기록이 있으므로 이러한 추론을 가능케 한다. 그 후대에 수메르 민족을 재건한 우르 제3왕조도 달의 신을 주신으로 섬기던 도시였다.

2  성서문학연구위원회 편 (1980),《구약성서의 세계》, 한국기독교문학연구소 출판부, p.41

의 종을 만들어서 먹을 것을 두 배로 생산하게 만들도록 요청했다. 엔키는 엄마의 말에 따라 훌륭한 제조 기술자들을 불러내어 인간을 만들었다. 여기서 '인간'이라는 피조물의 이름과 형상을 지시한 존재는 엔키의 엄마 남무이며, 엔키가 불러낸 닌마(Ninmah)라는 신이 진흙을 빚어 신들의 형상을 따라 인간을 만들었다고 되어 있다.[1]

이런 이야기들은 매우 불완전하게 복구되어 있지만 줄거리를 이해하는 데는 문제가 없다. 신이 진흙으로 인간을 만들어 자신들에게 봉사하도록 만들었다는 이 이야기는 후대에 계속 차용되고 변형되어 나왔다.

### □ 바빌론의 에누마 엘리쉬(Enuma Elish)

수메르의 이야기가 단편적으로 전해지고 있는데 반해, 후대에 나온 바빌론의 천지창조 이야기는 하나의 장엄한 장편 서사시로서 그 자체가 완결성을 지닌다. 바빌론의 천지창조 이야기는 아카드어의 설형문자로 기록된 첫 부분의 발음을 따 "에누마 엘리쉬"라고 알려지고 있다. 그 첫구절은 "에-누-마- 엘-리쉬-나-부-우-사-마-무"로 시작되며, 그 뜻은 "저 위의 하늘이 아직 이름지어지지 않았을 때"로 해석된다.

1849년 헨리 레이야드가 니느웨의 앗수르바니팔 도서관 유적지에서 발굴했으며, 1876년 조지 스미스가 〈칼데아인의 창세기〉(The Chaldean Account of Genesis)라는 제목으로 그 내용을 해석하여 출판하였다. 그 후 앗수르와 키쉬에서도 추가적인 발굴이 이루어졌다. 일곱

---

1 Samuel Noah Kramer (1981), *History Begins at Sumer*, Revised Edition, University of Pennsylvania Press

개의 점토판에 약 1천 줄의 시로 남아있는 이 이야기는 누락된 부분이 있으나 거의 완결된 형태로 줄거리를 전달하고 있다. 작성된 시기는 기원전 18세기 함무라비왕의 고바빌론 시대로 추정되나, 일부 학자들은 1100년경의 작품으로 추정하기도 한다.

학자들은 에누마 엘리쉬가 해마다 신년 축하 행사에서 엄숙하게 낭독되고 연극 형태로 재현되던 대본이었다고 간주한다. 이것은 인류학자인 프레이저(James George Frazer)가 《황금 가지》(The Golden Bough)라는 책에서 소개한 여러 종교집단들의 "풍요의식"(Fertility cult)의 하나로 해석된다.[1]

에누마 엘리쉬의 기본 목적은 바빌론의 주신인 마르둑의 위엄과 영광을 찬양하는 것이다. 이 시가 성서의 천지창조가 관련 있는가에 대해서는 많은 학자들이 논의를 하고 있다. 그 첫부분은 다음과 같은 내용으로 시작한다. .

"저 위의 하늘이 아직 이름지어지지 않았을 때/ 저 아래 땅이 아직 이름지어지지 않았을 때/ 태초의 아프수(Apsu)가 그들을 낳았다/ 뭄무 티아맛(Mummu Tiamat)[2]은 그들의 어머니였다/ 그들의 물은 서로 섞이었다/ 들판은 없었고, 습지도 보이지 않았다/ 그 때에 신들은 누구도 존재하지 않았다."

---

1   G.E. 케언스 (이성기 역, 1980), 《동양과 서양의 만남: 우주와 인간 역사의 목표와 의미》, 서울: 유림사

2   티아맛의 이름 앞에 놓인 뭄무라는 단어는 여기서는 '혼동' 또는 '운무(雲霧)' 등의 수식어로 해석되며, 바빌론의 주신 마르둑의 가장 큰 적이었으므로 그 이름 앞에 이런 수식어를 넣었다. "가증스런 티아맛" 정도의 뜻으로 해석할 수 있을 것이다. 이 단어는 다른 신의 이름으로 나오기도 하는데, 그 역시 마르둑의 적이었다.

프리차드의 책에 소개되어 있는 아카드의 창세기를 기본 텍스트로 하고 다른 자료들을 참조하여 에누마 엘리쉬의 줄거리를 요약해보면 다음과 같다. 설형문자 원문은 디지털 설형문자 도서관(CDLI)에서 볼 수 있다.[1]

태초에 하늘과 땅이 아직 만들어지지 않았을 때 아프수(Apsu)와 티아맛(Tiamat)이라는 두 신이 있었고, 그 둘은 서로 섞여 있었다.[2] 이둘의 결합으로부터 여러 신들이 생겨났다. 먼저 라크무(Lakhmu)와 라카무(Lakhamu)가 생겼고, 이어서 안샤르(Anshar)와 키샤르(Kishar)가 생겼다. 안샤르와 키샤르는 각각 "하늘의 완전한 것", "땅의 완전한 것"이라는 의미이며, 이 둘의 결합으로 하늘의 신 아누(Anu)가 생겨났다. 그리고 아누는 땅의 신 에아(Ea) 혹은 누딤무드(Nudimmud)를 낳았다. 이들은 아직 티아맛의 몸 속에 살고 있었다.

여러 신들이 생겨 시끄럽게 떠들면서 놀자 아프수는 잠을 잘 수가 없어 신들을 다 없애버리고 싶어했다. 티아맛은 아프수의 계획에 반대했지만, 아프수의 대신 뭄무(Mummu)는 그렇게 하라고 권유했다. 티아맛은 곧 닥칠 사태를 염려하여 에아에게 알려주었다. 영리한 에아는 마술을 써서 아프수를 잠들게 만든 다음 죽여버리고, 뭄무는 코를 꿰어서 묶었다. 에아는 아프수의 광채와 옷을 자신이 차지하고

---

1 James B. Pritchard, (1978), *Ancient Near Eastern Texts Relating to the Old Testament*, Princeton University Press, pp.60-72 : CDLI의 설형문자 원문 주소는 아래와 같다. https://cdli.ucla.edu/search/search_results.php?CompositeNumber=Q002718

2 아프수는 아브주(Abzu)라는 이름으로도 알려지고 있다. 아프수는 민물, 티아맛은 바닷물을 의미하는 것으로 해석되고 있다.

신들의 왕이 되었으며, 자신이 묵는 성소를 아프수라고 이름지었다.[1]
에아는 담키나(Damkina)와 결혼했으며, 그들의 결혼으로 마르둑이 탄
생했다.

마르둑은 풍채와 지혜와 무용이 신들 중에 으뜸이었다. 그는 네
개의 눈과 네 개의 귀로 세상의 모든 일을 관찰했고, 그가 입을 열
면 불꽃이 튀어나왔다. 에아는 그의 사랑스러운 아들 마르둑을 "하
늘의 태양"이라고 불렀다. 마르둑은 열 명의 신들로부터 후광을 입었
고, 그 광채가 너무 눈부시었으므로 아누는 사방의 바람을 불러왔
다. 그러나 마르둑이 불러온 폭풍으로 인해 신들은 편히 쉴 수가 없
었고, 티아맛의 심기도 불편해졌다. 신들은 티아맛에게 남편의 복수
를 하라고 사주했다.

티아맛은 복수에 나서기로 결심하고 용사인 킹구(Kingu)를 두 번
째 남편으로 맞으면서 뱀과 사자, 용 등 여러 괴물들을 만들어 전
투를 준비했다. 그리고 킹구를 신들의 왕으로 책봉하면서 "운명의
책"(Tablet of Destinies)을 킹구의 가슴에 묶어 주었다. 에아는 티아맛이
만든 괴물들과 킹구의 모습을 보고 겁에 질렸으며, 아누도 감히 나
서지 못했다. 그 때 마르둑이 나서서 티아맛에게 항의하며, 신들의
모임을 소집하도록 요구했다. 그는 신들에게 자신을 왕으로 뽑아서
운명을 결정할 수 있는 권한을 달라고 요구했다. 신들은 마르둑을 왕
으로 뽑아서 티아맛과 싸우기로 결정했다.

마침내 두 진영 간에 전쟁이 일어났고, 천둥과 번개, 마법을 무
기로 사용하는 치열한 전투의 이야기가 이어진다. 그리고 그 끝에는

---

1  이 때부터 에아는 물의 신으로 알려지게 되었다.

마르둑이 활을 쏴서 티아맛의 심장을 찔러 죽였다. 티아맛이 죽자 그의 군대는 무너졌다. 마르둑은 킹구를 사로잡아 운명의 책을 빼앗았다. 신들의 세계를 평정한 마르둑은 이제 천지를 창조하고 질서를 부여하는 작업에 나섰다.

마르둑은 티아맛의 시체를 반으로 잘라서 한쪽은 하늘을 만들고, 한쪽으로는 땅을 만들었다. 그리고 자기 아버지 에아의 처소인 아프수를 정비하여 새로운 성소인 에샤라(Esharra)를 만들었다. "위대한 성소"(The Great Abode)인 에샤라에는 아누, 엔릴, 에아가 함께 거처했다. 그런 다음 마르둑은 신들의 형상에 따라 별자리와 신들의 처소를 정했다. 열두 달의 별자리를 정하고, 신들의 숫자에 따라 일 년의 날수를 정했다. 이어서 신들이 다니는 길을 잃지 않도록 네비루(Nebiru) 정류소를 만들었으며, 엔릴과 에아의 정류소도 함께 세웠다.

그리고나서 마르둑은 인간을 만들었다. 인간의 기원을 설명하는 이 내용은 인간이 죽을 수밖에 없는 운명을 타고 났다는 설명을 담고 있어 흥미롭다. 신들의 전쟁이 끝난 후 마르둑은 야만적인 존재(savage)를 만들어 신들을 섬기도록 함으로써 신들의 수고를 덜어주겠다는 계획을 밝혔다. 그는 그 야만적인 존재를 '인간'(man)이라고 이름지었다. 그 때 에아가 모든 신들에게 인간을 나누어줄 것이나, 죽어야만 하는 단 한 명의 신이 있으니, 그를 죽여 인간을 만들 것이라고 말했다.

마르둑은 신들의 모임을 소집하고 티아맛에게 반란을 일으키도록 사주한 신이 누구인지 물었다. 원로 신들인 이기기(Igigi)가 티아맛의 반란을 사주하고 전투를 주도한 신은 킹구라고 말했다. 신들은 킹구를 묶어 에아의 앞으로 데려왔다. 에아는 킹구의 정맥을 잘라

죽이고, 그의 피로 자신의 형상을 본떠 인간을 만들었다. 그리고 인간에게 신들을 섬기는 과업을 부여했다. 이어 마르둑은 모든 신들을 두 그룹으로 나누고 각자에게 역할을 부여했다. 하늘에는 300신을 두고 아누의 지시를 따르도록 했다. 땅에는 600신을 두었다.

마지막으로 마르둑은 새로운 신전을 짓게 해달라는 신들의 요구에 따라 바빌론을 건설하도록 명령하고 그 곳을 성소(The Sanctuary)라고 이름지었다. 공사가 착수되어 일년 동안은 벽돌을 만들었고, 2년차가 되었을 때 에사길라(Esagila)의 머리가 아프수와 같이 되었다. 에사길라는 지구라트와 같은 탑 모양의 건물을 뜻하며, 그 머리가 아프수와 같이 되었다는 것은 바다 깊이만큼 높이 솟았다는 뜻으로 해석된다. 그 꼭대기에는 마르둑과 엔릴, 에아의 거소인 에샤라가 지어졌다. 그리고 모든 신들도 자신들의 신전을 지었다. 공사가 끝나자 마르둑은 신들을 불러 연회를 개최하고 이렇게 말했다.

"이 곳은 바빌론이라, 바로 너희들의 집이니라."

에누마 엘리쉬의 장대한 이야기는 신들의 연회에 모인 300 원로 신들, 즉 이기기(Igigi)가 각자 자신의 이름과 역할을 말하고, 모든 이가 신들의 엔릴인 마르둑 안에서 기뻐하며 그의 땅이 기름지고 번영할 것이라는 찬송으로 끝난다.

지금으로부터 최소한 3천년 이전에 바빌론의 현명한 사람들이 만들어낸 이 이야기는 지금 사람들의 기준으로 본다면 황당하기 짝이 없는 내용이지만, 그 시대의 사람들이 생각한 우주와 인간의 기원에 관한 설명을 담고 있다. 당대의 사람들은 마르둑이 악신들을 물리치고, 신들의 왕이 되어 하늘과 땅과 인간을 만들었다고 생각했다. 그런 마르둑이 바빌론에 거하면서 도시를 지켜주고 있으니 바빌론은 세상에서 가장 위대한 도시였던 것이다.

긴장감이 흐르는 장대한 서사시를 통해 우주와 인간의 창조 이야기를 듣는 사람들은 마르둑의 영광을 찬양하며 자신들의 존재 의미를 되새겼을 것이다. 이 이야기는 또한 모든 민족이 제각각의 신들을 믿던 세계에서 마르둑이 최고신으로 등극한 과정을 묘사하며, 이는 바빌론이 세계를 지배하면서 현실세계의 재편과 함께 신들의 세계도 재편되는 종교개혁이 일어났음을 시사한다.

흥미로운 것은 인간이 신들 가운데 유일하게 죽을 운명인 킹구의 피로 만들어졌다는 것이다. 이것은 인간이 죽을 운명을 타고났다는 설명과 함께 반역자인 킹구의 피로 만들어졌으니 언제든 신에게 반역할 수 있는 속성을 지녔다는 의미를 담은 것으로 생각된다. 인간이 에아의 형상으로 만들어졌다는 것은 신들이 인간을 싫어하지 않는 이유일 것이다.

앞에서 보았듯이 수메르인들은 신들이 진흙을 빚어 인간을 만들었으며, 그 이유는 신들이 먹을 것을 두 배로 생산하기 위해서라고 기록했다. 이런 이야기를 만들어낸 사제들은 아마도 인간들이 끊임없이 신전에 먹을 것을 퍼다나르고 신들에게 제사를 지내도록 요구했을 것이다.

성경은 야훼가 흙으로 남자를 만들고 그의 갈빗대 하나를 취해 여자를 만들었다고 기록하고 있다. 그들은 낙원인 에덴동산에서 살았으나, 뱀의 유혹을 받은 여자가 선악과를 따먹고 남편에게도 준 이유로 야훼에게 버림받아 에덴동산에서 추방되었다. 그리하여 인간은 흙에서 태어나 흙으로 돌아가는 운명을 지니게 되었으며, 여자는 잉태하는 고통을 안게 되었고, 남자는 종신토록 수고하여 먹을 것을 챙기도록 되었다고 설명하고 있다.

그런데 창세기 1장 26절에는 "하나님이 가라사대 우리의 형상을 따라 우리의 모양대로 우리가 사람을 만들고"라는 구절이 있고, 3장 22절에는 "여호와 하나님이 가라사대 보라 이 사람이 선악을 아는 일에 우리 중 하나같이 되었으니"라는 표현이 있어 의문을 낳는다. 욥기(1:6)에는 "하나님의 아들들이 와서 여호와 앞에 섰고 사단도 그들 가운데 왔는지라" 하는 표현도 있다. 유일인신 여호와가 우리 중 하나라는 표현을 쓰고 있으니, 이런 표현들은 오랫 동안 성서를 해석하는 사람들에게 수수께끼로 내려왔다. 기원전 1세기의 유태인 철학자 필로(Philo)는 오직 하나님만이 그 이유를 알고 있다고 말했다.[1] 이런 표현에는 아직 다신교의 흔적이 남아있는 것이라고 생각할 수 있다.

에누마 엘리쉬에서 혼란스러운 부분은 수메르 민족의 주신이었던 엔릴에 관한 표현이다. 수메르의 신들 가운데 안과 엔키는 아누와 에아로 이름이 바뀌었지만, 이 서사시에서 계속 중요한 역할을 수행한다. 그런데 엔릴은 서사시의 전개과정에는 전혀 등장하지 않지만, 마지막 부분에서 마르둑과 함께 최고신의 지위에 있는 것으로 나온다. 그리고 엔릴은 고유명사인 신이 아니라 신들의 왕인 마르둑을 수식하는 보통명사로 바뀐 표현도 나온다.

이 시가 셈족의 왕국인 고바빌론에서 만들어진 사실을 감안하

---

1  동아출판사 (1988), 《리더스 다이제스트 성서속의 불가사의 : 풀리지 않는 의문들》, p.21

면 엔릴의 존재가 사라져가는 과정으로 이러한 혼란을 이해할 수 있다. 피지배 민족으로 떨어진 수메르 민족의 주신이 셈족이 지배하는 세계에서 별다른 역할을 할 수는 없으나, 인구의 다수가 아직 엔릴을 최고신으로 숭배하던 사람들이었으므로 그 이름은 전략적으로 유지된 것이다. 그러나 이 때부터 엔릴의 존재는 실질적으로 유명무실해지고 그가 마르둑과 동일시되면서 차츰 사라지게 되는 것을 알 수 있다. 엔릴의 시대는 가고 마르둑의 시대가 왔으며, 이것은 수메르의 시대가 가고, 바빌론의 시대가 온 것을 의미했다.

## □ 수메르의 낙원 딜문 : 에덴동산

성경의 창세기에는 태초의 인간들이 살았다는 에덴 동산에 대한 기록이 있다. 창세기 1장에 따르면 야훼가 천지를 창조한 지 5일째 되는 날 자기의 형상 곧 하나님의 형상으로 사람을 창조하시되 남자와 여자를 창조하였다. 그리고나서 2장에는 흙으로 먼저 남자를 만들고 남자의 갈빗대 하나를 빼어 여자를 만들었다고 나와 있다. 이 기록이 서로 모순인지에 대해서는 논란이 있다. 어찌 되었든 이 태초의 남녀는 야훼가 동방의 에덴(Eden)에 만든 동산에서 살았다. 그런데 그 동산에 야훼는 보기에 아름답고 먹기에 좋은 생명나무(tree of life)와 선악을 알게 하는 나무(tree of knowledge)를 심어두고 각종 나무의 과실은 남녀가 임의로 먹되 오직 선악을 알게 하는 나무의 과실은 먹지 말라고 지시하였다. 그 후의 이야기는 이 시대에 살아온 대부분의 사람들이 너무나 잘 아는 바이다.

어느 날 여자가 뱀의 유혹으로 선악을 알게 하는 나무의 과일을 따 먹고 그것을 남자에게도 먹으라고 권하였다. 그 과일을 먹고

난 남녀는 자신들이 벌거벗었음을 알고 무화과 나무 잎을 엮어 치마를 둘렀다. 야훼가 이 사실을 알고 진노하여 남녀를 에덴 동산에서 쫓아낸 후 동산 동편에 그룹들(Cherubims)과 화염검(Flaming sword)을 두어 생명나무에 접근하지 못하게 만들었다. 야훼가 진노한 이유는 2장 22절에 다음과 같이 설명되어 있다.

"여호와 하나님이 가라사대 보라 이 사람이 선악을 아는 일에 우리 중 하나같이 되었으니 그가 그 손을 들어 생명나무 실과도 따먹고 영생할까 하노라."

즉 인간이 신들과 같이 영생하는 존재가 되면 안 된다는 것이 하나님이 우려하는 바였다. 여기서도 유일신인 야훼가 "우리 중 하나"라는 표현을 쓰고 있는데, 해석은 어떻게 하든 하여간 야훼는 유일신이라는 것이다. 이 기록에서 보면 에덴 동산에서 쫓겨나기 이전에도 인간은 영생하도록 만들어진 것이 아니라 죽도록 되어 있었다.

우리는 자라면서 에덴동산은 모든 것이 행복하고 아름다운 낙원이었다는 말을 수없이 들었고, 동화책이나 만화책으로도 보았는데, 실상 성경에는 에덴동산의 지리를 설명하는 내용 이외에 그 동산에서의 삶이 어떠한지에 대한 직접적인 묘사는 없다. 에덴동산은 비손(Pison), 기혼(Gihon), 힛데겔(Hiddekel), 유브라데(Euphrates)의 네 강이 발원하는 곳이었으며, 각종 나무의 과일이 있는 곳이었다. 또한 하나님은 그 곳에 흙으로 각종 들짐승과 공중의 새를 만들고, 최초의 남자인 아담(Adam)에게 그 이름을 짓도록 하였다.

에덴동산을 낙원으로 유추할 수 있는 근거는 야훼가 남녀를 쫓아내면서 말하는 다음과 같은 저주문이다. 야훼는 먼저 "여자에게 이르시되 내가 네게 잉태하는 고통을 크게 더하리니 네가 수고하고 자식을 낳을 것이며 너는 남편을 사모하고 남편은 너를 다스릴 것이니라"고 말하였다. 이어서 남자에게는 "네가 네 아내의 말을 듣고 내가 너더러 먹지 말라 한 나무 실과를 먹었은 즉 땅은 너로 인하여 저주를 받고 너는 종신토록 수고하여야 그 소산을 먹으리라 땅이 네게 가시덤불과 엉겅퀴를 낼 것이라 너의 먹을 것은 밭의 채소인즉 네가 얼굴에 땀이 흘러야 식물을 먹고 필경은 흙으로 돌아가리니 그 속에서 네가 취함을 입었음이라 너는 흙이니 흙으로 돌아갈 것이니라"고 하였다. 이어서 "아담이 그 아내를 하와(Eve)라 이름하였으니 그는 모든 산 자의 어미가 됨이더라"고 기록되어 있다.[1]

이 구절에서 유추하면 에덴동산에서 쫓겨나기 이전에 하나님의 계획은 여자가 아이를 낳는 고통을 겪지 않고, 남자는 죽도록 일해서 먹을 것을 만들지 않아도 되며, 흙에서 났으나 흙으로 돌아가지 않는 삶을 살도록 하는 것이었음을 짐작할 수 있다. 그러므로 에덴동산은 모든 것이 행복한 낙원이었던 것으로 생각되는 것이다.

인간의 현실 삶이 고통스러움으로 사람들은 이 고통의 근원이 무엇인가를 생각했을 것이다. 그 가운데 기독교 전통에서는 먼 옛날 우리가 얼굴조차 본 적 없는 까마득한 옛 선조인 아담과 하와의 원죄(原罪)로 낙원의 삶을 잃었기 때문에 가르쳐왔다. 그래서 예수를 믿고 다시 하나님의 말씀을 따르면 낙원의 삶을 회복할 수 있으리라고

---

1  여자의 이름인 '하와'는 히브리어의 '생명'을 의미하는 단어에서 나왔으나, 그리스인들이 이것을 '에와'(Eua)로 표기했고, 이것이 다시 영어로 번역되면서 '이브'로 바뀌었다.

했다. 물론 이것은 기독교적 세계관이 지배해온 세계에서의 이야기다. 이슬람교나 불교의 세계에서는 이렇게 가르치지 않으니까….

수메르인들은 유태인들에 훨씬 앞서 천국의 신화를 가지고 있었다. 그 신화의 천국은 전적으로 신들이 사는 세계였고, 아직 인간이 사는 세계는 아니었다. 그러나 성경의 창세기가 언급하지 않는 천국의 모습이 어떠했는지에 대해 인간들이 보통 상상할 수 있는 세계를 비교적 상세히 묘사했다. 이 기록이 성경과 어떤 관련이 있다고는 말할 수 없다. 다만 에덴동산, 또는 천국에 대한 인류 최초의 묘사라는 점에서 읽는 사람이 각자 자유롭게 그 관계를 유추해볼 수 있다.

수메르어에는 에딘(edin, ⟨⟩)으로 발음되는 단어가 있다. 그 뜻은 보통 명사로 푸른 들판, 초원을 의미한다. 후대의 아카드인들은 이 말을 에디누(edinu)로 발음했다. 발음의 유사성과 유목민들에게 생명의 원천인 초원을 뜻한다는 데서 성경의 에덴동산과 관련성을 충분히 유추할 수 있다. 그런데 에덴동산이 의미하는 천국의 개념으로 수메르인들은 '딜문'(dilmun, ⟨⟩)이라는 단어를 사용했다. 이 단어는 수메르인들이 오늘날의 바레인(Bahrain) 섬을 가리키는 말이었다고 추정되기도 한다.

수메르의 낙원에 대한 이야기는 오늘날 학자들이 "엔키와 닌후르상"(Enki and Ninhursaĝ)이라고 제목 붙인 신화에 기록되어 있다. 이 신화를 담은 점토판은 니푸르에서 발견되어 1915년에 스테판 랭돈(Stephen Langdon)이 그 내용을 처음 소개하였다. 현재는 펜실베니아대학 박물관에 보관되어 있다. 사무엘 크레이머는 이 신화를 소개하면서 "낙원 : 최초의 성서 이야기"(Paradise: The First Biblical Parallels)라는 제목을 달았다. 신화는 '딜문'(Dilmun)이라는 낙원의 모습에 대한 묘

사로부터 시작한다. 이 낙원은 물과 지혜의 신 엔키가 만들었으며, 순수하고, 깨끗하며, 밝은 곳이다.[1]

> "딜문에서는 까마귀가 울지 않고/ 이티두 새(ittidu-bird)도 이티두 새의 울음소리를 내지 않으며/ 사자는 죽이지 않고/ 늑대는 양을 잡아채지 않는다/ 어린 염소를 잡아먹는 들개도 없고/ 곡식을 뜯어먹는 … 도 없다/ 과부는 … 하지 않으며/ 높은 곳에 있는 새는 … 하지 않고 /비둘기는 고개를 떨구지 않는다/ 눈이 아픈 사람은 눈이 아프다고 말하지 않고/ 머리가 아픈 사람은 머리가 아프다고 말하지 않는다/ 늙은 여자는 나는 늙은 여자라고 말하지 않고/ 늙은 남자는 나는 늙은 남자라고 말하지 않는다/ 처녀는 목욕을 하지 않고, 도시에는 거품이 이는 물도 쏟아지지 않는다/ 강을 건너는 사람은 … 라고 말하지 않고/ 울부짖는 사제들은 그의 곁을 빙빙 돌지 않는다/ 가수는 비탄스런 노래를 하지 않고/ 도시의 가장자리에서 탄식을 하지도 않는다."

오늘날의 사람들은 당시의 상황을 정확히 알지 못하므로 이러한 시구절이 난해하게 보이기도 한다. 그러나 모든 것이 평화롭고 행복한 낙원, 딜문의 모습을 아마도 당대 사람들이 듣기에는 굉장히 감동스런 표현으로 묘사하고 있다는 것을 충분히 짐작할 수는 있다.

시는 이어서 신들의 대화를 묘사한다. 먼저 닌시킬라(Ninsikila) 여신이 그녀의 아버지 엔키가 이 도시를 만든데 대해 찬양하고, 엔키가 대답을 한다. 누락되어 해석이 안 되는 부분이 많으나, 이어지는

---

1  James B. Pritchard (1978), 앞의 책, pp.37-41

신화의 줄거리는 여신들의 탄생에 관계된다. 엔키가 땅의 어머니인 닌후르상에게 정액을 쏟아부어 닌무(Ninmu)를 탄생시킨다. 이어서 엔키는 다시 닌무를 임신시켜 닌쿠라(Ninkurra)를 탄생시킨다. 그리고 다시 엔키가 닌쿠라를 임신시켜 우투(Uttu)를 탄생시킨다. 여신들은 단 9일 간의 회임 후에 고통없이 출산을 하는 것으로 되어 있다.

이어서 엔키가 다시 우투에게 접근하려고 할 때 닌후르상이 개입하여 우투에게 충고를 한다. 즉 엔키로 하여금 오이, 사과, 포도를 선물로 가져오게 하라는 것이다. 엔키는 그 선물들을 가져왔고, 우투는 기쁘게 받아들였다. 그러나 이번에는 여신이 탄생하지 않고, 어찌어찌하여 닌후르상이 여덟 개의 식물을 만들어내는 이야기가 이어진다. 그런데 엔키가 자신의 사자인 이시무드(Isimud)를 시켜 그 여덟 개의 식물을 하나씩 차례로 뽑아오게 하여 먹어버린다. 이에 닌후르상이 분노하여 엔키가 죽을 때까지 "생명의 눈"(eye of life)을 주지 않겠노라는 저주를 퍼붓고 사라져버렸다.

닌후르상이 사라지자 엔키가 시름시름 아프기 시작했다. 엔키가 아프자 도시가 황폐해지고 신들은 먼지 속에 앉아 있었다. 그 때 여우가 나타나서 엔릴에게 자신이 닌후르상을 데려오면 무엇으로 보상을 해줄 것이냐고 물었다. 엔릴은 도시에 나무가 자라게 하고 너의 이름을 말하겠노라고 했다. 여우는 어찌어찌하여 닌후르상을 데려왔고, 닌후르상은 엔키를 그녀의 자궁 속에 넣은 후 치료를 해주었다.

닌후르상이 엔키의 병을 치료하는 과정이 특이한데, 먼저 엔키에게 어디가 아프냐고 묻는다. 엔키가 어디가 아프다고 말하면 닌후르상은 그 부위를 치료하는 신을 만든다. 이렇게 하여 여덟 군데의 상처를 모두 치료하는 신들을 만들고, 새로 태어난 신들을 축복하면서 시가 끝난다.

프리차드는 이 신화의 목적이 무엇인지 분명하지 않고, 문학적, 신화학적 시사점이 무엇인지 분석하기가 어렵다고 말한다.[1] 신들의 탄생 이야기라면 천지창조를 연상할 수도 있으나 유독 하위급 여신들의 탄생을 이야기한다는 점에서 그렇게 생각하기도 어렵다. 대지의 여신인 닌후르상이 지혜의 신인 엔키를 치료하는 이야기에서 어떤 시사점을 생각해볼 수도 있겠다. 그러나 전체적으로 이 신화는 정말로 독자들을 향해 어떤 시사점을 주고자 하는 이야긴지 가늠하기가 쉽지 않다. 신화라는 것이 반드시 어떤 시사점을 주고자 하는 것은 아니고, 오늘날 아이들에게 들려주는 동화처럼 고대인들도 그런 목적으로 신들의 이야기를 만들어낸 것인지도 모르겠다.

## □ 바빌론의 아다파 : 최초의 인간 아담

바빌론에서 유래한 것으로 간주되는 신화 중에 인간의 죽을 운명을 설명하는 아다파(Adapa) 신화가 있다. 이 신화 역시 메소포타미아 각지역에 널리 퍼졌으며, 최초의 인간인 성경의 아담 이야기와 관련 있다는 분석들이 있다. 학자들마다 그 의미에 대한 해석은 다르다. "아다파와 남쪽 바람"(Adapa and the South Wind)이라고 흔히 제목붙여지는 이 신화를 간단히 소개한다.[2] 이 신화의 기록은 19세기말 독일 탐사단에 의해 이집트의 아마르나(Amarna)에서 처음 발견되었고, 그 후 니느웨의 앗수르바니팔 도서관에서 3개의 토판이 추가로 발

---

1 James B. Pritchard (1978), 앞의 책, p.37
2 사무엘 헨리 후크, 박화중 역(2011),《중동 신화》, 범우사, 초판3쇄, pp.114-117

굴되었다. 이 신화가 광범위하게 퍼졌음을 알려준다.

이 신화에서 아다파는 최초의 도시인 에리두의 제사장이며, 지혜의 신 에아가 만든 최초의 인간이었다. 에아는 그에게 지혜를 주었지만, 영원한 생명은 주지 않았다. 그는 신들의 식탁에 올릴 물고기를 잡았는데, 어느 날 남풍(南風)이 불어와 그의 배를 뒤집어버렸다. 아다파는 화가 나서 남풍의 날개를 꺾어버렸고, 이로 인해 7일 동안 바람이 불지 않게 되었다.

최고신 아누가 바람이 불지 않는 것을 이상하게 여겨 사실을 알아보고는 대노하여 아다파를 당장 불러들이라고 명했다. 지혜의 신 에아가 급히 개입하여 아다파에게 아누 앞에 가서 행동해야 할 방법을 알려주었다. 하늘에 가면 입구에서 그 수문장인 탐무즈(Tammuz)와 닌기시지다(Ningishizida)를 만날 텐데, 그들 앞에서 머리를 풀어헤치고 두 신이 지상에서 사라진 것을 애곡하던 중이라고 말하라는 것이었다. 그러면 두 신이 감동하여 아누 앞에서 아다파를 변호해줄 것이며, 아누도 용서해줄 것이라고 했다. 그리고는 아누가 빵과 물을 줄 터인데 그것은 먹지 말고, 옷과 기름을 줄 터인데 그것은 받으라고 했다. 아다파는 에아가 가르쳐준 대로 행동하여 아누의 용서를 받았다. 아누는 에아의 말대로 빵과 물, 옷과 기름을 주었으나, 아다파는 에아의 말에 따라 옷과 기름은 받고 빵과 물은 거절했다. 그러자 아누가 웃으면서 말했다. 내가 지금 인간에게 영원한 생명을 주고자 했으나, 그가 거절했다고….

이 신화에서 인간이 영원한 생명을 얻을 수 있는 기회를 놓치고 옷을 받았다는 이야기는 에덴동산의 아담과 이브 이야기를 연상시킨다. 탐무즈가 지상에서 사라진 것을 애곡한다는 이야기는 앞에서

276 수메르 문명과 역사

언급한 두무지의 죽음 이야기와 관련이 있다. 수메르 신화에서는 두무지가 아내인 이난나와의 불화로 지옥에 끌려간 것으로 되어 있으나, 바빌론에서는 그가 하늘에 가 수문장이 된 것으로 각색된 사실을 알 수 있다.

## □ 두무지와 엔킴두 : 카인과 아벨

에덴 동산 이야기의 마지막 부분으로 카인(Cain)과 아벨(Abel) 이야기를 잠시 소개하고자 한다. 성경에 따르면 에덴 동산에서 쫓겨난 아담과 하와가 아들들을 낳았는데, 큰 아들 카인은 농사를 지었고, 작은 아들 아벨은 양치는 자였다. 세월이 흘러 두 아들이 각자 자기의 산물로 하나님께 제물을 드렸는데, 여호와가 아벨의 제물을 받고 카인의 제물은 받지 아니하였다. 이에 카인이 분개하여 아우를 죽여 버렸다.

이 이야기는 역사적으로는 유목민과 농경민의 오랜 갈등을 소재로 한 것으로 해석되어 왔다. 그런데 이런 소재는 수메르인들이 만든 인류 최초의 신화들 속에서도 발견된다. 앞 장에서 소개한 우루크 제1왕조의 두무지와 이난나의 결혼 이야기에서 이 내용을 잠깐 언급한 바 있다. 옥스퍼드대학의 설형문자 도서관에서 이 이야기의 영어 번역문을 제공하고 있다. [1]

아름다운 여신 이난나는 목자인 두무지(Dumuzi)와 농부인 엔킴두(Enkimdu)로부터 경쟁적으로 청혼을 받았다. 이난나는 처음에 농부와 결혼하겠다고 말하는데, 목자인 두무지가 흥분하여 소리를 지

---

1 https://etcsl.orinst.ox.ac.uk/section4/tr40833.htm

른다.

> "농부가 나보다 낫다고, 농부가 나보다 낫다고,
> 농부가 나보다 무엇을 더 가졌단 말인가?
> 수로와 도랑과 쟁기의 사나이 엔킴두가
> 나보다 낫다고, 그 농부가 나보다 무엇을 더 가졌단 말인가?
> 그가 나에게 검은 옷을 준다면
> 나는 그에게, 농부에게, 나의 검은 암양을 주리라.
> 그가 나에게 하얀 옷을 준다면
> 나는 그에게, 농부에게, 나의 하얀 암양을 주리라.
> 그가 나에게 익은 맥주를 따라준다면,
> 나는 그에게, 농부에게, 나의 노란 우유를 따라주리라."

두무지의 열정적인 호소에 이난나가 마음을 바꿨는지 결국 이난나는 농부 엔킴두가 아닌 목자 두무지를 선택하여 결혼을 하게 된다. 그리고는 목욕 재계하고, 기름을 바르고, 꽃단장을 하고선 기쁨에 겨워 신랑과의 첫날밤을 기다리는 이야기를 앞 장에서 소개하였다. 이 이야기는 명백하게 유목민과 농경민의 갈등을 소재로 하고 있으며, 여기서도 신은 유목민을 선택한 것으로 묘사되고 있다. 그러나 수메르의 신들은 성경의 카인과 아벨처럼 비극적인 결말을 맞이하지는 않았다. 결국 경쟁에 진 엔킴두가 선물을 싸들고 두무지와 이난나의 결혼식에 찾아가 축복을 하는 아름다운 결말로 이어지는 것이다.

## (2) 길가메시 서사시와 노아의 홍수

《길가메시 서사시》(Epic of Gilgamesh)는 수메르인들의 모든 문헌 중에 지금 우리 시대에 가장 유명한 작품이 되었다. 그 이유는 다른 무엇보다도 이 서사시에 나오는 홍수 이야기가 성경의 노아 홍수 이야기와 너무나 유사하기 때문이다. 길가메시 서사시는 1872년 대영박물관의 직원이었던 조지 스미스(George Smith)가 앗시리아의 니느웨 유적지에서 수집한 점토판들을 정리하던 중 홍수와 관계되는 구절들을 발견하고 이를 성서고고학회(Society of Biblical Archaeology)에 보고함으로써 본격적으로 발굴되기 시작하였다. 기독교 단체들이 성서의 노아 이야기가 실제로 있었다는 사실에 흥분하여 대대적인 발굴을 지원하였다.

당시 스미스가 발견한 점토판은 오늘날 길가메시 서사시의 표준판(standard version)이라고 알려지고 있는 12개 점토판 중 11번째 것이었다. 스미스는 1873년과 1875년 니느웨에서 두 차례의 발굴작업을 통해 홍수 설화의 나머지 이야기들을 거의 발굴하였으나, 1876년 다시 발굴에 나서던 길에 36세의 젊은 나이에 시리아에서 열사병에 걸려 사망하고 말았다.[1]

---

1  가난한 집안의 인쇄공이었던 조지 스미스는 자신의 출판사에서 인쇄하던 롤린슨과 레이야드, 라쌈 등의 호화 양장 앗시리아 화보집들에 빠져들어 독학으로 설형문자를 공부하였다. 그는 날마다 대영박물관을 방문하여 앗시리아의 점토판들을 들여다보곤 했는데, 앗시리아부서 책임자 헨리 롤린슨의 눈에 띄어 그 조수로 일할 수 있게 되었다. 롤린슨은 이란의 베히스툰 산에 새겨진 다리우스왕의 비문을 해석하여 설형문자 해독의 신기원을 연 바로 그 사람이었다. 아래 사이트에 조지 스미스의 발견과 관련된 자세한 기사가 올라와 있다. http://www.telegraph.co.uk/history/10321147/The-tragic-tale-of-George-Smith-and-Gilgamesh.html

길가메시 서사시는 오늘날 전세계의 많은 언어로 번역되어 나왔으며, 한국에도 몇 종류의 번역본이 나와 있다.[1] 그러나 스미스가 발굴한 점토판들은 수메르인들이 만든 문서가 아니고, 후대에 아카드어로 기록된 것이었다. 기원전 7세기에 앗시리아의 최전성기를 실현했던 앗수르바니팔(Ashurbanipal 669~627 BC) 대왕은 니느웨에 큰 도서관을 건립했는데, 1840~50년대에 헨리 레이야드와 라쌈이 이 곳에서 2만 개가 넘는 점토판을 발굴했고, 그 가운데 조지 스미스가 해독한 길가메시 서사시가 있었던 것이다.

이 점토판들은 멀리는 기원전 18세기 고바빌로니아 시절에 만들어진 것으로 추정되며, 가까이는 기원전 13-11세기의 것으로 추정되는 것도 있다. 1876년 조지 스미스가 《칼데아 창세기》(Chaldean Account of Genesis)라는 제목으로 출판했으나, 그때까지 해석된 내용은 지금 알려지는 이야기와 상당 부분 다르다.[2] 1930년 캠벨 톰슨(Campbell Thompson)이 여러 조각들을 모아 훌륭한 번역본을 만들어냈고, 그 후 많은 학자들이 누락된 부분들을 채워서 오늘날에는 표준판이라고 불리는 이야기가 재구성되었다.[3]

최근에는 런던대학 SOAS (School of Oriental and African Studies)의 앤드류 조지(Andrew George) 교수가 설형문자 원문을 행별로 대조해가

---

1  필자는 1979년에 나온 N.K 샌더스의 번역본(이현주 역, 범우사)과 1990년에 나온 테오도르 H. 가스터(이용찬 역, 대원사)의 번역본을 읽었다.

2  조지 스미스는 "칼데아인의 창세기"에서 길가메시를 "이즈두바르"(Izdubar)라는 이름으로 소개하였고, 이 인물이 성경에 나오는 "니므롯"(Nimrod)으로 추정된다고 썼다. George Smith (1876), *The Chaldean Account of Genesis*, London S, Low, Marston, Searle, and Rivington

3  James B. Pritchard (1978), 앞의 책, p.72

면서 번역한 길가메시 서사시가 학술단체들을 통해 공개되어 있고, 유투브에 강의 영상도 올라와 있다. 설형문자 원문은 CDLI 홈페이지에서 볼 수 있다.[1]

　　무려 3천년이 넘는 세월 동안 흙 속에 묻혀 까마득히 잊혀졌던 이 서사시는 현대에야 다시 관심을 모으고 있지만, 원래는 고대 세계에서도 여러 나라의 언어로 번역된 세계적인 베스트셀러였음이 입증되었다. 앗수르바니팔의 도서관에서 발견된 문서들은 주인공 이름이 다르고 기록된 연대가 다른 홍수 이야기들을 담고 있다. 히타이트 제국의 수도 하튜사로 판명된 터키의 보가즈쾨이에서는 히타이트어와 후리어(Hurrian)로 번역된 점토판이 나왔는데, 이것들은 기원전 14~13세기의 것으로 추정되고 있다. 세월과 민족을 거쳐가면서 그만큼 다양한 버전으로 계속 가공되어 만들어진 이야기인 것이다. 학자들은 길가메시 서사시가 서기관 학교의 교재로서 학습되고 연구되었으며, 구전으로도 전해내려져 왔다고 본다.

□ **수메르판 지우수드라의 방주**(方舟)

　　까마득한 옛날에 세계를 지배했던 아카드와 바빌론, 앗시리아, 히타이트의 사람들이 애송했던 이 베스트셀러의 원작은 수메르 사람들이 만든 것이었다. 사무엘 크레이머는 그의 책에서 "최초의 노아"라는 제목으로 수메르의 길가메시 서사시를 소개하고 있다. 기원전 2100년경 우르 제3왕조에서 만들어진 것으로 추정되는 이 서사시는 1914년 아르노 푀벨(Arno Poebel)이 번역하여 소개했고, 니푸르에

---

1　https://cdli.ucla.edu/search/search_results.php?CompositeNumber=Q002873

서 출토된 원본은 펜실베니아대학 박물관에 보존되어 있다. 이 점토판은 심하게 파손되었고, 추가적인 발굴이 이루어지지 않아 매우 단편적인 내용을 전하고 있다. 그러나 셈족들과 히타이트족의 홍수 이야기가 여기서 각색한 이야기라는 사실은 분명한 것으로 받아들여지고 있다.

앞부분의 2/3 가량이 사라진 수메르판 홍수 이야기는 어떤 신이 인류를 파멸에서 구할 것이며, 그리하여 인간들이 신들의 집과 도시들을 깨끗한 땅에서 다시 지을 것이라고 말하는 내용으로 시작된다. 그리고 안과 엔릴, 엔키, 닌후르상이 "검은 머리의 사람들"과 천지를 창조한 이래 다섯 개의 도시에 왕권(kingship)을 주었다는 이야기가 이어진다. 그 도시들은 에리두, 바드티비라, 라라크, 시파르, 슈루팍이고, 각각의 도시에서 왕권을 받은 인물들은 누딤무드, … 엔두르빌후르삭, 우투, 수드이다. 두번째 이름의 인물은 유실되었다. 그리고나서 수메르의 노아라고 할 수 있는 지우수드라(Ziusudra)가 나온다. 어떤 신이 그에게 대홍수로 인류가 파멸할 것이라고 알려주는데, 그 뒷부분은 파손되어 내용을 알 수 없다. 그리고 드디어 대홍수가 인류를 몰살시키는 이야기가 나온다.[1]

> 아누와 엔릴의 명령에 의해
> 그의 왕권, 그의 지배는 (끝이 났다)
> 모든 폭풍이 엄청나게 강력한 힘으로 하나가 되어 공격했다.
> 그와 동시에 홍수가 예배의 중심지들을 휩쓸었다

---

1  James B. Pritchard (1978), 앞의 책, p.44의 텍스트를 필자가 번역한 것이다.

그 후 7일 낮과 7일 밤 동안

홍수는 모든 땅을 휩쓸었다

거대한 배는 폭풍에 의해 큰 물 위

에서 이리저리 떠다녔다.

영웅 우투가 하늘과 땅에 빛을 비

추며 앞으로 나아왔다

지우수드라는 큰 배의 창문 하나

를 열었다.

영웅 우투가 배 안으로 그의 광선

을 가져왔다

지우수드라, 왕은

우투의 앞에 엎드렸다.

왕은 황소를 죽이고, 양을 잡았다

그림 40 길가메시 서사시의 발견을 가져온 대
영박물관의 홍수 기록 점토판

거의 5천년 전에 나온 이 시는 매우 단순하고 난해하지만, 노아
의 홍수 이야기를 알고 있는 사람들은 이 단순한 시가 놀라운 내용
을 담고 있다는 사실을 발견할 수 있을 것이다. 신들이 홍수를 내려
인류를 파멸할 때 지우수드라라는 왕에게 그 사실을 미리 알려줬
고, 그는 배를 만들어 홍수에서 살아남았다는 것이다. 1987년에 소
킬드 제이콥슨이 소개한 "에리두 창세기"는 이 내용을 기본으로 다
른 자료들을 참고하여 복구한 것이다.[1]

이 단순한 이야기가 세월을 흘러 많은 나라의 많은 사람들에게

---

1 http://www.livius.org/articles/misc/great-flood/flood2-t/?

전해지면서 더 정교한 이야기로 발전되어 나왔음을 이제부터 소개하는 바빌론의 표준판 길가메시 서사시 이야기가 알려준다.

## □ 바빌론판 아트라하시스와 우타나피슈팀의 방주

앗수르바니팔의 도서관에서 발견된 홍수 이야기는 1872년 조지 스미스 이래 계속적인 추가 발굴과 해석을 통해 주인공들의 이름과 줄거리가 약간씩 변해왔다. 조지 스미스는 그의 사망연도인 1876년에 출간된 "칼데아인의 창세기"에서 길가메시 서사시를 "이즈두바르 신화"(The Izdubar Legends)라고 소개했고, 여기에서 홍수 설화의 주인공은 "하시사드라"(Hasisadra)라는 이름으로 번역했다. 오늘날에는 스미스의 번역과는 다른 이름의 주인공들이 나오는 두 가지 버전이 정립되어 있다.

가장 오래된 문서는 기원전 1750~1650년의 것으로 추정되는데, 여기에는 홍수에서 살아남은 주인공의 이름이 아트라하시스(Atra-Hasis)라고 기록되어 있다.[1] 아트라하시스라는 이름은 "최고로 현명한 자"라는 뜻이다. 그는 슈루팍의 왕인 우바라투투(Ubara-Tutu)의 아들로 나와 있는데, 일부 기록에는 그냥 슈루팍의 아들이라고도 되어 있다.[2]

그리고 오늘날 표준판으로 복원되어 널리 알려지고 있는 이야기에는 우타나피슈팀(Utanapishtim)이라는 주인공이 등장한다. 표준판의

---

1  Alex Mitchell, *Noah and Gilgamesh* Epic, http://www.alexmitchellauthor.com/noah-and-the-gilgamesh-epic/

2  McCall, Henrietta (1990), *Mesopotamian Myths: The Legendary Past*, The British Museum Press, pp.50-51

원저자는 점토판에 이름이 기록되어 있는 신-레키-운닌니 (Sin-lēqi-unninni)라고 간주되는데, 그는 13~11세기 앗시리아의 사제였던 것으로 추정된다. 그의 이름은 "신(Sin)이여, 나의 기도를 들으소서!"라는 뜻이다.

이 두 개의 이야기는 그 줄거리가 거의 같고 원래 하나의 이야기에서 나왔다는 사실을 충분히 추론할 수 있다. 필자가 읽었던 샌더스의 번역본과 크레이머 및 프리차드의 책에 소개되어 있는 문서들을 종합하여, 홍수 이야기의 줄거리를 대강 간추리면 다음과 같다.

유프라테스 강변에 있는 슈루팍은 신들의 아버지 아누를 비롯하여 그 아들인 바람과 공기의 신 엔릴, 물과 지혜의 신 에아, 이들을 돕는 니누르타 (Ninurta), 그리고 운하를 다스리는 엔누기 (Ennugi) 등 신들이 거처하는 도시였다. 그런데 이 도시가 사람들로 만원이 되어 마치 거대한 들소떼처럼 소란해지자 거룩하신 신들은 편히 쉴 수가 없었다. 그래서 신들은 인간을 심판하기로 결정하였다. 그렇지만, 에아는 우타나피슈팀의 꿈에 나타나 다가올 재앙을 알려주었다.

그림 41 맨손으로 사자를 잡아챈 길가메시

"우바라투투의 아들, 슈루팍의 사람아. 네 집을 부수고 배를 만들어라. 모든 소유물을 포기하고 살 길을 찾아라. … 이제 지시하는 대로 만들어라. 폭과 길이를 같게 만들고, 갑판은 깊은 구덩이를 덮는 천장처럼 만들어 덮고, 그런 후에 배에 타 모든 생물의 종자들을 실어라."

우타나피슈팀이 배를 만들어 가족들과 모든 생물의 종자들을 싣고 나자 엿새 낮과 밤 동안 폭풍과 홍수가 세상을 휩쓸었다. 이레째 되는 날 비바람이 그치자 배가 니시르(Nisir) 산에 정박했다. 우타나피슈팀은 물이 빠졌는지 알아보기 위해 비둘기, 제비, 까마귀를 차례로 내보냈다. 비둘기와 제비는 앉을 곳이 없어 배로 되돌아왔으나, 세 번째로 보낸 까마귀는 멀리 날아가서 돌아오지 않았다. 그러자 우타나피슈팀은 배를 열고 모든 것을 풀어놓은 다음 땅에 내려와 신들께 제사를 지냈다.

이런 내용이 바빌로니아판 길가메시 서사시의 홍수 이야기다. 수메르판에서는 유실된 이야기, 즉 배를 만들고 모든 생물의 종자를 실어서 홍수를 피한 다음, 비둘기, 제비, 까마귀를 차례로 날려보낸 이야기가 여기에는 보존되어 있다. 사무엘 크레이머는 그의 책 23장에서 "최초의 문학적 차용"이라는 제목으로 바빌로니아의 홍수 이야기를 다시 소개하면서 이것이 수메르인들의 이야기를 어떻게 차용했는지 분석하고 있다. 크레이머에 따르면 "바빌로니아의 길가메시 서사시가 고대에 근동 전역에서 연구, 번역되고, 모방되었다는 사실은 분명하다."[1]

---

1  Samuel Noah Kramer (1981), *History Begins at Sumer*, Revised Edition, Chapter 23 University of Pennsylvania Press, p.182

## □ 길가메시의 모험담

그런데 지금까지 소개한 내용에서는 길가메시 서사시라는 이름이 무색하게 주인공 길가메시가 전혀 등장하지 않는다. 사실 홍수이야기는 길가메시라는 영웅의 모험담을 서술하는 긴 장편 서사시의 한 토막에 불과한 이야기다. 노아의 홍수라는 주제에서는 빗나가지만, 독자들의 이해를 위해 바빌로니아판 길가메시 서사시의 전체이야기를 매우 간단하게 요약해서 소개해보고자 한다.

길가메시는 앞 장에서 설명한 대로 기원전 2600년경에 실존했던 우루크 제1왕조의 다섯번째 왕이다. 그가 그저 전설적인 인물이아닌가 했지만, 키쉬의 악가와 국경 분쟁을 벌인 기록이 있고, 실존인물로 간주된다는 사실을 앞에서 언급했다. 길가메시 서사시는 이인물을 소재로 하여 신화적인 이야기로 각색한 영웅의 모험담이다.

서사시에서 길가메시는 2/3는 신이고 1/3은 인간이다. 그는 에렉의 주민들을 괴롭히고, 야만적으로 성욕을 채우는 폭압자였다. 에렉의 사람들이 신들에게 괴로움을 호소하자 신들은 여신 아루루(Aruru)에게 이 상황을 종식시키도록 지시를 했다. 그녀는 길가메시가 인간세계에서 경쟁자를 발견하지 못해 제멋대로인 것이라고 판단하고, 진흙으로 막강한 용사 엔키두(Enkidu)를 빚어서 보냈다. 엔키두는 야생에서 나체로 살다가 샴하트(Shamhat)라는 여인을 만나 욕정에 눈뜨면서 인간세계의 문명에 적응한 후 길가메시를 찾아가 격렬한 싸움을 벌였다. 그러나 싸움은 무승부로 끝났고, 두 용사는 오히려 의기가 투합하여 절친한 친구 사이로 되어버렸다.[1]

---

1 조지 스미스의 "칼데아 창세기"에는 엔키두가 헤아바니(Heabani)라는 이름으로
  나온다. 그는 이즈두바르(길가메시)와 함께 훔바바를 처치하는데, 오늘날 알려진

엔키두는 화려한 도시 에렉에서 길가메시에게 대접을 받으면서 지냈지만, 도시의 삶은 그의 기질에 맞지 못했다. 그래서 그는 길가메시에게 같이 모험의 길을 떠나자고 제안했다. 길가메시는 에렉의 원로들과 상의하고 여행자들의 수호신인 태양신 샤마쉬(Shamash)의 승인을 얻은 다음, 엔키두와 함께 모험의 길을 떠난다. 둘은 먼 여행 끝에 무시무시한 괴물이 있다는 삼나무 숲에 도착하여 괴물 후와와(Huwawa)[1]를 처치하고 삼나무를 베어버렸다.

둘이 다시 에렉으로 돌아오자 사랑과 욕정의 여신 이쉬타르가 잘 생긴 길가메시의 풍모에 반해서 유혹을 해왔다. 그러나 길가메시는 이제 과거의 난잡한 남자가 아니라 사람이 변해 있었다. 그가 이쉬타르의 유혹을 단호하게 거절하자 분노한 이쉬타르는 하늘신 아누에게 청원해 하늘의 황소(Bull of Heaven)를 보내 길가메시와 그의 도시를 멸망시켜 버리도록 했다. 황소가 내려와 도시를 난장판으로 만들면서 수많은 사람들을 죽였으나, 길가메시는 엔키두와 힘을 합쳐 황소를 잡아죽였다. 에렉 사람들은 두 영웅을 칭송했다.

그런데 엔키두에게 갑작스런 죽음이 찾아왔다. 신들의 지시를 이행하지 않고 후와와와 하늘 황소를 죽인 벌로 신들이 그에게 죽음을 선포한 것이다. 엔키두가 12일 동안 앓은 후 숨을 거두자 길가메시는 허무감을 견딜 수 없었다. 삶이 이렇게 허무한 것이라는 사실을 절실히 느낀 길가메시는 이제 영원한 삶을 찾고자 했다. 그런데 지금껏 존재했던 모든 인간들 중에 영원한 삶을 누리고 있는 사람은 슈루팍의 경건한 왕, 우타나피슈팀과 그의 아내밖에 없었다.

---

것 같은 야만의 용사가 아니라 이즈두바르의 꿈을 해석해주는 현자로 나온다.

1  훔바바(Humbaba)라는 이름으로 나오는 자료도 있다.

길가메시는 우파타피슈팀을 찾아가 그가 어떻게 해서 영생을 얻었는지 비결을 알고자 한다. 이렇게 해서 만난 우파나피슈팀이 들려주는 이야기가 바로 앞에서 소개한 홍수 이야기다.

우타나피슈팀은 지혜의 신 에아가 그의 목숨을 살려주었으며, 영생은 오직 신만이 결정할 수 있는 것이라고 말하였다. 길가메시가 크게 낙심하여 돌아서자 우타나피슈팀의 아내가 그 모습을 보고 연민을 느껴 남편을 설득했다. 우타나피슈팀은 결국 인간이 자력으로 영생을 얻을 수 있는 한 가지 비법을 알려주었다. 깊은 바다 속에 신비한 해초가 있는데, 그것을 먹으면 된다는 것이었다.

길가메시는 이 말을 듣고 바다 속으로 내려가 갖은 고생 끝에 마침내 그 해초를 구했다. 길가메시는 기쁨에 겨워 "인간을 회춘시키는 식물"(Man Becomes Young in Old Age)을 먹을 것이라고 소리친다. 그러나 돌아오는 길에 한 우물을 발견하고 목욕을 하는 사이 뱀이 나타나 그 해초를 가져가버렸다. 신들은 그에게 영생을 허락하지 않았던 것이다. 길가메시는 크게 탄식하고 울면서 에렉으로 돌아왔다.

이상이 길가메시 서사시의 전체적인 줄거리다. 길가메시가 끝내 영생을 얻지 못하는 마지막 이야기는 중국의 진시황이 불로초를 찾아 수백 명의 동남동녀(童男童女)들을 보냈어도 끝내 영생할 수 없었던 이야기를 연상시킨다. 인간이 왜 영생하지 못하게 됐는가를 설명하는 이야기는 앞에 소개한 아다파 신화에도 나오고, 길가메시 서사시에도 나오며, 구약성경의 아담과 이브 이야기에도 나온다. 동서양을 막론하고 영생은 인간들의 큰 관심사였던 것이다.

## □ 노아의 방주

노아의 홍수 이야기는 현대인들에게 너무도 잘 알려진 이야기이고, 어디서든 쉽게 구할 수 있기 때문에 이 곳에 굳이 요약하는 수고를 하지 않으려 한다. 독자들은 이제 지우수드라와 아트라하시스, 그리고 우타나피슈팀의 이야기로 이어져온 홍수 이야기를 알고 나서 노아의 홍수 이야기를 다시 읽어보면 어떤 생각이 드시는가? 이 이야기들의 기본 모티프와 줄거리는 물론 전개해 나가는 과정까지 너무나 유사하다는 사실을 아마도 발견하였을 것이다. 여기까지는 누구나 인정하는 사실이므로 별 문제가 없다.

그런데 이 유사성에 대해 어떻게 해석을 할 것인가로 들어가면 문제가 복잡해진다. 앞에서 언급했듯이 앗시리아와 바빌론, 히타이트 등 고대 근동의 많은 민족들이 수메르의 홍수 설화를 연구하고 각색하여 발전시켜 왔다는 점에 대해서는 대체로 학자들의 의견이 일치한다. 크레이머가 수메르의 지우수드라를 "최초의 노아"라고 표현한 데에서 그의 입장이 드러나듯이 많은 학자들은 수메르 기록이 노아 홍수 이야기에 영향을 주었다고 생각한다. 영국의 앗시리아 학자인 앤드류 조지(Andrew George, 1999)는 바빌론의 홍수 이야기가 노아 홍수 이야기의 "놀라운 모델"(striking model)이라고 언급한다.[1] 그는 창세기의 홍수 설화가 길가메시의 홍수 이야기를 그대로 따라갔다고 주장한다.

그러나 성서의 신적 영감성을 믿는 기독교계의 학자들은 이러한 주장에 대해 복합적인 관점을 보이고 있다. 기독교 단체들이 조지 스

---

1  Andrew George (1999), *The Epic of Gilgamesh: A New Translation*, Penguin Books

미스의 홍수 이야기를 노아의 홍수 이야기로 믿고 대대적인 발굴을 후원하였다는 이야기를 앞에서 언급하였다. 지금은 그것이 완전히 다른 민족에 의해 기록된 다른 주인공의 이야기임을 누구나 알고 있지만, 일부에서는 아직도 조지 스미스의 홍수 기록을 노아의 홍수 기록인양 전달하고 있다.[1]

저명한 성서고고학자인 미국의 에릭 클라인(Eric H. Cline) 교수는 성서고고학이 성서의 역사성을 증명하거나 반박하려는 학문은 아니고 고대인들의 삶을 그 자체로 이해하려는 학문이라고 말하지만, 길가메시 서사시와 노아의 홍수에 대해서는 결국 이런 입장으로 정리를 하고 있다.[2]

"이 이야기들은 우연이라고 하기에는 구체적으로 너무나 유사하다. 본질적으로 이 이야기들은 같은 이야기에서 나온 것으로 보인다. 그러나 일부 구체적인 내용들은 다르다. 홍수에서 살아남은 주인공의 이름, 홍수 직후 바로 날려보낸 새들의 숫자와 종류, 그리고 홍수가 일어난 이유 등이 다르다. 예를 든다면 초기 버전들에서는 인간들이 너무 시끄러워서 신들이 홍수를 보냈다. 성서의 버전에서는 인간들이 너무 악하고 타락해서 홍수가 보내졌다. 성서의 홍수 이야기는 결국 '전승되어온 이야기'(transmitted narrative)의 한 예라고 볼 수 있다. 즉 그것은 한 부족 내에서 세대와 세대간에 전달된 것뿐만이 아니라 문화와 문화를 건너

---

1    김성(2010) 교수의《성서고고학 이야기》는 조지 스미스의 발견을 서술하면서 길가메시를 전혀 언급하지 않고 이 이야기를 노아의 홍수 이야기와 바로 연결시키고 있다.

2    Eric H. Cline, (2009), *Biblical Archaeology: A Very Short Introduction*, Oxford University Press, p.74

수메르인들로부터 아카드인, 바빌론인들로, 그리고 아마도 가나안족들을 거쳐 이스라엘 사람들에게로 전승되어 온 이야기인 것이다."

에릭 클라인에 대한 보수적 기독교단의 평가가 어떠한지에 대해서는 필자가 아는 바 없다. 기독교 단체쪽의 가장 보수적인 입장은 길가메시와 노아 홍수의 관련 자체를 부정하는 것이다. 줄거리가 얼핏 비슷하게 보이지만, 구체적으로 들어가면 모든 것이 다르다는 것이다. 신의 이름과 속성도 다르고, 주인공의 이름도 다르고, 배의 모양도 다르고, 홍수가 지속된 날수도 다르고, 배가 닿았다는 산의 이름도 다르고 등등, 이러니 두 이야기는 관련이 없는 독자적인 이야기들이라는 것이다.[1]

이런 입장에서 좀더 정교하게 발전되어온 입장은 길가메시 서사시와 성서의 노아 홍수 이야기가 동일한 소재에서 각기 다르게 발전되어 나온 이야기들이라는 것이다. 유태교의 랍비학자인 로버트 웩슬러(Robert Wexler)의 다음과 같은 말이 이런 입장과 유사하다고 생각된다.[2]

"우리가 만들 수 있는 가장 그럴듯한 가정은 창세기와 길가메시가 메소포타미아에 존재했던 공통의 홍수 전승에서 소재를 끌어왔다는 것이다. 그런 다음 이 두 이야기는 각기 다른 방향으로 발전되어온 것이다."

여기서 더 나가 성경의 전승을 옹호하는 입장은 고대 세계에 많은 홍수기록들이 있다는 사실은 성서가 말하는 홍수가 실제로 있었

---

1   https://www.gotquestions.org/Gilgamesh-flood.html

2   https://en.wikipedia.org/wiki/Epic_of_Gilgamesh#Relationship_to_the_Bible

다는 사실을 증명하는 것이고, 이에 대해 여러 민족이 각자 독자적인 기록들을 남기거나 구전(口傳)으로 전해왔는데, 그 중에 하나님의 영감으로 기록된 성서가 가장 정확한 기록이라고 한다. 미국의 창조론 단체가 이런 입장을 전달하고 있고,[1] 한국의 창조과학회에서도 이런 입장을 그대로 전달하고 있다.[2] 미국의 공항에서 파는 한 권짜리 성서 가이드북에서도 이런 주장을 하고 있다.[3] 창조과학회 홈페이지에 올라와 있는 글을 일부 인용해본다.

> "자유주의 신학자들에 의해서 제안한 대중적인 한 이론은, 히브리인들의 홍수 이야기는 바빌론의 이야기를 빌려왔다고 말한다. 그러나 어떠한 결정적인 증거도 제시하지 못하고 있다. … 창세기는 대부분이 역사적 사건들을 서술하는 식으로 기록되어 있다. 반면에 길가메시 서사시는 신화적인 일들을 서술하는 식으로 기록되어 있다. 이것은 심지어 많은 자유주의적 학자들도 인정하고 있다. 그러므로 하나의 근원을 가지고 있다는 이론(One-source Theory)은 노아의 홍수와 방주 사건이 실제 역사적인 사건이었음을 알 수 있게 하는 것이다. … 창세기 이야기가 모세(Moses)에 의해서 모아지고, 편집되고, 쓰여질 때까지, 하나님의 섭리에 의해서 수백 년 이상을 순전하고 정확하게 보존되어 왔던 것이다. 그리고 길가메시 서사시는 하나님을 따르지 않았던 사람들에 의해

---

1  Frank Lorey, *The Flood of Noah and the Flood of Gilgamesh*, Institute for Creation Research Homepage, http://www.icr.org/article/noah-flood-Gilgamesh/

2  http://www.creation.or.kr/library/itemview.asp?no=3725, 한국창조과학회 홈페이지

3  Holman Reference (2016), *Ultimate Bible Guide: A Complete Walk-Through of All 66 Books of The Bible*, Holman Bible Publishers, p.17

서 미화되고 손상된 홍수 이야기를 담고 있었던 것이다."

자, 여기까지 수메르로부터 시작해 앗시리아와 바빌론을 거쳐 성서의 이야기에 이르기까지 주욱 섭렵하면서 여러 학자들과 단체의 견해를 살펴보았다. 독자 여러분들은 어떤 생각이 드는가? 오랜 세월 이 신화들을 두고 읽어온 한 지식인의 입장에서 필자 자신의 생각을 정리해보는 것으로 길가메시에 관한 이야기를 마치려 한다.

우선 길가메시와 노아를 가서 직접 만나본 사람은 그 누구도 없다. 길가메시 이야기가 유태인들에게 전승되었다는 과정을 기록한 문헌이나 고고학적 증거도 전혀 없다. 그러니 이 이야기들에 대해 어느 쪽이 영향을 주었다고 단정하는 것은 어렵다. 두 개의 비슷한 이야기가 있는데, 둘다 어떤 사건을 목격하고 제각각 기록한 것이라고 생각할 수도 있다. 요즘 식의 표현을 써본다면 서울에 홍수가 났는데, KBS와 MBC가 제각각 다르게 보도할 수도 있는 것이다. 이런 경우는 어느 쪽이 다른 쪽을 베꼈다고 말할 수 없다.

그런데 서울에 홍수가 난 날 어느 방송은 물에 떠내려가는 시민의 화면을 독점적으로 보도했고, 다른 방송들은 그 장면을 담지 못했다고 생각해보자. 모든 국민들이 물에 떠내려가는 시민의 모습을 기억하고 있는데, 몇 년 지나 어느 방송사가 우리도 사실 그 때 그 장면을 찍었다고 하면서 앞 회사가 보도한 화면과 매우 비슷한 화면을 내보낸다면 어떻게 될까? 아마도 상당한 논란이 생길 것이다.

길가메시와 노아의 홍수 이야기를 둘러싼 논란은 이와 비슷한 것이다. 전세계에 많은 홍수 관련 기록이 있는 것은 사실이다. 우리나라에도 지금까지 해마다 홍수가 있는데, 동서고금을 통틀어 세계

많은 나라에 홍수 기록이 없겠는가? 하지만, 신이 인간에게 나타나 배를 만들라고 가르쳐주고, 짐승들을 한 쌍씩 실어 보존하게 했다는 줄거리를 가진 이 독특한 이야기는 수메르인들이 처음 만들었고, 후대의 앗시리아, 바빌론인들이 각색해서 자신들의 이야기로 만들었다. 그리고 성서의 이야기는 모세가 썼다고 믿을 경우 기원전 13세기나 그 이후로 추정되어 수메르나 바빌론의 이야기들보다 시기적으로 훨씬 늦다.

제작 연대가 다른 두 개의 비슷한 작품이 있을 때 이걸 보는 사람들의 생각은 대체로 비슷할 것이라고 생각된다. 누가 봐도 비슷한데 디테일이 조금 다르다면 그것은 후대가 앞선 작품을 변형시킨 것으로 보는 게 합리적이다. 수메르의 지우수드라가 바빌론에서는 아트라하시스와 우타나피슈팀으로 바뀐 사실을 우리는 이미 보았다. 그 이름이 노아로 다시 바뀌고, 신들의 이름도 달라지고, 배의 모양도 달라지는 것은 어려운 일이 아니다. 언어와 문화가 다른 사람들이 외국인들의 이야기를 자신들의 환경에 맞게 각색하여 전달하기 쉽게 만드는 것이다.[1]

이 문제를 이렇게 한번 생각해보자. 1959년에 미국의 닐 세다카(Neil Sedaka)가 부른 〈원 웨이 티켓〉(One Way Ticket)이라는 노래를 1979년에 영국계 보컬그룹 이럽션(Eruption)이 신나는 디스코풍의 노래로

[1] 현대에도 일본에서 인기 있는 만화를 한국에 가지고 와서는 주인공의 이름과 주변 환경을 한국식으로 바꾼 사례가 흔하다. 우리가 보고 자란 "은하철도 999"의 주인공 "테츠로(鐵郎)"는 한국에 와서 "철이"가 되고, 심지어 일본에서 성인물적 요소가 있는 "크레용 신찬"(Crayon Shin-chan)이라는 만화는 한국에서 "짱구는 못말려"라는 완전한 아동 만화로 바뀌었다. 그 주인공의 이름 노하라 신노스케는 "짱구"로 바뀌었다. 그러니 두 만화가 무슨 관련이 있느냐고 말한다면 한일 양국의 독자들을 우롱하는 것이다.

변곡해 불러서 크게 히트했고, 한국에서는 방미가 그걸 번안해서 〈날 보러 와요〉라는 노래로 만들어 불렀다. 당대의 우리는 방미의 노래가 팝송을 번안한 것이라는 사실을 누구나 알았다. 그런데 세월이 흘러 후세에 이런 사정을 알지 못하는 어떤 사람들이 말하기를 언어가 다르고, 제목과 가사도 다르고, 한쪽은 남자가수, 한쪽은 여자가수가 부른 노래인데 두 노래가 무슨 관련이 있냐고 주장한다면 어떻게 될까? 더 나가서 방미의 노래가 원곡이고 닐 세다카가 그것을 잘못 번역한 것이라고 주장한다면 어떻게 될까?

필자는 길가메시와 노아의 홍수 이야기를 둘러싼 논란은 지금 위에서 예를 든 상황과 비슷한 것이라고 생각한다. 그러나 어찌됐든 이 문제는 원작자나 번역자에 대한 기록도 전혀 없으니, 굳이 우긴다면 누구도 무엇이 정확한 진실이라고 주장할 수는 없다. 그냥 합리적인 생각으로 판단하면서 먼 옛날 인류의 선조들이 남긴 흥미로운 기록으로 각자 받아들일 수 있는 부분만 받아들이라고 말하고 싶다.

### (3) 구데아와 성경의 선지자들

앞장에서 설명한 라가쉬의 지도자 구데아에 대해서는 파괴된 신전을 재건한 기록이 남아 있다. 이 이야기는 자세하지는 않지만, 유태인들이 바빌론에서 70년 간의 포로 생활 후 예루살렘에 돌아와 성전을 복원하는 이야기와 그 모티프가 흡사하다. 전쟁에서 지면 민족이 송두리째 파괴되거나 노예가 되던 수천년의 역사를 통해 사람들은 신에게 잘못하면 벌을 받는다고 생각했고, 다시 신의 축복을 받아야 민족이 재건될 수 있다고 생각했다. 이런 종교 문화적 전통이 비슷한 경험을 한 여러 민족들에게 이어져온 것으로 생각할 수 있다.

여기에서는 프린스턴대학 교수인 잭 피네건의 책에서 구데아의 환상과 성전 복원에 관련된 내용을 간추려 옮겨본다.[1]

경건한 사람 구데아는 신들의 종으로서 자기 민족의 목자가 되기를 원했다. 그는 성전에서 다음과 같이 기도했다. "나는 어머니가 없습니다. 당신이 나의 진실한 어머니입니다. 나는 아버지가 없습니다. 당신이 나의 진정한 아버지이십니다." 그는 꿈속에서 신으로부터 라가쉬의 신전인 에닌누(Eninnu), 즉 "50 신들의 집"(The House of Fifty Gods)을 재건하라는 지시를 받는다. "꿈 속에서 하늘처럼 빛나고 땅처럼 환희에 찬 한 사람이 나타났는데, 머리에 쓴 왕관으로 그가 신이라는 것을 알 수 있었다. 그의 옆에는 신령스러운 검정 폭풍새(stormbird)가 따르고 있었고, 그의 발 아래와 정면에서는 폭풍이 일었으며, 그의 좌우 양쪽에는 사자들이 서 있었다. 그는 나에게 자신의 집을 지으라고 명령했는데, 나는 그 말뜻을 알아듣지 못했다."

그 후 여러 가지 표적이 다시 나타나고 구데아는 성전을 짓는 작업에 나서 첫번째 벽돌을 놓는다. 앞서 말한 대로 그 작업은 매우 방대한 일이어서 구데아는 북부 시리아의 아마누스산에서 백향목을 가져온다. 피네건은 그 거리가 솔로몬이 예루살렘 성전을 지을 때 레바논에서 백향목을 실어온 거리와 거의 비슷하다고 말한다. 그

---

1   Jack Finegan (1974), *Light from The Ancient Past: The Archeological Background of Judaism and Christianity*, Vol. I, Princeton University Press, p.49

는 다른 곳에서도 각종 나무와 돌들을 가져왔다. 마침내 그 성전이 완성되었을 때 "거룩한 성전이 땅에서 하늘로 솟았으며. … 하늘에서 빛나는 광채가 눈부시게 비치어 … 온 나라를 밝게 해주었다."

구데아의 꿈 속에 신이 나타나는 장면은 구약성경의 에스겔서에서 여호와가 에스겔에게 나타나는 장면을 연상시킨다. 신령한 존재가 폭풍, 구름 등과 함께 나타나고 광채가 발한다는 표현들은 중동뿐 아니라 우리나라의 고대 설화에서도 흔하게 발견된다. 신적인 존재의 출현을 생각하는 고대인들의 상상력이 어디에서나 비슷했을 것이다.

> "내가 보니 북방에서부터 폭풍과 큰 구름이 오는데 그 속에서 불이 번쩍번쩍하여 빛이 그 사면에 비춰며 그 불 가운데 단쇠 같은 것이 나타나 보이고 … 그 사면 광채의 모양은 비오는 날 구름에 있는 무지개 같으니 이는 여호와의 영광의 형상의 모양이라 …"(에스겔 1장 4절 및 28절)

내 어릴 때 보던 한국의 만화 영화에 뻥하는 소리와 함께 연기 속에서 하얀 수염을 길게 늘어뜨린 신령님이 나타나거나 빛나는 광채와 함께 하늘에서 구름을 타고 용상에 앉은 옥황상제가 나타나던 장면들이 기억난다. 심지어는 현대의 작가들조차도 비슷한 상상을 하는 것이다.

### (4) 최초의 욥

구약성서에는 욥기라는 책이 있다. 이 책은 야훼에 대한 신앙을 고백하고 권장하는 문학적인 내용을 담고 있으며, 역사 기록을 담고 있지는 않다. 성서에는 문학서 또는 지혜서로 분류되는 여러 책들이 있다. 시편, 잠언, 아가, 욥기, 요나서 등이 그런 책들이다. 인류에게 영감을 주어온 아름다운 내용들과 표현들이 들어있어 시대를 불문하고 많은 사람들이 사랑해온 책들이다.

욥기는 우즈(Uz)에 사는 욥(Job)이라는 사람의 삶을 통해 야훼가 인간의 신앙을 실험하는 내용을 담고 있다. 욥은 순전(純全)하고, 정직하며, 하나님을 경외하는 사람으로 열 명의 자식들과 많은 재물을 가지고 축복받은 삶을 살고 있었다. 어느 날 야훼가 사탄의 제안을 받고 욥의 신앙을 실험해보기로 결정했다. 그 다음부터 욥의 삶에는 고난이 이어졌다. 갑자기 도적떼와 천둥번개를 만나 가축들과 종들이 죽고, 태풍이 일어 자식들이 죽고, 욥의 몸에는 심한 병이 생겼다. 욥은 고난에 찬 삶을 살며, 한때는 자신이 태어난 날을 저주하기도 했으나, 끝내 야훼에 대한 믿음을 버리지 않고 찬송했다. 하나님은 결국 그 실험을 끝내고 욥에게 이전보다 더 많은 재물과 열 명의 자식들을 주었다. 새로 태어난 욥의 딸 셋은 전국에 그들만큼 아름다운 여자가 없었다.

인간의 극한 고뇌를 묘사하는 이 책은 아름다운 표현들로 시적 영감을 일으키는 문장이 많이 있다. 아래 문장은 이 책의 주제를 함축적으로 표현하는 내용으로 많은 사람들에게 감동을 주어왔다(욥기 1:2).

"내가 모태(母胎)에서 적신(赤身)이 나왔사온즉 또한 적신이 그리로 돌아가올지라. 주신 자도 여호와시요 취하신 자도 여호와시오니 여호와의 이름이 찬송을 받으실 지니이다."

사무엘 크레이머는 성서에 앞서 수메르인들의 문헌에 이런 내용
의 기록들이 많이 있음을 소개하였다. 그는 시편과 잠언, 아가, 욥기
등과 유사한 수메르 기록들을 소개하면서 이 모두에 "인류 최초"의
기록들이라는 수식어를 붙였다. 크레이머가 소개한 최초의 욥(Job)
이야기는 성서의 욥기와 거의 완벽하게 동일한 주제, 동일한 구성을
지니고 있다는 점을 부인하기 어렵다. 욥기가 기록된 후 천년 이상
의 세월이 지나 이것에서 영감을 얻은 독일의 괴테(Goethe)가《파우
스트(Faust)》를 썼듯이, 수메르인들의 욥 이야기는 천년 이상의 시간
이 지나 유태인들의 욥기에 영감을 주었는지 모른다.

크레이머가 소개하는 "최초의 욥" 이야기에서 그 줄거리를 간추
린 구절을 여기 옮겨본다.[1]

"여기에 이름은 분명히 알 수 없지만, 부유하고, 현명하고, 의롭고, 그
리고 최소한 겉으로라도 그렇게 보이는데, 친구들과 가족들로부터 축복
받는 한 사람이 있었다. 어느 날 질병과 고통이 그를 엄습한다. 그는 신
의 명령을 거부하고 신을 욕했는가? 천만에 말씀! 그는 겸손하게 신 앞
에 나아가 눈물과 탄식 속에 기도와 탄원으로 자기의 마음을 쏟아내었
다. 그 결과 그의 신은 기뻐하며 연민으로 마음이 움직였다. 그리하여
그의 기도를 듣고, 그를 불행으로부터 구제해주었으며, 그의 고난을 기
쁨으로 바꾸어주었다."

1   Samuel Noah Kramer (1956), *History Begins at Sumer*, Doubleday Anchor
    Books, p.115

이 내용만으로 수메르인들이 성서의 욥기에 영향을 주었다고 단정적으로 말하기는 어렵다. 그러나 그 모티프와 줄거리가 너무나 유사하다는 사실은 분명하다. 크레이머는 이 이야기가 펜실베니아 대학 조사단이 니푸르에서 발굴한 여섯 개의 점토판과 조각들에 수록되어 있다고 소개하고 있다. 그 중 네 조각은 필라델피아의 펜실베니아대학 박물관에 보관되었고, 두 조각은 이스탄불의 고대 오리엔트 박물관에 보관되었다. 크레이머는 1951~52년간 이스탄불에 머물면서 두 조각을 복사하였고, 필라델피아로 돌아와서 나머지 조각들을 찾아내어 해석한 후 1954년에 발표하였다.

# 3. 수메르 문화 유물과 성서의 기록들

앞에서는 수메르의 문헌 기록들에 나타난 내용들과 성서의 대응 구절들을 같이 살펴보았다. 이번에는 수메르인들이 남긴 각종 문화 유적에 관해 성서 속에서 이것들을 연상시키는 내용들을 살펴보고자 한다. 많은 내용들이 있지만, 직장 생활을 하면서 틈나는 시간을 이용해 자료를 수집하고 글을 써온 필자의 시간과 체력적 한계로 여기서는 대표적으로 지구라트와 함무라비 법전의 예만 들고자 한다.

## (1) 지구라트와 바벨탑

오늘날 지구라트는 이라크와 이란을 중심으로 여러 곳에 다양한 모양으로 남아 있다. 이 건축물은 신전의 일부로 지어졌으며, 수

그림 42 우르의 지구라트, 발굴 당시와 현재 모습

메르인들뿐만 아니라 메소포타미아 지방에 살았던 아카드, 바빌론, 엘람, 앗시리아, 페르시아인 등 여러 민족들도 그들의 신전을 지구라트 모양으로 만들었다.

이라크의 텔 알무카야르 (Tell al-Muqayyar) 지방에 남아 있는 우르의 지구라트는 앞 장에서 언급한 우르남무왕이 짓기 시작한 것이며, 1920년대에 레오나드 울리에 의해 발굴되었다. 도시가 멸망한 후 남겨진 거대한 지구라트는 수천 년 동안 먼지와 모래가 쌓여 원래의 형체를 잃었고, 주민들은 이것을 마을에 있는 하나의 동산으로 생각해왔던 것이다. 지구라트의 크기는 가로 세로가 각각 64미터와 45미터이다. 높이는 원래 30미터 정도였을 것으로 추측되나, 지금은 그 일부만 남아있다.

역사상 가장 큰 지구라트는 기원전 6세기 신바빌로니아 시대에 나보폴라사르왕과 네부카드네자르 2세가 바빌론의 주신 마르둑에게 봉헌한 바빌론의 지구라트였다고 한다. 에테메난키(Etemenanki)라고 불리웠던 이 지구라트는 높이가 91미터에 달했다고 하는데, 기원전 331년 페르시아를 정복한 알렉산더(Alexander) 대왕에 의해 완전히 파괴되었다. 알렉산더는 이미 훼손된 채 방치되어온 것을 부수고 새로운 탑을 세우겠다고 했으나, 그가 갑자기 죽으면서 공사 계획이 중

단되었다. 네부카드네자르 2세는 에테메난키 건설에 대해 다음과 같은 기록을 남겼다.[1]

"옛날 한 왕이 지구의 일곱 등대 사원(Temple of the Seven Lights of the Earth)을 지었는데, 그 머리 부분을 마치지 못했다. 먼 옛날부터 사람들은 그것을 포기했고, 그들의 말에는 질서가 없었다. 그 시절부터 지진과 번개가 햇볕에 구운 그 벽돌을 흩어놓았고, 외곽의 벽돌들은 부숴졌으며, 내부의 흙은 흩어져서 더미로 쌓여 있었다."

이 기록에 따른다면 에테메난키는 과거부터 있었던 거대한 지구라트로서 어떤 요인에 의해 완공되지 못했고, 지진에 의해 파괴되었으며, 오랫동안 방치돼 있던 것을 네부카드네자르 2세가 재건한 것이다. 학자들은 기원전 689년 바빌론이 앗시리아의 센나케립왕의 침공으로 파괴되었을 때 이 건축물 또한 파괴되었을 것으로 추정한다.

성경의 바벨탑 이야기는 여러 면에서 바빌론에 남아있던 이 거대한 건축물을 모델로 했을 것이라는 추측을 낳는다. 기원전 586년 유다(Judah) 왕국이 신바빌로니아 제국에 멸망당한 후 유태인들이 포로로 끌려갔는데, 오랜 포로 생활을 통해 유태인들이 바빌론에서 보고 들은 문화가 성경의 여러 곳에 흔적을 남긴 것으로 많은 학자들이 분석하고 있다. 바벨(Babel)이란 단어는 셈족의 언어로 "신의 문"(Gate of God)을 뜻하니, 이 건물이 신전으로 건축되었다는 의미를 담고 있다. 구약성경의 창세기 11장에 나오는 바벨탑 이야기는 다

---

1 https://en.wikipedia.org/wiki/Tower_of_Babel#Etemenanki.2C_the_ziggurat_at_Babylon

음과 같다.

"온 땅의 언어가 하나요 말이 하나였더라. 이에 그들이 동방으로 옮기다가 시날 평지를 만나 거기 거류하며, 서로 말하되 자, 벽돌을 만들어 견고히 굽자 하고 이에 벽돌로 돌을 대신하며 역청으로 진흙을 대신하고, 또 말하되 자, 성읍과 탑을 건설하여 그 탑 꼭대기를 하늘에 닿게 하여 우리 이름을 내고 온 지면에 흩어짐을 면하자 하였더니 여호와께서 사람들이 건설하는 그 성읍과 탑을 보려고 내려오셨더라. 여호와께서 이르시되 이 무리가 한 족속이요 언어도 하나이므로 이같이 시작하였으니 이 후로는 그 하고자 하는 일을 막을 수 없으리로다. 자, 우리가 내려가서 거기서 그들의 언어를 혼잡하게 하여 그들이 서로 알아듣지 못하게 하자 하시고, 여호와께서 거기서 그들을 온 지면에 흩으셨으므로 그들이 그 도시를 건설하기를 그쳤더라. 그러므로 그 이름을 바벨이라 하니 이는 여호와께서 거기서 온 땅의 언어를 혼잡하게 하셨음이니라. 여호와께서 거기서 그들을 온 지면에 흩으셨더라."

성경에서는 언어가 혼란해진 사실을 강조하고 있는데, 네부카드네자르 2세의 기록에 "사람들의 말에 질서가 없었다"는 표현이 이와 관련있는 것으로 생각된다. 무력으로 건설한 대제국의 수도에 많은 민족들이 포로로 잡혀와 대공사에 강제 동원되었을 테니 의사 소통에 지장이 생겨 공사에 차질이 있었던 상황을 묘사한 것이라고 추측된다.

## (2) 함무라비 법전과 모세의 계율

함무라비 법전(Code of Hammurabi)은 고바빌로니아 왕국의 위대한 정복자였던 함무라비(1792~1750 BC)왕에 의해 만들어진 법이다. 필자가 어린 시절에는 이 법이 세계에서 가장 오래된 것이라고 배웠다. 그러나 지금은 그보다 앞선 몇 개의 법들이 알려지고 있다. 참고로 이 법들에 대해 간략히 정리를 해보겠다.

〈표 11〉 앗시리아 왕들에 대한 성경 기록

| 이름 | 제작연도 | 제작시대 | 발견연도 |
|---|---|---|---|
| 우르남무법전 | BC 2050년경 | 우르 제3왕조 | 1952 |
| 에순나법전 | BC 1930년경 | 에순나왕조 | 1948 |
| 리피트이쉬타르법전 | BC 1870년경 | 이신왕조 | 1947 |
| 함무라비법전 | BC 1754 | 고바빌로니아 왕국 | 1901 |

자료 : 각종 자료를 참고하여 필자가 정리

함무라비 법전은 7.4 피트(2.25 미터) 높이의 커다란 섬록암(basalt)에 기록되어 있으며, 보존 상태가 매우 좋아 인류사 초기의 법과 문화를 알 수 있게 해주는 귀중한 유물이다. 이 거대한 돌비석에 아카드어의 설형문자로 282개항의 법조문이 새겨져 있는데, 이것은 현재까지 발굴된 고바빌로니아의 문서 중에 가장 긴 것이다. 34개 조항은 판독이 불가능한 상태이다.

이 법은 1901년 고대 페르시아 제국의 수도였던 이란의 수사(Susa) 유적지에서 쟈크 모간(Jacques Morgan)이 인솔한 프랑스 탐사단의 구스타브 제키에(Gustave Jéquier)라는 고고학자가 발굴했다. 기원전 12 세기에 엘람족이 바빌론을 침공했을 때 이것을 가져간 것으로 추정되고 있다. 지금은 그 원본은 루브르 박물관에서 전시되고 있으며, 전세계의 몇 군데 박물관에서 모형을 전시하고 있다. 그 법조문을 복사한 점토판들도 여러 개가 발굴되었다.

기원전 6세기에 페르시아제국을 창건한 키루스 대왕도 이 법을 복사하여 시파르(Sippar) 도서관에 두고 광대한 페르시아 제국 전체에서 열람할 수 있게 만들었다고 하니 이 법은 고대 세계에서 매우 잘 알려진 유용한 법전이었다. 엘람족이 바빌론을 약탈하고 이 무거운 돌덩이를 수사까지 운반하여 가져간 것도 이 법에 대한 특별한 관심을 반영한 것으로 해석된다.

함무라비 법전의 내용은 유명한 "눈에는 눈, 이에는 이"(an eye for an eye, a tooth for a tooth)라는 동태(同態) 보복원칙(lex talionis)에 입각해 있는데, 이 원칙은 사회 계급에 따라 다르게 적용되었다. 함무라비 법전은 사회 계층을 귀족(seignior), 평민(commoner), 노예(slave)로 구분하여 "의사가 귀족 환자를 죽였으면, 그의 손을 자르지만, 노예를 죽였으면 벌금을 낸다"(218~220조)는 식으로 처벌을 다르게 규정하였다.[1] 법전의 절반 정도는 현대의 민법 또는 상법이라고 할 수 있는 계약에 관한 내용이고, 절반 정도는 형법이다.

이 법이 현대에 특별히 더 관심을 모은 것은 그 형법 내용의 상당 부분이 성경에서 모세가 선포했다고 하는 율법, 즉 모세의 법(Mosaic Law)과 유사하다는 것이다. "눈에는 눈, 이에는 이"라는 유명한

---

1  일부 자료는 자유인(man), 평민(plebeian), 노예라는 용어로 번역하고, 자유인은 그냥 '사람'으로 번역한 자료도 있다. 이 책에서는 프리차드의 책에 기초해 귀족, 평민, 노예로 번역한다. 이 책의 각주에 따르면 귀족으로 번역된 아카드어 아윌룸(awelum)은 귀족, 자유인, 또는 왕부터 노예까지 모든 사람을 일컫는 세 가지 의미로 같이 사용된다고 한다.

문구가 두 법전에 나란히 들어있다. 자세한 비교는 이 법을 전문적으로 다루는 다른 책들을 보기 바란다. 여기서는 함무라비 법전과 구약성경에 들어있는 몇 개의 구절들만 함께 비교해보도록 하겠다.[1]

〈함무라비 법전〉

○ 강도 짓을 한 자는 죽임을 당할 것이다 (22조).

○ 한 귀족이 다른 귀족의 눈을 상하게 하면, 그 사람의 눈도 상하게 될 것이다 (196조).

○ 만약 그가 다른 귀족의 뼈를 부러뜨리면 그의 뼈도 부러질 것이다 (197조).

○ 만약 그가 평민의 눈을 상하게 했거나 뼈를 부러뜨리면 은 1 미나(mina)를 내야 한다 (198조)

○ 만약 그가 노예의 눈을 상하게 하거나 뼈를 부러뜨리면 그 가격의 1/2을 내야 한다 (199조).

○ 한 귀족이 다른 귀족의 이를 부러뜨리면 그의 이를 부러뜨린다 (200조).

〈모세 법전〉

○ 사람을 쳐죽인 자는 반드시 죽일 것이요, 짐승을 쳐죽인 자는 짐승으로 짐승을 갚을 것이며, 사람이 만일 그 이웃을 상하였으면 그 행한 대로 그에게 행할 것이니, 파상(破傷)은 파상으로, 눈은 눈

---

1 함무라비 법전은 많은 번역본들이 유포되어 있는데, 용어나 일부 내용이 달라 혼란을 초래하기도 한다. 필자는 프리차드(Pritchard, 1969)의 책에 기초하여 이번 개정판에서 전작에 썼던 내용을 일부 수정하였다.

으로, 이는 이로 갚을지라. 남에게 손상을 입힌 대로 그에게 그렇게 할 것이며 (레위기 24장)

함무라비 법전이 기원전 18세기의 실존 인물에 의해 만들어진 것인데 반해, 모세 법전은 그 저자의 실존성에 대해 아직도 많은 논란이 있지만, 일단 실제로 모세가 만들었다고 인정할 경우 대략 13세기경의 작품으로 추정된다. 모세의 법이 500년 정도 늦게 나온 것이다. 모세가 실존인물이 아니고 이 법이 만들어진 것은 기원전 8세기, 또는 그 보다 더 늦게 3세기라는 학설도 있다.

"모세의 법이 함무라비법을 베낀 것인가?"하는 대중적 의문에 대해 기독교인의 입장에서 반박하는 글이 있어 소개해본다. 일단 두 법에 유사한 구절이 상당히 많지만, 살인, 절도, 강간, 유괴 등의 범죄는 모든 문명사회에서 똑 같이 처벌해야 할 심각한 문제들이었기 때문에 형법의 내용도 결국 비슷해질 수밖에 없다는 것이다. 가장 결정적인 차이는 모세의 법은 단순한 법전이 아니라 신에 대한 믿음의 표현이며, 신의 형상을 따라 만들어진 인간이 정의롭게 살아야 한다는 도덕적 요구를 담은 것이라고 한다.

그림 43 함무라비 비석 상단의 그림. 함무라비왕이 태양신 샤마쉬로부터 법을 받는 모습

모든 결론을 신앙의 영역으로 치환해 비교할 수 없다고 선언하는 입장은 참으로 옹색하다. 이런 결론은 다신교를 믿는 사람들의 세계는 원시와 야만이 지배한 사회로 정의 개념이 없다는 인식을 반영한다. 그러

나 실제 그러한가?

함무라비 법전은 앞의 〈그림 43〉에 나와 있는 대로 함무라비가 태양신 샤마쉬(Shamash)로부터 법을 받은 것으로 묘사하며, 그 서문은 다음과 같은 구절을 담고 있다.

> "아누와 벨(Bel)은 나, 고귀한 왕자, 신을 경외하는 함무라비의 이름을 불러 이 땅에 정의로운 통치를 실현하도록 하였다. 악한 자들과 나쁜 짓을 행하는 자들을 파괴하여, 강한 자가 약한 자를 괴롭히지 않도록 하였다. 내가 샤마쉬처럼 검은 머리의 사람들을 돌볼 것이며, 이 땅을 밝게 비출 것이며, 인간들의 삶을 나아지도록 만들 것이다."

여기에 나오는 신의 이름이 야훼가 아닌 아누와 벨, 샤마쉬라는 점을 제외하고, 이 문장의 어디에서 정의를 떠난 야만과 원시의 세계를 찾아낼 수 있는가? 악한 자를 처벌하고, 약한 자를 보호하며, 태양이 비추듯 밝은 세계를 만들어, 사람들의 삶을 나아지도록 하겠다는 정신이 어느 면에서 모세보다 도덕적으로 열등한가?

앞에서 보았듯이 수메르와 바빌론 사람들도 인간은 신의 형상을 따라 만들어졌다고 생각했고, 신들은 인간들에게 정의로운 삶을 요구한다고 가르쳤다. 고아와 과부를 구휼하고 강자가 약자를 함부로 괴롭히지 않는 사회를 건설한다는 이념은 우루카기나의 개혁, 우르남무의 법전, 함무라비의 법전을 일관하는 정신인 것이다.

# 4. 앗시리아와 바빌론

수메르인들이 소멸하고 난 후에 메소포타미아에는 앗시리아, 바빌로니아, 페르시아 등의 대제국들이 건설되었다. 이 제국들을 건설한 사람들은 오랜 세월 메소포타미아에서 유목이나 도시생활을 하면서 수메르인들과 부딪히고 함께 그 지역의 역사를 만들어온 사람들이다. 그러나 이 제국들이 창성할 무렵에 수메르인들은 이미 사회적 집단으로서는 소멸되고, 그 문화적 흔적만 남기고 있었다. 이 시대에 수메르인의 역사는 마치 영화가 끝나고 제작진을 소개하는 자막이 나올 때 그 배경에 은은하게 깔리는 화면과 음악처럼 아련한 것이었다. 그 실체를 기억하는 사람은 없고, 전설처럼 이름만 남아 간간이 언급되는 존재가 수메르인이었다.

성경에는 시날, 우르, 우루크, 아카드 등의 지명이 남아있지만, 수메르인에 대한 언급은 없다. 그러나 유태인들이 직접 부딪혔던 세 개의 대제국에 대한 언급은 매우 많다. 이 책에서는 수메르 역사가 끝난 후 그 뒤로는 어찌되었나를 언급하는 일종의 후일담으로 이 제국들에 관해 성경이 어떻게 묘사하고 있는지를 간단히 살펴보고자 한다. 페르시아는 제외하고 앗시리아와 신바빌로니아의 멸망을 언급한 구절들만 인용해보겠다.

## (1) 니느웨의 멸망

유태인들에게 더없는 고통을 안겨준 앗시리아와 바빌론제국은 성경에서 특별히 자주 언급되는 고대 제국들이다. 성경의 여러 곳에서 두 제국의 왕들은 야훼가 자신의 길에서 벗어난 이스라엘 민족을 깨우치기 위해 이용한 도구들로 묘사되고 있다. 앗시리아의 수도 니느웨와 신바빌로니아의 수도 바빌론은 죄악의 도시들로서 강하게 언급된다. 성경에 나오는 이 두 도시에 관한 기록들을 여기서 간단히 언급해보고자 한다.

솔로몬왕(976~931 BC) 사후 유태인들의 이스라엘 왕국이 남북으로 갈라지고 나서 북이스라엘 왕국은 기원전 722년 앗시리아왕국에 멸망당했다. 이스라엘 민족의 12지파중 북이스라엘의 10지파는 이때 앗시리아에 끌려가서 소멸되고 말았다. 그리고 130여년이 지난 기원전 587년 남쪽의 유다왕국은 신바빌로니아의 침입을 받아 이듬 해에 멸망하고 유태인들이 바빌론에 포로로 끌려갔다. 이사야, 예레미야 등 구약성경의 여러 예언자들은 이런 시기에 민족에게 경각심을 불러일으키기 위해 노력하였다.

기원전 612년 발생했던 니느웨의 몰락을 예언 형식으로 묘사한 나훔(Nahum)의 기록 가운데 한 장면을 여기 옮겨본다 (나훔 1-3장).

"니느웨에 대한 중한 경고, 곧 엘고스 사람 나훔의 묵시의 글이라 … 강들의 수문이 열리고 왕궁이 소멸되며, 정명(定命)대로 왕후가 벌거벗은 몸으로 끌려가며 그 모든 시녀가 가슴을 치며 비둘기같이 슬피 우는도다. 니느웨는 예로부터 물이 모인 못 같더니 이제 모두 도망하니 서라 서라 하나 돌아보는 자가 없도다. 은을 노략하라 금을 늑탈하라 그 저축한 것이 무한하고 아름다운 기구가 풍부함이니라. 니느웨가 공허하였고 황무하였도다. … 화 있을진저 피 성이여, 그 속에서는 궤휼과 강포가 가득하며 늑탈이 떠나지 아니하는도다. 획획하는 채찍 소리, 굉굉하는 병거 바퀴 소리, 뛰는 말, 달리는 병거, 충돌하는 기병, 번쩍이는 칼, 번 개 같은 창, 살륙당한 떼, 큰 무더기 주검, 무수한 시체여 사람이 그 시 체에 걸려 넘어지니 이는 마술의 주인된 아리따운 기생이 음행을 많이 함을 인함이라. … 앗수르 왕이여, 네 목자가 자고 네 귀족은 누워 쉬며, 네 백성은 산들에 흩어지나 그들을 모을 사람이 없도다. 너의 다친 것은 고칠 수 없고, 네 상처는 중하도다. 네 소식을 듣는 자가 다 너를 인하여 손뼉을 치나니 이는 네 악행을 늘 받지않은 자가 없음이 아니냐."

화려했던 제국의 수도가 적의 침입으로 처참하게 파괴되고 약 탈당하여 시랑(豺狼, 이리떼)의 거처로 변해버린 장면이 생생하게 연상 된다. 전쟁은 어느 때나 참혹한 결과를 가져오지만, 특히 고대의 전 쟁에서 패배자는 처참했다. 오늘날 이라크 북부 모술 근교의 쿠윤직 (Kouyunjik)과 나비 유누스(Nabī Yūnus)에 남아있는 니느웨는 그 곳을 방문한 관광객들에게 황량한 동산들만 있는 곳으로 묘사되고 있다. 최근에는 시리아에 근거지를 둔 군사단체 이슬람국가(Islamic State)가 이 지역을 점령하고 고대 유물들을 다 파괴해왔으므로, 아마도 더욱 황량한 모습으로 되어있지 않 을까 생각된다.

그림 44 키루스의 무덤 (Cyrus tomb)

## (2) 바빌론의 멸망

구약성경의 이사야서 13 장에는 "열국의 영광이요 갈 대아 사람의 자랑인 바벨론"이 하나님께 멸망당한 소돔과 고모라 같이 되어 그 곳에 거처할 사람이 대대로 없을 것이며, 오직 들짐승들이 그 곳에 엎드리고, 화려하던 궁전에는 승냥이와 들개들이 울부짖을 것이라는 예언이 있다. 또한 예레미야서 50장에는 다음과 같은 예언이 있다.

> "1 여호와께서 선지자 예레미야에게 바벨론과 칼데아 사람의 땅에 대하여 하신 말씀이라. 2 너희는 나라들 가운데에 전파하라 공포하라 깃발을 세우라 숨김이 없이 공포하여 이르라. 바벨론이 함락되고 벨이 수치를 당하며 므로닥이 부스러지며 그 신상들은 수치를 당하며 우상들은 부스러진다 하라. 3 이는 한 나라가 북쪽에서 나와서 그를 쳐서 그 땅으로 황폐하게 하여 그 가운데에 사는 자가 없게 할 것임이라 사람이나 짐승이 다 도망할 것임이니라. (중략) 17 이스라엘은 흩어진 양이라 사자들이 그를 따르도다. 처음에는 앗수르 왕이 먹었고 다음에는 바벨론의 느부갓네살 왕이 그의 뼈를 꺾도다. 18 그러므로 만군의 여호와 이스라엘의 하나님이 이와 같이 말하노라 보라 내가 앗수르의 왕을 벌한 것 같이 바벨론의 왕과 그 땅을 벌하고 19 이스라엘을 다시 그의 목장으로 돌아가게 하리니 그가 갈멜과 바산에서 양을 기를 것이며 그의 마음이 에브라임과 길르앗 산에서 만족하리라 20 여호와의 말씀이니라 그 날 그 때에는 이스라엘의 죄악을 찾을지라도 없겠고 유다의 죄를 찾을지라도 찾아내지 못하리니 이는 내가 남긴 자를 용서할 것임이라."

앞장에서 언급했지만, 신바빌로니아는 페르시아제국을 세운 키루스대왕에 의해 기원전 539년에 멸망했는데, 그는 바빌론에 포로로 잡혀와 노예생활을 하던 민족들을 고향으로 돌아가게 해주었다.

유태인들은 이로 인해 이방신을 섬기던 키루스를 야훼가 기름부어 선택한 왕으로 극찬하였으며, 에스라서(1:1-3,7)에서는 다음과 같이 묘사하고 있다.

> "바사 왕 고레스 원년에 여호와께서 예레미야의 입으로 하신 말씀을 응하게 하시려고 바사 왕 고레스의 마음을 감동시키시매 저가 온 나라에 공포도 하고 조서도 내려 가로되, 바사 왕 고레스는 말하노니 하늘의 신 여호와께서 세상 만국으로 내게 주셨고 나를 명하사 유다 예루살렘에 전을 건축하라 하셨나니, 이스라엘의 하나님은 참 신이시라 너희 중에 무릇 그 백성 된 자는 다 유다 예루살렘으로 올라가서 거기 있는 여호와의 전을 건축하라 너희 하나님이 함께 하시기를 원하노라."

키루스는 훗날 페르시아를 정복한 그리스의 알렉산더도 그 묘지를 찾아 존경심을 표현했을만치 훌륭한 대왕이었으며, 적국이었던 그리스 사람들도 그를 군주의 모범으로 예찬하는 많은 기록을 남겼다.[1] 연세대 신학대학의 김상근 교수는 키루스 대왕을 가장 위대한 군주로 예찬하고 있는데, 필자는 TV 프로그램에서 그 교수님의 강의를 듣고 감동받아《군주의 거울》이라는 책을 사서 열심히 읽었다.[2]

성경은 키루스가 유태인들의 신 야훼로부터 명령을 받았다고 묘사하고 있지만, 키루스의 바빌론 정복 과정을 상세하게 설명하고

---

1 알렉산더 보다 한 세대 앞선 크세노폰(Xenophōn; c. 430    354 BC)은 "키루스의 일대기"(Cyropaedia)를 남기고, 키루스를 모든 군주들의 이상형으로 묘사하였다.

2 김상근(2016),《군주의 거울: 키루스의 교육》, 21세기북스

있는 헤로도토스의 기록에는 그런 언급이 전혀 없다. 중동지역을 방대하게 여행하면서 많은 민족의 풍습과 역사를 상세하게 기록한 그의 역사에 유태인에 대한 기록이 아예 한 줄도 없다는 사실은 시사하는 바가 있다. 중동 전체 역사에서 볼 때 변방의 소수민족으로 키루스 당시에는 나라를 잃고 노예 생활하던 민족을 잘 알고 있는 사람들은 별로 없었을 것이다.

위에 인용한 에스라서에는 키루스가 직접 여호와의 명령을 받았다고 말한 것으로 되어있다. 그러나 이사야서 45장에는 여호와가 키루스에 대해 "너는 나를 알지 못하였을지라도 나는 네게 칭호를 주었노라"고 말한 것으로 나와 있는데, "너는 나를 알지 못하였을지라도"라는 표현이 반복적으로 언급되는 이사야서의 표현이 이 부분에서는 역사적으로 더 정확할 것이다.

키루스가 야훼로부터 부름을 받고 유태인들을 해방시켜 주었다는 이야기는 마치 1945년 일본의 패망으로 독립한 한국 사람들이 미국 대통령 트루먼이 우리의 단군 할아버지로부터 부름을 받아 일본을 무너뜨리고 한국인들을 해방시켜 주었다고 말하는 것과 비슷한 느낌을 준다. 바로 이어서 보겠지만, 키루스 자신은 야훼나 유태인에 대해 전혀 언급하지 않고, 바빌론의 신 마르둑이 자신을 택하여 바빌론을 정복하도록 하였다고 설명하였다.


### (3) 키루스의 원통(Cyrus Cylinder)

바빌론 멸망과정에 대해 키루스 자신의 목소리를 담은 중요한 문서가 1879년 라쌈(Hormuzd Rassam)에 의해 발견되어 현재 대영박물관에 전시되어 있다. 진흙으로 만든 길이 22.5센티, 직경 10센티 미터의 원통 모양으로 생긴 이 문서는 키루스의 원통이라고 불리고 있다. 아카드어로 기록된 이 문서에 따르면 바빌론왕 나보니두스의 폭정으로 인한 백성들의 불만 때문에 바빌론의 신 마르둑이 키루스를 선택하여 바빌론을 취하게 하고, 나보니두스를 키루스에게 인계한 것으로 묘사되어 있다.

키루스의 군대는 바빌론 거리와 수메르와 아카드 온 땅에 질서를 유지했으며, 백성들에게 힘든 노동을 시키지 않았고, 그들의 무너진 집들을 재건하도록 도와주었다. 키루스는 여러 피정복 민족에 대하여 그들의 성전을 재건하고 자신들의 신상을 세우도록 허락하였다. 그는 마르둑의 명령에 따라 나보니두스가 바빌론으로 옮겨온 수메르와 아카드의 모든 신들을 상하지 않은 채로 그 이전의 장소에 다시 자리잡게 하여 그들을 행복하게 하였다. 또한 잡혀와 있던 모든 사람들을 자신들의 고향으로 돌아가게 해주었다.

이 부분의 원문을 직접 인용해보면 다음과 같다.[1]

"아슈르(Ashur)와 수사(Susa), 아가데(Agade), 에쉬눈나(Eshnunna), 잠반(Zamban)의 성읍들과 메트르누(Me-Trunu), 델(Der)과 구티 사람들(Gutians)의 지역까지 모든 지역에, 나는 오랜 시간 동안 폐허가 되었던 그들의 성지로 그들의 신상을 되돌려주었다. 이제 나는 그들을 위하여 영원한 성역을 세웠다. 또한 나는 이전에 이 지역에 거주하던 모든 사람들을 모으고, 그들을 자기 고향으로 돌려보냈다.

---

1    노세영, 박종수 (2016),《고대 근동의 역사와 종교》, 대한기독교서회, pp.300-301

나아가서, 마르둑의 명령
에 따라 나는 나보니두스가
바빌론으로 옮겨온 수메르와
아카드의 모든 신들을 상하
지 않은 채로 그 이전의 장
소에 다시 자리잡게 하여 그
들을 행복하게 하였으며 …
나는 그들이 거주할 장소들
을 수선하려고 전력을 다했다."

그림 45 키루스 실린더, 이란 국립박물관에서  2016년

키루스의 이처럼 관대한 정책에 따라 나보니두스의 폭정과 전쟁
의 공포에 시달렸던 모든 피정복민들은 오히려 자신들을 행복하게
만들어주는 위대한 정복자를 환영했으며, 그를 '아버지'라고 불렀다.

이 문서에서 우리는 유태인들의 자기 중심적인 해석과 전혀 달
리 키루스는 야훼가 아닌 마르둑에 의해 자신이 선택받은 것으로 설
명하고, 자신이 정복한 여러 민족들에 대해 언급하면서 유태인에 대
해서는 전혀 언급하지 않는다는 사실을 직접 확인할 수 있다. 모든
것이 유태인 중심인 성경의 묘사와 달리 키루스에게 유태인은 특별
한 기억이 없는 수많은 소수민족의 하나였을 것이다. 이 문서는 가
장 난적이었던 바빌론을 정복하고 그 곳의 주민들을 안심시키키 위
해 기록한 것임으로 마르둑의 은총을 강조하고 있다는 점을 짐작할
수 있다.

한편 위에 인용한 예레미야서에는 바빌론에 대해 "그 땅으로 황
폐하게 하여 그 가운데에 사는 자가 없게 할 것임이라 사람이나 짐

승이 다 도망할 것임이니라"고 언급되어 있다. 이사야서 46장에는 바빌론이 멸망하여 "벨(Bel)은 엎드러졌고, 느보(Nebo)는 구부려졌도다" 하는 내용이 있다. 벨은 바빌론의 주신 마르둑을 칭하는 '주(主)'라는 뜻이며, 느보는 마르둑의 아들로서 문화의 신이었다. 이 내용은 페르시아인들이 바빌론을 점령하고 신상을 파괴하였으며, 시민들을 학살하고 신전의 재물을 약탈했다는 사실을 언급한다.[1]

헤로도토스는 키루스의 바빌론 입성이 대체로 평화롭게 이루어졌으며, 바빌론은 도시가 광대해서 외곽에서 적이 이미 입성한 상황에서도 중앙의 시민들은 그 사실을 모른 채 마침 축제일을 즐기고 있었다고 기록했다.[2] 키루스도 위에서 확인했듯이 자신이 마르둑의 부름으로 와서 바빌론의 질서와 평화를 유지하고 여러 민족의 종교와 신상들을 보호했다는 기록을 남겼다. 이사야와 예레미야의 예언에 대해 의문을 가져볼 수 있지만, 큰 전쟁이 일어난 상황에서 약탈과 학살이 없었을까에 대해서는 자유롭게 추측해볼 수도 있다.

어찌 됐든, 그 후의 역사에서 바빌론은 신바빌로니아 제국이 멸망한 후에도 방대한 페르시아제국의 지방 수도로서 재건되어 계속 번영을 누렸다. 그로부터 200여 년 후인 알렉산더의 정복 시대에도 바빌론은 지방의 주도로서 여전히 번영하고 있었음을 베로소스의 바빌론 역사가 보여주고 있다. 알렉산더 자신은 이 도시를 제국의 수도로 삼을 계획이었다고 한다. 그가 일찍 죽지 않았더라면 바빌론

---

1  예레미야는 기원전 570년경 사망하여 키루스의 바빌론 정복이 있었던 기원전 539년보다 앞서 살았던 사람이고, 이사야는 앗시리아의 산헤립과 동시대인 기원전 8세기 사람으로 키루스보다 150년쯤 앞선 사람이라는 점에서 그들이 키루스의 바빌론 정복을 예언한 데 대해 여러 해석이 있다.
2  헤로도토스 (박광순 역, 1987), 《역사》, 범우사, p.110

은 아마도 다시 한 번 찬란한
제국의 수도가 되었을 것이다.

그림 46 바빌론 유적지

　기원전 3천년경부터 도시
가 성립된 바빌론은 긴 역사
를 통해 많은 침략과 파괴를
경험하고 지배자가 계속 바뀌
어왔으나, 함무라비 이후로 전
세대를 통해 고대의 메소포타미아인들에게 찬란했던 제국의 수도로
서 늘 기억되고, 그 지역의 최고신 마르둑이 거주하는 종교의 성지
로서 상징적인 의미를 지녀왔다. 그 점을 반영해 이 도시를 정복한
지배자들은 그 곳을 파괴된 채로 놔두지 않고 재건하여 주요 거점
의 하나로 삼아왔다. 그러나 훨씬 후대에 유일신을 숭배하는 기독교
와 이슬람교의 세력이 중동 지방을 지배하게 되면서 이방신을 섬기
던 죄악의 도시들은 더 이상 기억할 필요가 없는 시대가 되어 바빌
론도 현대에 재발굴되기 전까지는 영영 인간들의 기억 너머로 사라
진 도시가 되었다.

　이 도시는 오늘날 이라크의 수도 바그다드에서 남쪽으로 85킬로
미터 떨어진 바빌주(Babil Governorate)의 힐라(Hillah)라는 마을로 파악
되고 있다. 1899년에서 1917년 사이 콜데바이(Robert Koldewey)가 이끈
독일 탐사단이 이곳을 발굴했다. 1977년에는 바빌론 고고학 발굴
프로젝트(Babylon Archaelogical Restoration Project)가 착수되었으나, 1980
년 이후 이라크가 전쟁에 휘말리면서 작업이 중단되었다.

　20세기 초까지 활발하게 추진되었던 고대 유적지들의 발굴 작
업은 그 후 두 차례의 세계대전이 발생하여 발굴 주체인 영국, 프랑

스, 독일, 미국 등이 전쟁에 휘말리고 중동 지방도 주요한 전쟁터가 됨으로써 모두 중단되었다. 세계대전이 끝난 후에는 미국과 소련의 동서냉전이 이라크, 시리아 등 중동의 신생독립국들에게도 확산되면서 서방국가들의 탐사 작업이 어렵게 되었다. 특히 수메르, 바빌론, 앗시리아의 본거지인 이라크가 1980년 이후 지속적으로 전쟁에 휩쓸리게 된 사정은 이들 유적지의 발굴을 극히 어렵게 만들고 있다.

이라크는 1980년에 인접한 이란과 전쟁에 돌입하여 8년간 전쟁을 치루었고, 그 오랜 전쟁이 끝난 지 얼마 안 돼 1990년에는 역시 국경을 마주 한 쿠웨이트를 침공했다가 미국을 비롯한 다국적연합군의 대대적인 공격을 받았다. 그리고 2003년에는 다시 미국과 걸프전쟁이 발생하여 사담 후세인의 독재 정권이 무너졌으나, 그 후 지금까지도 여러 종파와 민족간의 갈등으로 전쟁 상황이 이어지고 있다.

오늘날 인터넷을 통해 볼 수 있는 바빌론 유적지의 사진들은 무너진 벽돌 담들만 남아있는 황량한 폐허가 되어 예레미야의 예언이 현실화된 느낌을 준다. 밤이 되면 월색만 고요한 쓸쓸한 황성옛터일 것이다.[1] 이란과의 8년 전쟁, 그리고 그 후 두 차례의 대규모 걸프전쟁에서 수메르, 바빌론의 유적지가 있는 걸프 지역이 큰 피해를 입었으니, 그나마 남아있는 유적들도 많이 파괴되었을 것이다. 필자는 2013년에 바그다드를 방문했으나, 호텔에서도 총소리가 들리는 불안한 정국으로 인하여 바깥을 나가 볼 수가 없었다. 안타까운 일이다. 인류의 역사가 시작된 이 나라에 빨리 평화가 찾아오기를 바란다.

한편 "우리가 바벨론의 여러 강변 거기 앉아서 시온을 기억하며

---

1   1932년 바빌론 유적지 사진 출처: https://en.wikipedia.org/wiki/Babylon

울었도다"하는 시편 137장 1절은 바빌론에 포로로 끌려간 유태인들
이 조국 예루살렘의 시온성을 기억하며 울었다는 슬픈 이야기를 언
급한 구절이다. 내 대학 시절에 보니엠(Boney M)이라는 흑인 혼성 그
룹이 이 구절을 가사로 한 《바빌론 강가에서》(By the Rivers of Babylon)
라는 디스코풍의 노래를 불러 히트했는데, 많은 젊은이들이 가사의
의미도 모르면서 그냥 노래에 맞춰 신나게 춤을 추던 기억이 있다.

# IV

맺는 글

이 책은 필자가 오랜 세월에 걸쳐 수메르인들과 그 문명에 대한 기록들을 연구하여 쓴 책이다. 필자는 대학에서 아랍어를 전공하고 중동 전문가로 사회생활을 하면서 중동 지역의 많은 나라들을 방문했고, 그 오랜 역사적 전통에 대해 개인적인 관심을 가져 자료를 수집하고 연구해왔다. 근 20년에 걸친 노력의 결과로 틈틈이 쓴 글을 이제야 묶어서 한 권의 책으로 출판한다.

수메르인들은 인류에게 대단히 중요한 최초의 것들을 가져다 준 민족이다. 역사는 문자와 함께 시작했는데, 문자 기록은 수메르로부터 시작되었다. 수메르인들은 최초의 문자와 함께 최초의 도시, 최초의 의회, 최초의 학교, 최초의 교회 등을 인류에게 선물해준 민족이다. 그들의 역사를 알아보는 것은 이 지구라는 별에 태어난 인류가 어떻게 컴컴한 어둠을 뚫고 문명사회를 만들어 여기까지 왔는지를 이해할 수 있는 첫 작업이 된다.

수메르로부터 시작되는 고대 중동의 역사는 자신의 뿌리에 관

심있는 인간의 탐구심과 상상을 자극하는 흥미로운 이야기거리가
풍부하다. 필자는 어릴 때 할머니 무릎에 누워 충렬이와 거북이, 용
왕님 같은 단어들이 나오는 옛날 이야기를 듣던 아련한 추억이 있는
데, 중동의 고대사는 마치 이처럼 할머니 무릎에 누워 듣던 것 같은
신비로운 옛날 이야기들이 가득하다. 그 뿐만 아니라 중동은 수많은
사람들이 피땀 흘리며 싸워온 역사의 현장으로서도 흥미진진한 이
야기거리가 무궁무진하다.

　필자가 대학시절에 영어 사전을 찾아가며 열심히 읽었던 필립
히티(Philip K. Hitt) 교수의 《중동 역사 5천년의 이야기》는 중동지역이
얼마나 흥미로운 역사의 무대인지를 설명하는 서문으로 시작한다.
중동은 모세와 예수, 조로아스터, 마호멧의 무대였고, 다리우스, 알
렉산더, 시저, 살라딘, 리차드왕, 징기스칸, 홀라구, 나폴레옹, 알렌비
등의 영웅들이 쟁투한 현장이었다. 그리고 필자가 덧붙인다면, 클레
오파트라와 네페르티티의 사랑과 야망 이야기가 펼쳐졌던 곳이다.[1]

　수메르 이야기는 바로 이 중동의 역사로 들어서는 첫 관문이
다. 그 관문을 넘어서면 바빌론, 앗시리아, 이스라엘과 유다, 페르시
아, 그리스, 로마의 세계로 계속 나아가게 된다. 이 과정에서는 많은
영웅들뿐만 아니라 안과 엔릴, 엔키, 이난나와 같은 수메르의 신들
을 만나고, 앗수르, 이쉬타르, 니누르타, 샤마쉬, 마르둑과 같은 앗시
리아와 바빌론의 신들을 만나게 되며, 아후라마즈다와 아흐리만 같
은 페르시아의 신들도 만나게 된다. 그리고는 이윽고 유태인들의 등
장과 함께 야훼를 만나게 되는데, 다른 신들은 오늘날 모두 잊혀져

---

1　Philip K. Hitti (1961), *The Near East in History: A 5000 Year Story*, Princeton, NJ: D.
　Van Nostrand Company, Inc., p.7

버렸지만, 반대로 야훼는 그 존재가 뚜렷하다.

이 책은 잊혀진 민족과 잊혀진 신들의 이야기를 소개하면서, 그들이 유태인에게 영향을 준 것으로 추정되는 여러 이야기들을 함께 살펴보았다. 지금까지 충분히 설명한 대로 수메르 역사가 현대에 알려지기 시작한 것은 대략 150년 전쯤부터이다. 1872년 조지 스미스의 홍수 기록 발견으로부터 그 역사의 복원이 본격적으로 시작되었다. 그 시작은 성서의 무대였던 메소포타미아에서 성경의 기록들을 역사적으로 입증하고자 한 기독교 단체들의 후원으로 이루어졌고, 그래서 수메르에 관한 연구는 처음부터 지금까지 성서와의 관련성을 찾으려는 노력에 의해 동인을 얻어왔다.

중동의 고대사를 연구하는 학자들은 거의 필연적으로 성경과의 관련성을 언급하는 자료들에 부딪히게 된다. 성경에 비판적인 사람이던 절대적인 믿음을 부여하는 사람이던 수메르 역사가 시대적으로 앞선 자료라는 사실 자체를 부인하는 학자들은 없다. 다만 그 내용을 어떤 관점으로 해석하는가 하는 입장에서는 아직도 차이가 많이 있다. 한국인들 중에는 성경보다는 환단고기 같은 우리 민족의 고대사와 관련하여 수메르 역사를 연구하는 사람들도 있다.

필자는 아득한 옛날 머나먼 중동 땅에서 살았던 사람들이 남긴 말과 글들은 그 시대에 인류 선조들이 그들 나름으로 우주와 인간 세상을 이해한 지혜를 엿볼 수 있는 자료라고 생각한다. 그 사람들은 오늘날 우리가 날마다 사용하는 전기와 컴퓨터를 알지 못했고, 인간이 비행기를 타고 하늘을 날 수 있다는 사실을 알지 못했다. 그들은 5대양 6대주를 알지 못했고, 지중해와 페르시아만을 가장 큰 바다라고 생각하면서 살았다. 그들은 핼리 혜성이 나타났을 때 하늘에 칼이 그려졌으니 큰 전쟁이 생길 징조라고 해석했고, 도시가 망하거나 큰 재해가 생기는 것은 인간이 부정한 짓을 해서 신들이 벌을 내리는 것이라고 생각했다. 지금의 우리가 본다면 원시적인 사고이지만, 이런 생각과 탐구들로부터 인류의 집단적 지혜는 한 걸음씩 발전해온 것이다.

그런데 그 멀고 아득한 옛날 그 곳에 살았던 어느 특정한 민족만은 신으로부터 계시를 받아 21세기 오늘을 사는 우리까지 일점일획도 틀림없이 믿어야 하는 진리를 전해주었다고 한다. 전세계의 많은 사람들이 이런 믿음을 가지고 있고, 성경의 기록으로 인류의 역사를 완전하게 해석할 수 있다는 글을 쓰는 사람들도 있다.[1] 그러나 성경의 기록들을 그대로 역사적 사실이라고 간주하고 읽으면 현대에 들어와 많은 학자들이 탐구하고 노력하여 밝혀낸 역사적 사실들과 충돌이 발생한다.

고대 이집트의 파라오나 앗시리아, 바빌론 등에 대한 기록은 나폴레옹 이전까지는 성서에서만 찾을 수 있었다. 앞서 설명한 대로 로마제국의 권력에 올라탄 기독교가 모든 비기독교 문명의 유산들을 철저히 말살해버렸기 때문이다. 하지만, 오늘날에는 엄청나게 많은 자료들이 발굴되어 해석되었다. 이런 자료들을 통해 당시로서는 세계를 정복한 대제국들에 대해 성서가 언급하는 내용은 지극히 단편적

---

1 헤르만 호에(Herman Hoeh, 1962)가 쓴 《세계사 대강(大綱)》(*Compendium of World History*)는 성경의 기록 그대로를 적용하여 인류의 역사를 해석하는 방대한 책이다. 조병호(2011)의 《성경과 5대제국: 앗수르, 바벨론, 페르시아, 헬라, 로마》도 이런 입장에서 성경에 나오는 제국들의 역사를 해석한다. 이정모(2003)의 《바이블 사이언스》는 성서에 기록된 자연 현상들을 그대로 믿는 입장에서 오늘날의 현대 과학적 입장에서 해석한다.

이고, 그마저도 유태인의 시각으로 편향되게 전달하며, 많은 부분 사실관계가 부정확하고 실제 역사와 충돌하는 것으로 파악되고 있다. 2천여 년에 달하는 수메르인들의 이야기가 성경에는 한 줄도 없다.

지극히 상식적으로 그냥 생각해보자. 유태인들이 꿈도 꿀 수 없었던 방대한 제국을 건설하고 거대한 도서관을 지어 수만 권의 장서를 수집한 앗수르바니팔의 이야기를 성서의 제한된 몇 가지 일화로 해석하는 것이 올바른 일일까? 수많은 민족들을 정복하고 지배한 페르시아의 키루스가 자기 민족의 신도 아니고 존재조차 희미했던 이방의 소수민족들이 믿던 신의 말을 따랐다는 이야기는 역사적인 사실일까?

신앙이라는 이름으로 합리적인 사유를 제거하려는 시도는 인간의 정신을 수천 년 전의 중동세계에 묶어놓고 한 발짝도 앞으로 나가지 못하게 만든다. 역사상의 어느 한 시점 특정한 공간에서 신이 나타나 모든 완벽한 것을 이루었고, 그 후의 인류는 누구도 직접 본 적이 없는 그 수천 년 전의 시공간에서 있었던 일을 반추하고 찬양하는 자세로만 살아야 한다니, 참 답답한 일이다. 이로 인해 인간이 확인할 수 없는 사실에 대한 온갖 이야기가 난무한다.

터키의 아라라트 산에서 노아의 방주를 찾으려는 사람들, 돌무더기 밖에 없는 시나이산에서 수십 만명 이상의 사람들이 40년간 만나를 먹고 견딘 흔적을 찾으려 하는 사람들의 이야기는 필자에게는 마치 심청이가 몸을 던진 인당수를 찾으려는 사람들의 이야기처럼 들린다. 홍해에 수장된 이집트의 전차부대를 찾으려는 사람들은 한국의 고대 소설 《임진록》에 나오는 김응서 장군이나 사명대사가 몰살시킨 일본군의 흔적을 찾으려는 사람들처럼 생각된다. 지금까지 수많은 사람들이 그러한 노력을 해왔으나 아직 확실하게 밝혀진 것은 없고, 모금이나 홍보 활동에 이용된 이야기도 종종 나온다. 앞으로 확실한 물증이 나올런지는 모르지만, 필자는 그러한 기대를 하지 않는다.[1]

만약에 옛날 제우스와 아폴로를 섬기던 그리스인들이 몰락하지 않았다면 우리는 아직도 아폴로가 태양마차를 몰고 다니기 때문에 해가 뜨고 지는 것이고, 올림푸스 산에 신들의 집이 있다고 생각하면서, 델피의 신전에 가서 제물을 바치고 신탁을 받는다고 하는 사람들을 볼 수 있을 것이다. 기원전 399년 소크라테스가 아테네의 민회에서 사형선고를 받은 이유는 나라의 신을 믿지 않고 젊은이들을 타락시킨다는 것이었다. 태양은 아폴로신이 아니라 불타는 돌덩이라는 지금 시대에는 지극히 과학적인 진실을 이야기한 아낙사고라스(BC 500~428)는 아테네에서 추방되었다.[2] 델피의 무녀들이 온갖 호화로운 보물을 받고 그 댓가로 내려주는 신탁을 의심하는 사람들도 저주를 받았다.

수메르인들이 몰락하지 않았다면 슈루팍이나 우루크의 신전에 가서 기도하는 사람들을 아직도 볼 수 있을 것이다. 그리스인이나 수메르인들에게 그들의 신은 지금 사람들이 생각하는 것 같은 전설이 아니라 실제 숭배의 대상이었던 것이다. 그런 신들을 내세우며 자신들의 욕심을 채우고 인간을 저주하며 전쟁을 선동하던 사제들

---

1  미국 NBC 뉴스 2010년 4월 27일자 노아의 방주를 찾았다고 주장하는 사람들에 대한 비판 기사를 보라. http://www.nbcnews.com/science/noahs-ark-found-not-so-fast-6C10404024

2  김진경(2010), 《고대 그리스의 영광과 몰락》, 초판3쇄, 안티쿠스, pp.261-263

이 사라지자 그들의 신도 인간의 역사에 더 이상 개입하지 않게 되었다.

영국의 역사가 토인비(Arnold Toynbee)는 그의 방대한 저서《역사의 연구》(A Study of History) 여러 곳에서 성서의 기록을 액면 그대로 역사적인 자료로 받아들이는 것은 이성적인 역사가의 연구 자세가 아니라는 취지의 말을 하고 있다. 그것은 시리아문명을 구성했던 여러 공동체 중에서 이스라엘과 유태 두 공동체의 시각에서 기록한 편향적인 자료이며, 만약 페니키아인이나 팔레스타인의 경전이 살아남았다면 유태인의 것과 극적인 차이를 보였을 것이라는 사실은 의심의 여지가 없다고 말한다.[1]

토인비보다 무려 600년 이상 앞선 사람인 기원후 14세기에 아프리카의 튀니지에서 활동했던 아랍인 역사학자 이븐 할둔(Ibn Khaldun)은 그의 역사 책《서론》(Muqqadama)에서 역사 기록을 공정하게 편집하고 해석하는 역사가의 자세를 언급하면서, 창세기의 출애굽을 어떻게 해석할 수 있는지를 한 사례로 들어 설명하였다. 토인비는 이 책에 대해 최대의 찬사를 보낸 바 있다. 이븐 할둔의 책에서 한 구절을 간단히 인용해보자.[2]

"알 마수디는 모세가 무장할 수 있는 20세 이상의 청장년 60만 이상을 집합시킬 수 있었다고 말하고 있으나, 그는 당시의 이집트나 시리아가 이만한 수의 군대를 가질 수 있었는가의 여부를 고려하는 것을 잊

1  아놀드 J. 토인비 (강기철 역, 1983),《세계사: 인류와 어머니되는 지구》, 도서출판 일넘, p.144
2  이븐 할둔 (김용선 역, 1977),《이슬람사상》, 삼성출판사, pp.34-37

은 것 같다."

이븐 할둔은 당시 페르시아 군대의 숫자, 야곱이 70인의 가족을 끌고 이집트로 건너가서 되돌아온 시간 등 여러 요인을 언급하면서 모세가 60만 이상의 청장년을 이끌고 이집트에서 나왔다는 주장을 반박하고 실제보다 과장해서 말하는 역사가들의 선정주의를 비판한다.

그러나 이처럼 이성적인 역사 연구를 한 이븐 할둔이 출애굽에 관해 마지막으로 내리는 결론은 기이하기까지 하다. 그는 알 마수디와 같이 성경을 인용하는 특정한 역사가들을 비판하고 나서 정작 그런 주장의 원전인 모세의 5경 자체는 신이 이스라엘에 대해 약속한 기적을 기록한 것임을 믿어야 한다는 결론을 내린다. 그 자신이 반박한 사실을 신의 계시이니 그냥 믿어야 한다는 것이다. 아브라함을 믿음의 조상으로 간주하는 아랍인들 역시 모세 5경은 신의 계시라고 믿는다.

앞의 3장 1절에서 인용한 바 있는 종교학자 엘리아데의 표현과 비슷하다. 출애굽의 역사성을 입증하기는 힘들지만, 그것의 비역사성을 인정하는 것은 아니며, 모세에 대해 역사적으로 확인할 수는 없지만, 그런 사람이 있었다는 사실을 의심할 이유는 없다는 식이다. 이것은 "알고 나서 믿는 것이 아니라 믿고 나서 아는 것"이라는 종교인들의 속설이나 "불합리하므로 믿는다"는 기독교의 초대 교부 터툴리안(Turtulianus)의 말을 연상시킨다. 신앙이 개입하면 이성은 그 자리에서 멈추어야 하는 것인가?

토인비는 필자가 대학 시절에 열심히 읽었던 저자인데, 지금 이 글을 쓰는 시점에서 다시 한 번 그의 책들을 찾아보다가 1974년에 나온 책에서 필자가 이 책을 통해 제기해온 문제들을 의외로 간단하게 결론내리고 있는 구절을 보았다. 수메르뿐만 아니라 중동의 고대 문헌들이 성서에 어떤 영향을 주었는지를 거침없이 결론내리고 있는 것이다.[1]

"모세 5경 토라에 나오는 신화 중에 이를테면 홍수의 이야기는 수메르 기원의 신화이며 그것이 악카드인과 가나안의 손을 거쳐 전해져 온 것이다. 소위 모세의 율법은 수메르-악카드 법률집전의 한 개정판이며 현재 바빌로니아판, 앗시리아판, 히타이트판이 발견되어 있다. 바빌로니아판은 함무라비가 편집한 법전이다. 우가리트 문자로 표기된 기원전 14세기 페니키아 문학 원서의 발견은, 구약 시편이 보다 오래된 가나안 성서 양식의 기록이고, 잠언 8장과 9장이 가나안에서 기원하고 있다는 것을 제시하고 있다. 잠언서에 나오는 그밖의 격언들은 이집트의 작품인 〈아메네모페의 교훈〉에 포함되어 있는 금언을 축자적으로 옮긴 것이다. 〈아메네모페의 교훈〉은 같은 종류의 이집트 이전 문학의 영향으로 기원전 14세기경에 기록된 것이고 이 잠언서가 페니키아인의 손을 거쳐 이스라엘족에게 전달되었다고 추측해볼 수 있다."

성서를 절대적으로 신봉하는 기독교인의 입장에서 본다면 도발

---

1  아놀드 J. 토인비 (강기철 역, 1983), 《세계사: 인류와 어머니되는 지구》, 도서출판 일념, p.152; 번역서의 한자어는 필자가 한글음으로 바꾸었다. 〈아메네모페의 교훈〉을 찾아보다가 인터넷에서 유익한 글을 발견했다. 관심있는 독자들은 아래 글을 읽어보시기 바란다. http://hunmill.tistory.com/665

적이기까지 한 토인비의 이처럼 자신만만한 결론은 동서고금을 관통하는 그의 방대한 독서량과 지식에서 나온 것이라고 생각된다. 그자신 역시 영국 상류사회의 경건한 기독교 집안에서 자란 사람이 이런 결론에 도달한 것은 많은 독서량에 의한 사색의 결과 그의 이성과 양심이 거부할 수 없는 판단을 요구했기 때문일 것이라고 생각한다.

그러나 어찌 됐든 사람들이 각자 옳다고 믿으면서 그걸로 만족을 얻고 있는 것을 억지로 틀렸다고 인식시키려 하면 충돌이 발생한다. 나의 세계관이 남의 세계관과 충돌하는 부분에서는 서로의 생각을 침해하지 않는 자세가 공존의 지혜라고 생각한다. 이븐 할둔이 자신의 합리적인 의문을 덮어두는 결론을 서술한 것도 이런 지혜에서 나온 입장일 것이다. 엘리아드의 애매모호한 문장이나 크레이머의 조심스런 표현들도 결국 충돌을 원하지 않는다는 의사를 담고있다고 생각된다.

나는 이렇게 생각하지만, 당신은 그렇게 생각한다면 각자 그렇게 생각하고 살면 되는 것이다. 당신이 내 생각의 자유를 물리적으로 침해하려 하지 않는 한 나도 당신에게 어떤 위해를 가할 생각이 없다. 만약에 내 생각이 잘못되었거나 내가 알고 있는 사실이 잘못된 것이라면 제대로 된 사실을 알려주어 설득시키면 될 것이다. 나는 내가 모든 것을 다 알고 있다고 생각하지 않으며, 언제든 내가 알고 있는 것과 다른 사실에 대해 누군가 더 정확한 정보를 알려준다면 받아들인다는 자세를 가지려고 노력한다.

기본적으로 수천 년 전에 중동의 먼 땅에서 살았던 사람들의 역사를 지금 시기에 정확히 알기는 어렵다. 단편적으로 파악된 정보들에 의존해 상상과 추측을 가미한 이론들이 특히 많은 분야가 수메르를 포함한 고대 중동의 역사이다. 지금도 계속 새로운 자료가 발견되어 전에 몰랐던 사실이 알려지고, 기존의 학설이 뒤집히기도 하고 있다. 발굴이 본격화되던 시기에 제1, 2차 세계대전과 냉전으로 중단되었고, 최근에도 이라크, 시리아에서 전쟁이 계속되어 탐사 활동을 하기가 어려운 상태에 있다.

이러한 사실을 감안하면 우리는 늘 자신을 상대화시켜놓고 열린 마음으로 남의 이야기를 듣는 자세를 유지하는 것이 필요하다. 어떤 역사적 사실에 대한 믿음은 보다 정확한 기록이 발견될 경우 그것을 사실로 받아들인다는 개방성을 전제로 해야 하는 것이다. 기존에 내가 알고 있던 정보가 잘못되었다는 사실이 밝혀져도 그것을 계속 사실이라고 믿는다면 옳지 않은 자세이다.

'믿음'이라는 말의 본래 뜻은 어떤 것의 진실성을 의심하지 않는다는 것이다. 저기에 산이 있고 물이 있어 그 사실을 믿는다면 그것은 진실한 믿음이다. 있지 않은 산과 물을 있다고 믿으면 신기루에 사로잡혀 사는 것이며, 미신이나 우상을 숭배하는 것과 다름없다. 입증할 수 없는 것을 남들에게 믿게 하자면 신이나 계시같은 초월적 존재에 의탁해 정당화하고자 하며, 정신적, 물리적 폭력이나 거짓말을 사용하게 된다. 극렬한 종교적 믿음이 있는 곳에 분쟁과 갈등이 끊이지 않는 이유가 그런 믿음들 때문이다.

필자는 개인적으로 전세계의 많은 나라들을 다니면서 이슬람교, 기독교, 유태교, 불교, 유교, 천주교를 믿는 어떤 사람들과도 신앙의 본질적인 문제만 서로 건드리지 않는다면 얼마든지 평화롭게 지낼 수 있다는 사실을 확인했다. 그 본질적인 문제라는 것이 충돌을 가져오는 화약이기는 하지만, 그것은 역사적인 진실을 냉정하게 추구하는 자세로부터 서로 풀어나갈 수 있는 것이라는 생각이 들었다. 서로 진실 앞에 열린 자세로 나가야 하는 것이다.

사실 그 본질적인 것이 구체적으로 무엇인가에 대한 생각도 사람마다 다르다는 것을 느꼈다. 같은 신을 숭배한다고 하면서도 어떤 사람은 예배의 방식이 문제고, 어떤 사람은 음식이 문제고, 어떤 사람들에게는 고도의 추상적인 관념이 문제였던 것이다. 생각만 조금 달리하면 얼마든지 문제가 아닐 수 있는 것들을 자신과 똑 같이 생각하지 않으면 문제라고 하니, 그런 자세가 문제일 것이다.

필자의 어린 시절에 시골 마을의 할아버지들이 제사를 지낼 때면 상위에 음식 놓는 순서를 두고 서로 자기가 옳다고 소리를 지르는 광경들을 종종 볼 수 있었다. 우리 역사의 조선 시대에는 사람이 죽었을 때 상복을 일년 입어야 되네 삼년 입어야 되네 하고 이 문제를 두고 큰 당파 싸움이 일어나기도 했다. 그런 소소한 것들이 사람의 목숨을 좌우할만치 중요한 신념이자 종교이기도 했던 때가 있었다. 그러나 지금 한국인들에게 물어보면 그런 것이 왜 그렇게 중요한 일이었는지 이해하기 어렵다는 사람들이 대다수이지 않을까 싶다.

이탈리아 작가 움베르토 에코의 세계적인 베스트 셀러인 《장미의 이름》이라는 소설에서는 웃음을 죄악이라고 생각하는 한 수도사가 엽기적인 연쇄 살인을 초래하는 이야기가 나온다. 세상을 평안하게 만들어주는 것이 사람들 간의 웃음일진대, 웃음을 죄악이라고 생각하는 한 개인의 편협한 신념이 초래하는 비극을 묘사한 이야기다. 이런 일은 단지 소설 속의 이야기가 아니라 어떤 종교나 이데올로기가 절대선(善)으로 간주되며 인간을 지배하던 세계에서 흔한 일이었고, 오늘날에도 세계 여러 곳에서 계속 벌어지고 있다.

합리적인 사유를 거부케 하면서 무조건적인 믿음을 요구하는 신앙은 광신과 폭력을 가져온다. 믿음, 소망, 사랑 중에 사랑이 으뜸이라 하였거늘, 신앙에 목숨을 걸고 남의 목숨까지 함부로 해치는 사람들이 광기를 부리는 현실은 개탄스럽다. 중세의 종교 전쟁들이 그러했고, 도처에서 테러 소식이 들려오고 있는 오늘의 국제사회 현실도 그렇다. 그러한 광기의 본질은 정작 신앙이 아니라 그 이름으로 감싸고 포장한 인간들의 현실적 이해관계일 것이다. 신의 뜻을 팔면서 자신의 생각을 신의 뜻과 동일시하는 사람들은 사랑과 평화보다 증오와 저주를 말하기 좋아한다. 그런 신앙에 진실이 있기는 힘들다는 것이 필자의 생각이다.

이 책은 먼 옛날 인류의 선조들이 살았던 이야기와 그들의 문화를 통해 오늘날 우리의 문화와 생각들에 영향을 끼치고 있는 종교의 뿌리를 탐색해보고자 했다. 여러 모로 부족하지만, 수메르 역사에 관한 책을 찾아보기 힘든 한국에서 나름대로 의의가 있으리라 생각한다. 후대에 더 많은 정보가 밝혀지고 더 정확한 사실이 알려지기를 희망하며, 필자가 미처 알지 못했던 정보나 사실관계의 오류에 대한 지적은 언제든 환영한다.

마지막으로, 한 개인으로서 "저녁이 있는 삶"을 가지기조차 힘든 한국의 현실에서 직장생활을 하는 한 남자가 나름 인정받는 일을 하면서 시간 내어 이런 책을 쓴다는 것은 정말로 쉬운 일이 아니다. 많은 책과 자료들을 읽느라 밤을 새우고 몸이 지쳐서 이 원고를 마칠 수 있을까 싶어 포기하려고 한 적도 많았다. 그래서 더 다루고 싶은 이야기들을 적당히 넘긴 부분도 많다. 이제 얼마 후 은퇴를 하

고 자유로운 몸이 된다면 그 때는 정말이지 더욱 집중해서 더 좋은
책들을 써볼 수 있지 않을까 기대한다.

# 《부록》 수메르 왕조 목록

ㅇ 수메르 왕조 목록은 이 책의 본문 제2장에서 간략히 소개했으나, 여기에 전체 목록을 부록으로 첨부하고자 한다. 1923년 스테판 랭돈(Stephen Langdon)에 이어 1939년 소킬드 제이콥슨(Thorkild Jacobsen)이 이 목록에 대한 상세한 연구결과를 출판했고[1], 지금까지 여러 학자들에 의해 추가적으로 많은 연구가 이루어졌다. 이 목록의 전문은 설형문자 원문과 영어로 번역된 내용이 설형문자 디지털 도서관(CDLI)에 공개되어 있고, 위키피디아 백과사전은 이 내용을 표로 잘 정리하여 소개하고 있다.[2] 인터넷 자료들의 위험성에 대해서는 누구나 알고 있지만, 최근에는 설형문자 원문 자체가 모두 인터넷으로 공개되고 있고, 권위있는 전문가들도 인터넷 매체들을 통해 활발한 작업을 하고 있다. 필자는 나름대로 검증을 하면서 전문성이 있다고 판단되는 경우에만 인용하였다.

여기에는 여러 자료들을 참고하여 필자가 재구성한 왕조 목록을 소개한다. 수메르 원문은 다음과 같은 형식으로 작성되어 있으며, 아래에 인용하는 원문은 홍수 이전 왕조 기록의 전체이다. 홍수 이후 왕조들은 독자들의 시각적 편의를 위해 각왕조별로 표를 만들었다. 각 왕조의 연대는 대략적인 추정치이다.

---

1 Thorkild Jacobsen (1939), *The Sumerian King List*, The University of Chicago Press

2 왕조목록의 설형문자 원문과 영어 번역문은 CDLI 홈페이지에 공개되어 있다. 위키피디아 백과사전은 참고용으로 볼만하다. https://cdli.ucla.edu/search/search_results.php?CompositeNumber=Q000371 https://en.wikipedia.org/wiki/Sumerian_King_List

수메르인들은 사르(sar, 3600), 네르(ner, 600), 소스(soss, 60) 등의 단위를 사용하여 큰 숫자를 표시하였다. 그들이 60진법을 사용했다는 사실을 알 수 있다. 오늘날 시간의 단위와 원의 각도에 그들의 흔적이 남아있다. 이 책 77페이지의 〈표 5〉에는 각 왕들의 통치 기간을 오늘날의 숫자로 계산한 내용이 나와 있다.

"왕권이 하늘에서 내려온 후, 왕권은 에리두에 있었다.

에리두에서 알룰림이 왕이 되었고, 그가 8 사르 동안 다스렸다.

알랄가르는 10 사르 동안 다스렸다.

두 명의 왕, 그들이 18 사르 동안 다스렸다.

그리고 나서 에리두가 무너졌고, 왕권은 바드티비라로 넘어갔다.

바드티비라에서, 엔메눌라는 12 사르 동안 다스렸다.

엔멘갈안나는 8 사르 동안 다스렸다.

신성한 두무지, 목자는 10 사르 동안 다스렸다.

세 명의 왕, 그들이 30 사르 동안 다스렸다.

그리고 나서 바드티비라가 무너졌고, 왕권은 라라크로 넘어갔다.

라라크에서 엔시파드지드아나는 8 사르 동안 다스렸다.

한 명의 왕, 그가 8 사르 동안 다스렸다.

그리고나서 라라크가 무너졌고, 왕권은 시파르로 넘어갔다.

시파르에서 엔멘두르아나가 왕이 되었고, 그가 5 사르와 5 네르 동안 다스렸다.

한 명의 왕, 그가 5 사르와 5 네르 동안 다스렸다.

그리고나서 시파르가 무너졌고, 왕권은 슈루팍으로 넘어갔다.

슈루팍에서 우바라투투가 왕이 되었고, 그가 5 사르와 1 네르 동안 다스렸다.

한 명의 왕, 그가 5 사르와 1 네르 동안 다스렸다.

다섯 개의 도시, 여덟 명의 왕이 67 사르 동안 다스렸다.

그리고나서 홍수가 휩쓸었다."

# □ 홍수 이후의 왕조들

## Kish 제1왕조 (BC 28~27세기)

| 왕 이름 | 통치기간 | 참고 |
|---|---|---|
| ※ 홍수가 끝나고 왕권이 하늘에서 내려왔을 때, 왕권은 키쉬에 있었다. | | |
| Jushur | 1200 | |
| Kullassina-bel | 960 | |
| Nangishlishma | 670 | |
| En-tarah-ana | 420 | |
| Babum | 300 | |
| Puannum | 840 | |
| Kalibum | 960 | |
| Kalumum | 840 | |
| Zuqaqip | 900 | |
| Atab (A-ba) | 600 | |
| Mashda | 840 | Atab의 아들 |
| Arwium | 720 | Mashda의 아들 |
| Etana | 1500 | 하늘로 올라간 목동 |
| Balih | 400 | |
| En-me-nuna | 660 | |
| Melem-Kish | 900 | |
| Barsal-nuna | 1200 | |
| Zamug | 140 | |
| Tizqar | 305 | |
| Ilku | 900 | |
| Iltasadum | 1200 | |
| En-me-barage-si | 900 | 실존인물로 확인된 최초의 왕. 니푸르에 엔릴의 신전을 지음 |
| Agga | 625 | 우루크의 길가메시와 영토 분쟁 |
| ※ 키쉬는 패배했고, 왕권이 에안나로 넘어갔다. | | |

## Uruk 제1왕조 (BC 27세기)

| 왕 이름 | 통치기간 | 참고 |
|---|---|---|
| Meskiaggasher | 324 | 태양신 우투의 아들, 바다로 들어가서 사라짐 |
| Enmerkar | 420 | 우루크를 건설. 아라타와 외교 분쟁 |
| Lugalbanda | 1200 | |
| Dumuzid (Dumuzi) | 100 | 어부, 이난나여신과 결혼. 홍수 이전에는 바드티비라의 왕으로서 "목자"라고 기록됨. |
| Gilgamesh | 126 | 서사시의 주인공 |
| Ur-Nungal | 30 | |
| Udul-kalama | 15 | |
| La-ba'shum | 9 | |

| En-nun-tarah-ana | 8 | |
|---|---|---|
| Mesh-he | 36 | |
| Melem-ana | 6 | |
| Lugal-kitun | 36 | |
| ※ 우누그(우루크)는 패배했고, 왕권이 우림(우르)로 넘어갔다. | | |

## Ur 제1왕조 (BC 26세기)

| 왕 이름 | 통치기간 | 참고 |
|---|---|---|
| Mesh-Ane-pada | 80 | |
| Mesh-ki-ang-Nuna | 36 | Mesh-Ane-pada의 아들 |
| Elulu | 25 | |
| Balulu | 36 | |
| ※ 우르는 패배했고, 왕권이 아완으로 넘어갔다. | | |

## Awan 왕조 (BC 26세기)
※ 이 왕조는 엘람으로부터 왔다.

| 왕 이름 | 통치기간 | 참고 |
|---|---|---|
| 3명의 왕 | 356 | |
| ※ 아완은 패배했고, 왕권이 키쉬로 넘어갔다. | | |

## Kish 제2왕조 (BC 26세기)

| 왕 이름 | 통치기간 | 참고 |
|---|---|---|
| Susuda | 201 | |
| Dadasig | 81 | |
| Mamagal | 360 | |
| Kalbum | 195 | |
| Tuge | 360 | |
| Men-nuna | 180 | |
| (Enbi-Ishtar) | 290 | |
| Lugalngu | 360 | |
| ※ 키쉬는 패배했고, 왕권이 하마지로 넘어갔다. | | |

※ 이 시기에 라가쉬(Lagash)의 제1왕조는 패권적 지위를 행사한 유명한 왕조이나, 왕조 목록에 나타나지 않음.

## Hamazi 왕조 (BC 26세기)

| 왕 이름 | 통치기간 | 참고 |
|---|---|---|
| Hadanish | 360 | |
| ※ 하마지는 패배했고, 왕권이 우누그(우루크)로 넘어갔다. | | |

## Uruk 제2 왕조 (BC 25세기)

| 왕 이름 | 통치기간 | 참고 |
|---|---|---|
| En-shag-kush-ana | 60 | |
| Lugal-kinishe-dudu or Lugal-ure | 120 | 라가쉬의 엔테메나와 동시대 |
| Argandea | 7 | |
| ※ 우누그는 패배했고, 왕권이 우림(우르)로 넘어갔다. | | |

## Ur 제2 왕조 (BC 25세기)

| 왕 이름 | 통치기간 | 참고 |
|---|---|---|
| Nanni | 120 | |
| Mesh-ki-ang-Nanna II | 48 | |
| (?) | 2 | |
| ※ 우림은 패배했고, 왕권이 아답으로 넘어갔다. | | |

## Adab 왕조 (BC 25세기)

| 왕 이름 | 통치기간 | 참고 |
|---|---|---|
| Lugal-Ane-mundu | 90 | 수메르 전체와 엘람을 정복했다고 하나 자세한 기록 부족 |
| ※ 아답은 패배했고, 왕권이 마리로 넘어갔다. | | |

## Mari 왕조 (BC 25세기)

| 왕 이름 | 통치기간 | 참고 |
|---|---|---|
| Anbu | 30 | |
| Anba | 17 | |
| Bazi | 30 | |
| Zizi of Mari | 20 | |
| Limer | 30 | |
| Sharrum-iter | 9 | |
| ※ 마리는 패배했고, 왕권이 키쉬로 넘어갔다. | | |

## Kish 제3왕조 (BC 25세기)

| 왕 이름 | 통치기간 | 참고 |
|---|---|---|
| Kug-Bau (Kubaba) | 100 | 수메르 왕조목록에서 유일한 여왕 |
| ※ 키쉬는 패배했고, 왕권이 아크샥으로 넘어갔다. | | |

## Akshak 왕조 (BC 25~24세기)

| 왕 이름 | 통치기간 | 참고 |
|---|---|---|
| Unzi | 30 | |
| Undalulu | 6 | |
| Urur | 6 | |
| Puzur-Nirah | 20 | 키쉬의 Kug-Bau 여왕과 동시대 |
| Ishu-Il | 24 | |
| Shu-Suen | 7 | |
| ※ 아크샥은 패배했고, 왕권이 키쉬로 넘어갔다. | | |

## Kish 제4왕조

| 왕 이름 | 통치기간 | 참고 |
|---|---|---|
| Puzur-Suen | 25 | |
| Ur-Zababa | 400(67) | 아카드의 사르곤이 이 왕의 시종이었음 |
| Zimudar | 30 | |
| Usi-watar | 7 | |
| Eshtar-muti | 11 | |
| Ishme-Shamash | 11 | |
| (Shu-ilishu)* | (15)* | |
| Nanniya | 7 | |
| ※ 키쉬는 패배했고, 왕권이 우누그(우루크)로 넘어갔다. | | |

## Uruk 제3왕조

| 왕 이름 | 통치기간 | 참고 |
|---|---|---|
| Lugal-zage-si | 25 | 아카드의 사르곤에게 패함 |
| ※ 우누그는 패배했고, 왕권이 아가데(아카드)로 넘어갔다. | | |

## Akkad 왕조 (BC 23~21세기)

| 왕 이름 | 통치기간 | 참고 |
|---|---|---|
| Sargon | 40 | 최초의 제국 건설, 메소포타미아 통일 |
| Rimush | 9 | Sargon의 아들 |
| Manishtushu | 15 | Sargon의 아들, Rimush의 형 |
| Naram-Sin | 56 | Manishtushu의 아들, 4대세계의 왕 |
| Shar-kali-sharri | 25 | Naram-Sin의 아들 |
| ※ 누가 왕이었고, 누가 왕이 아니었지? (기록 유실) | | |
| Irgigi Imi Nanum Ilulu | 3 | 4명이 3년간 통치 |
| Dudu | 21 | |
| Shu-Durul | 15 | Dudu의 아들 |
| ※ 아가데는 패배했고, 왕권이 우누그(우루크)로 넘어갔다. | | |

## Uruk 제4왕조 (BC 21세기)

| 왕 이름 | 통치기간 | 참고 |
|---|---|---|
| Ur-ningin | 7 | |
| Ur-gigir | 6 | Ur-ningin의 아들 |
| Kuda | 6 | |
| Puzur-ili | 5 | |
| Ur-Utu (or Lugal-melem) | 25 | Ur-gigir의 아들 |
| ※ 우누그는 패배했고, 왕권이 구티움의 군대에게로 넘어갔다. | | |

※ 구데아의 Lagash 제2왕조 (2093-2046 BC)가 언급되지 않음.

## 구티족의 지배 (BC 22~21세기)

| 왕 이름 | 통치기간 | 참고 |
|---|---|---|
| ※ 구티족의 군대에 처음에는 알려진 왕이 없었다. 그들은 제각각 왕노릇을 했고, 3년간 통치했다. | | |
| Inkishush (or Inkicuc) | 6 | |
| Sarlagab (or Zarlagab) | 6 | |
| Shulme (or Yarlagash) | 6 | |
| Elulmesh (or Silulumesh or Silulu) | 6 | |
| Inimabakesh (or Duga) | 5 | |
| Igeshaush (or Ilu-An) | 6 | |
| Yarlagab | 3 | |
| Ibate of Gutium | 3 | |
| Yarla (or Yarlangab) | 3 | |
| Kurum | 1 | |
| Apilkin | 3 | |
| La-erabum | 2 | |
| Irarum | 2 | |
| Ibranum | 1 | |
| Hablum | 2 | |
| Puzur-Suen | 7 | |
| Yarlaganda | 7 | |
| (?) | 7 | |
| Tirigan | 40일 | 우루크의 Utu-hengal에게 패배 |
| ※ 구티족의 군대는 패배했고, 왕권이 우누그(우루크)로 넘어갔다 | | |

## Uruk 제5왕조 (BC 21세기)

| 왕 이름 | 통치기간 | 참고 |
|---|---|---|
| Utu-hengal | 427/ 26/ 7 (기록 상이) | 구티족의 티리간을 격파하고 우르남무를 우르의 총독으로 임명 |
| ※ 우누그는 패배했고, 왕권이 우림(우르)로 넘어갔다, | | |

## Ur 제3왕조 (BC 21~20세기)

| 왕 이름 | 통치기간 | 참고 |
|---|---|---|
| Ur-Namma (Ur-Nammu) | 18 | 우루크의 Utu-hengal과 동시대 |
| Shulgi | 46 | |
| Amar-Suena | 9 | |
| Shu-Suen | 9 | |
| Ibbi-Suen | 24 | |
| 우르는 패배했다 수메르의 모든 기초가 부셔졌다. 왕권은 이신으로 넘어갔다 | | |

※ 이 시대 아모리족의 왕조들과 유명한 라르사(Larsa) 왕조는 언급되지 않음.

## Isin 왕조 (BC 20~18세기)

| 왕 이름 | 통치기간 | 참고 |
|---|---|---|
| Ishbi-Erra | 33 | 우르의 Ibbi-Suen과 동시대 |
| Shu-Ilishu | 20 | |
| Iddin-Dagan | 20 | |
| Ishme-Dagan | 20 | |
| Lipit-Eshtar | 11 | 라르사의 Gungunum과 동시대 |
| Ur-Ninurta | 28 | 라르사의 Abisare와 동시대 |
| Bur-Suen | 21 | |
| Lipit-Enlil | 5 | |
| Erra-imitti | 8 | |
| Enlil-bani | 25 | 바빌론의 Sumu-la-El과 동시대 |
| Zambiya | 3 | 라르사의 Sin-Iqisham과 동시대 |
| Iter-pisha | 4 | |
| Ur-du-kuga | 4 | |
| Suen-magir | 11 | |
| (Damiq-ilishu)* | (23)* | |

* 표가 붙어있는 왕들의 이름은 왕조목록의 버전에 따라 이름이 빠지기도 함.

# 참고 문헌

## 국문 서적

- 김성 (2010),《성서고고학 이야기》, 엘맨
- 김산해 (2007),《수메르, 최초의 사랑을 외치다》, 휴머니스트
- 김산해 (2021),《최초의 역사 수메르》, 휴머니스트
- 김상근 (2016),《군주의 거울 1: 키루스의 교육》, 21세기북스
- 김진경 (2010),《고대 그리스의 영광과 몰락》, 초판 3쇄, 안티쿠스
- 노세영, 박종수 (2016),《고대 근동의 역사와 종교》, 대한기독교서회
- 문희석 (1990),《구약성서 배경사》, 대한기독교출판사
- 민희식 ((2015),《성서의 뿌리: 오리엔트 문명과 구약성서》, 초판3쇄, 도 서출판 블루리본
- 박창환 (1981),《성경의 형성사》, 현대신서 9, 대한기독교서회
- 변광수 (2003),《세계 주요 언어》, 도서출판 역락
- 삼성출판사 (1982),《대세계의 역사 1: 인류의 탄생 고대 오리엔트》
- 성서문학연구위원회 편 (1980),《구약성서의 세계》, 한국기독교문학연구소
- 손주영, 송경근 (2011),《이집트역사 다이제스트 100》, 가람기획
- 유홍태(2014),《고대 페르시아의 역사》, 살림
- 임승국 번역, 주해 (1986),《한단고기》, 정신세계사, 1986
- 조병호 (2011),《성경과 5대제국: 앗수르, 바벨론, 페르시아, 헬라, 로마》, 통독원
- 조철수 (2003), "수메르어", 변광수 (2003),《세계 주요 언어》, 제47장
- 조철수 (2003),《수메르 신화》, 서해문집 (* 이 책은 절판되어 필자가 구 하지 못했으나 인터넷을 통해 일부 알려진 내용들을 참고했다.)

# 번역 서적

○ 기독지혜사 (1989),《톰슨 대역 한영성경》

○ A.H. J. 군네벡 (문희석 역, 1984),《이스라엘 역사》, 한국신학연구소 (원저: Antonius H.J. Gunneweg, *Geschichte Israels bis Bar Kochba*)

○ 동아출판사 (1988),《리더스 다이제스트 성서속의 불가사의: 풀리지 않는 의문들》

○ N.K. 샌다스 (이현주 역, 1979),《길가메시 서사시》, 범우사 (N.K Sanders, *The Epic of Gilgamesh*)

○ C.W. 쎄람 (안경숙 역, 1984),《낭만적인 고고학 산책》, 평단문화사 (원저: C.W. Ceram, Gods, Graves and Scholars, 1967)

○ 사무엘 헨리 후크, 박화중 역(2011),《중동 신화》, 범우사, 초판3쇄 (원저: S.H. Hooke, *Middle Eastern Mythology*, 1963)

○ 아놀드 C. 브랙만 (안경숙 역, 1990),《니네베 발굴기》, 대원사 (원저: Arnold Brackman, *Luck of Nineveh: Greatest Adventure in Modern Archaeology*, 1978)

○ 아놀드 J. 토인비 (강기철 역, 1983),《세계사: 인류와 어머니되는 지구》, 도서출판 일념 (원저: Arnold J. Toynbee, *Mankind and Mother Earth: A Narrative History of the World*, 1974)

○ 에드워드 기번 (손더스 발췌본, 황건 역, 1991),《로마제국 쇠망사》, 까치 (원저: Edward Gibbon, *The History of the Decline and Fall of the Roman Empire*, Edited and abridged by Dero. A. Saunders)

○ 요세푸스 (김지찬 역, 2016),《유대 고대사 1》, 생명의 말씀사

○ 이븐 할둔 (김용선 역, 1977),『이슬람사상』, 삼성출판사 (원저: Ibn Khaldun, 1377, Muqqaddama)

○ 조르주 루 (김유기 역, 2013),『메소포타미아의 역사 1, 2』, 한국문화사 (원저: Georges Lou, 1985, *La Mesopotamie*)

○ 찰스 셀리어 (안정희 역, 1997), 『충격의 고대문명』, 한뜻 (원저: Charles E. Sellier, Mysteries of the Ancient World)

○ G.E. 케언스 (이성기 역, 1980), 『동양과 서양의 만남: 우주와 인간 역사의 목표와 의미』, 서울: 유림사 (원저: Grace. E. Cairns, Philosophies of History: Meeting of East and West in Cycle-Pattern of History, 1962)

○ 클라이스 R. 빈호프 (배희숙 역, 2015), 『고대 오리엔트 역사: 알렉산더 대왕 시대까지』, 한국문화사 (원저: Klaas R. Veenhof, 1996, *Geschichte des Alten Orients bis zur Zeit Alexanders des Grossen*)

○ 테오도르 H. 가스터 (이용찬 역, 1990), 『세상에서 가장 오래된 이야기』, 대원사 (원저: Theodor H. Gaster, *The Oldesest Stories in the World*, 1952)

○ 헤로도토스 (박광순 역, 1987), 『역사』, 범우사

○ 헤시오도스 (천병희 역, 2020), 『신들의 계보: THEOGONIA HESIODOS』, 도서출판 숲

## 영문 서적

○ Bertman, Stephen (1986), *Doorways Through Time: The Romance of Archaeology*, Los Angeles: Jeremy P. Tarcher, Inc.

○ Boardman, John, et.al (1991), *The Cambrige Ancient History, Second Edition, Volume 3, Part 2, The Assyrian and Babylonian Empires and Other States of the Near East, from the Eighth to the Sixth Centuries B.C*, Cambridge University Press

○ Burbank, Jane and Cooper, Frederick (2010), *Empires in World History: Power and the Politics of Difference*, Princeton University Press

○ Burstein, Stanley Mayer (1978), The *Babyloniaca of Berossus*, Malibu: Undena Publication

○ Cline, Eric H. (2009), *Biblical Archaeology: A Very Short Introduction*, Oxford University Press

○ Crawford, Harriet (1991), *Sumer and the Sumerians*, Cambridge University Press

○ Eliade, Mircea (1976), *A History of Religious Ideas, Volume 1, From the Stone Age to the Eleusinian Mysteries*, Translated by Willard R. Trask, The University of Chicago Press

○ Finegan, Jack (1959, reprint 1974), *Light from The Ancient Past: The Archeological Background of Judaism and Christianity*, Vol.I, Princeton University Press

○ Finkelstein, Israel & Silberman, Neil Asher (2001), *The Bible Unearthed: Archeology's New Vision of Ancinet Israel and The Origins of Its Sacred Texts*, A Touchstone Book

○ Foster, Benjamin Read and Foster, Karen Polinger (2009), *Civilizations of Ancient Iraq*, Princeton University Press

○ Franke, Sabina (1995), "Kings of Akkad: Sargon and Naram-Sin", in Jack M. Sasson (ed.), *Civilizations of the Ancient Near East*

○ Goedicke, Hans and Roberts, J.J.M (eds.)(1975), *Unity and Diversity: Essays in the History*, Literature, and Religion of the Ancient Near East, The Johns Hopkins University Press

○ George, Andrew (1999), *The Epic of Gilgamesh: A New Translation*, Penguin Books

○ George, A. R. (2003), *The Babylonian Gilgamesh Epic: Introduction, Critical Edition, and Cuneiform Texts*, Volume 1, Oxford University Press

○ Hawkes, Jacquetta (1973), *The First Great Civilizations: Life in*

*Mesopotamia, The Indus Valley, and Egypt*, Alfred A. Knopf New York

○ Healy, Mark & McBride, Angus (1991), *The Ancient Assyrians, Osprey Military The Elite Series*, Osprey Publishing Ltd.

○ Herodotus (About 430 BC), *The Histories*, translated by Tom Holland (2013), Penguin Books

○ Hitti, Philip K. (1961), *The Near East in History: A 5000 Year Story*, Princeton, NJ: D. Van Nostrand Company, Inc.

○ Hoeh, Herman L. (1962), *Compendium of World History, Volume 1*, http://www.cgnet/coglinks/wcglit/hoehcompendium/hhc1toc.htm

○ Holloway, April (2014), "The Sumerian King List still puzzles historians after more than a century of research", Ancient Origins Homepage, http://www.ancient-origins.net/myths-legends-asia/ sumerian-king-list-still-puzzles-historians-after-more-century- research-001287

○ Holman Reference (2016), *Ultimate Bible Guide: A Complete Walk- Through of All 66 Books of The Bible*, Holman Bible Publishers

○ Holmes, Richard (1988), *The World Atlas of Warfare: Military Innovations That Changed the Course of History*, Viking Studio Books

○ Høyrup, Jens (1993), Sumerian: *The descendant of proto-historical creole? An Alternative Approach to the "Sumerian Problem"*, ROLIG-Papir 51, Roskilde Universitetscenter

○ Jacobsen, Thorkild (1939), *The Sumerian King List*, The University of Chicago Press

○ Jacobsen, Thorkild (1975), "Religious Drama in Ancient Mesopotamia", Chapter 4 in Hans Goedicke and J.J.M. Roberts (eds.), *Unity and Diversity: Essays in the History, Literature, and Religion of the*

*Ancient Near East*, The Johns Hopkins University Press

o King, Leonard W. (1910, reprint 2015), *A History of Sumer and Akkad*, First Rate Publishers

o Kramer, Samuel Noah (1956), *History Begins at Sumer*, Doubleday Anchor Books

o Kramer, Samuel Noah (1963), *The Sumerians: Their History, Culture, and Character*, The University of Chicago Press

o Kramer, Samuel Noah (1981), *History Begins at Sumer, Revised Edition*, University of Pennsylvania Press

o Kriwaczek, Paul (2010), *Babylon: Mesopotamia and the Birth of Civilization*, Thomas Dunne Books

o Laroche, Lucien (1974), *The Middle East: Monuments of Civilization*, Cassell & Company

o Manley, Bill (2012), *Egyptian Hieroglyphs for Complete Beginners*, Tames & Hudson

o Maspero, G. (1903), *History of Egypt, Chaldea, Syria, Babylonia, and Assyria*, Volume 1, Translated by M. L. McClure

o McCall, Henrietta (1990), *Mesopotamian Myths: The Legendary Past*, The British Museum Press

o Mackenzie, Donald Alexander (1915), *Myth of Babylonia and Assyria with Historical Narrative and Comparative Notes*, London: The Gresham Publishing Company

o Murion, Ross George (1901), *Babylonia and Assyria, a Sketch of Their History*, Edinburgh: T. & T. Clark

o Oates, Joan (1986), *Babylon: Revised Edition*, Thames and Hudson

o Pritchard, James B. (1978), *Ancient Near Eastern Texts Relating to the*

*Old Testament,* Princeton University Press

○ Rawlinson, George (1862-67), *The Seven Great Monarchies of The Ancient Eastern World,* Vol.1, Chaldea, Project Gutenberg

○ Rawlinson, George (1862-67), *The Seven Great Monarchies of The Ancient Eastern World,* Vol.2, Assyria, Project Gutenberg

○ Rogers, Robert William (1901, reprint 2015), *A History of Babylonia and Assyria, Volume 1,* Cambridge University Press

○ Rossini, Stéphane (1989), *Egyptian Hieroglyphics: How to Read and Write Them,* New York: Dover Publications, Inc.

○ Sallaberger, Walther and Ingo Schrakamps (eds.)(2015), *Associated Regional Chronologies for the Ancient Near East and the Eastern Mediterranean: History and Philology (Arcane, 3),* European Science Foundation (ESF)

○ Sewell, Elizabeth Missing (1862), *Ancient History of Egypt, Assyria, and Babylonia, London: Longman,* Green, Longman, and Roberts

○ Smith, George (1876), *The Chaldean Account of Genesis, London S, Low, Marston,* Searle, and Rivington

○ Smith, Mark S. (2002), *The Early History of God: Yahweh and Other Deities in Ancient Israel,* Second Edition, William B. Eerdmans Company

○ Walker, C. B. F. (1987), *Cuneiform: Reading the Past,* University of California Press/British Museum

# 수메르 문명과 역사

　초판 1쇄 발행 / 2018년　3월 26일
　초판 6쇄 발행 / 2021년　7월 20일
개정판 1쇄 발행 / 2022년 11월 30일

지은이　주동주
펴낸이　윤형두·윤재민
펴낸데　종합출판 범우(주)

등록번호　제406-2004-000012호
등록일자　1966년 8월 3일
주소　　　(10881) 경기도 파주시 광인사길 9-13 (문발동)
전화　　　031)955-6900~4, 팩스 031)955-6905

잘못된 책은 바꾸어 드립니다.

ISBN 978-89-6365-237-5 97890

홈페이지 www.bumwoosa.co.kr
이메일 bumwoosa1966@naver.com